《人民文库》第二批书

马克思主义

马克思传	［德］弗·梅林著　樊集译
恩格斯传	［德］海因里希·格姆科夫等著　易廷镇／侯焕良译
中国共产党思想理论发展史	张启华／张树军主编
社会主义通史（八卷本）	王伟光主编
马克思主义哲学的当代论域	陶德麟／汪信砚主编
资本论注释	［苏］卢森贝著　李延栋等译
唯物史观与中共党史学	张静如著
当代视域中的马克思主义哲学	汪信砚著
马克思主义哲学史教程	何萍著
辩证法与实践理性	贺来著
生态马克思主义经济学原理（修订版）	刘思华著
物与无：物化逻辑与虚无主义	刘森林著
市民社会论	王新生著
现代性论域及其中国话语	张曙光著
东方的崛起：关于中国式现代化的哲学反思	杨耕著

哲　学

境界与文化	张世英著
中西文化与自我	张世英著
新仁学构想	牟钟鉴著
逻辑经验主义	洪谦著
存在论——实际性的解释学	［德］海德格尔著　何卫平译
思的经验	［德］海德格尔著　陈春文译
智慧说三篇（简本）	冯契著／陈卫平缩编
维也纳学派哲学	洪谦著
克尔凯郭尔：审美对象的建构	［德］T.W.阿多诺著　李理译
中庸洞见	杜维明著　段德智译
西方美学史教程	李醒尘著

历　史

中国古代社会	何兹全著
中国通史简本	蔡美彪主编
中国民俗史（六卷本）	钟敬文主编　萧放副主编
灾荒与饥馑：1840—1919	李文海／周源著
魏晋南北朝隋唐史三论	唐长孺著
中国史学思想史	吴怀祺著
中国近代海关史	陈诗启著
匈奴通史	林幹著
拉丁美洲史	林被甸著
东南亚史	梁英明著

U0646676

人民文库 第二辑

新仁学构想

——爱的追寻

牟钟鉴｜著

人民出版社

出 版 前 言

1921 年 9 月，刚刚成立的中国共产党就创办了第一家自己的出版机构——人民出版社。一百年来，在党的领导下，人民出版社大力传播马克思主义及其中国化的最新理论成果，为弘扬真理、繁荣学术、传承文明、普及文化出版了一批又一批影响深远的精品力作，引领着时代思潮与学术方向。

2009 年，在庆祝新中国成立 60 周年之际，我社从历年出版精品中，选取了一百余种图书作为《人民文库》第一辑。文库出版后，广受好评，其中不少图书一印再印。为庆祝中国共产党建党一百周年，反映当代中国学术文化大发展大繁荣的巨大成就，在建社一百周年之际，我社决定推出《人民文库》第二辑。

《人民文库》第二辑继续坚持思想性、学术性、原创性与可读性标准，重点选取 20 世纪 90 年代以来出版的哲学社会科学研究著作，按学科分为马克思主义、哲学、政治、法律、经济、历史、文化七类，陆续出版。

习近平总书记指出："人民群众多读书，我们的民族精神就会厚重起来、深邃起来。""为人民提供更多优秀精神文化产品，善莫大焉。"这既是对广大读者的殷切期望，也是对出版工作者提出的价值要求。

文化自信是一个国家、一个民族发展中更基本、更深沉、更持久的力量，没有文化的繁荣兴盛，就没有中华民族的伟大复兴。我们要始终坚持"为人民出好书"的宗旨，不断推出更多、更好的精品力作，筑牢中华民族文化自信的根基。

人民出版社

2021 年 1 月 2 日

目　录

序

  我在思考《新仁学构想》的过程中，常常想到孔孟仁学的历史命运。孔子创立仁和之学，使三代文化有一个划时代的提升，却难为同时期人们所理解；孔子周游列国，不为诸侯所用，于是退而整理古典，以诗书礼乐教育弟子，仅使仁学得以流传。然而孔子儒学乃是"立教"之学，它为社会人生确立价值标准，推动中华民族繁荣昌盛、成为礼义之邦，起了奠基的作用，故汉以后的孔子成为中华圣人，两千多年中被中国人视为精神导师。近代以来，在西学大潮冲击下，孔子之学陷于最悲惨的境地，不仅被中国主流社会弃之如敝屣，还被激进主义者视之为糟粕。曾几何时，改革开放和现代化进程中的中国，经过反省，又重新走近孔子，表现出越来越庄重的敬意，他的人本理念与贵和哲思成为人们追求的价值；与此同时，国际社会有识之士也向往孔子，认为处在困境中的人类要到孔子那里寻找光明的出路。

  孟子生当战国中期，争霸中的诸侯以富国强兵为当务之急，对于孟子仁义之学不予重视，太史公谓时人"以为迂远而阔于事情"。然而孟子之学博深远大，后续力强劲，唐宋以后由子学上升为经学，对后世民生主义、民本主义、人格尊严、心性之学诸方面发生深刻影响，成为中华精神的重要组成部分。由此可见，对于古代圣贤及其思想的评价，不能依一时（这"一时"也许在一个世纪以上）之兴衰而定论，更不宜只从实用的角度而褒贬，他们的学说要在历史蜿蜒的长河里才能彰显其全部价值。

不可否认,当今世界,主流思维是贵斗哲学,主导国家主张霸权主义,主要潮流是功利主义;讲对抗就要排斥仁和,讲霸权就要摧残人性,讲功利就要抛弃道义。因此,孔子仁和之道的声音仍然微弱,正义的力量尚未实现联合。从眼前的实用层面和狭隘的族群利益看,仁学太理想化,不切应用,不合时宜,仍然是"迂远而阔于事情",无法推行。人们在不断地被周围真爱善举所感动的同时,放眼世界,看到更多的是军备竞赛、族教对抗、地区冲突、冷酷残杀、损人利己,"丛林规则"在地球村时代仍大行其道。未来的世界会走出争斗不休的苦难吗? 人类真能摆脱动物世界的野蛮性而成为文明的群体吗? 儒学仁和之道能够从"博物馆化"(列文森)状态走出来成为活生生的现实社会规则吗? 能够从"游魂"(余英时)状态落下来重新附着在社会制度和大众实体上吗? 许多人表示怀疑。

然而,儒学的中国应有文化自信。儒家仁学基于人性,据于理性,依于智性,对人类文明前景一向持乐观的态度。它相信爱心根植于大众之中,人民普遍向往幸福安宁的生活;清明的理性使人经过努力能够掌控过度的贪欲,而对他人与群体有所兼顾和尊重;发达的智性使精细的人们能够总结历史经验教训,对比文明与野蛮两种途径的利害得失,从而抛弃互斗俱损、选择互利共赢的道路。只要不带偏见、追求真理,人们经历得越久,比较得越多,就越会尊敬孔子,亲近仁学,相信道德理性的力量。

事实证明,现代化和全球化时代所提供的经验教训,非但没有使人们遗忘孔子仁学,反而彰显了它潜在的价值和未来意义。冯友兰先生曾经说:"现代历史是向着'仇必和而解'这个方向发展的。但历史发展的过程是曲折的,所需要的时间,必须以世纪计算。……人是最聪明、最有理性的动物,不会永远走'仇必仇到底'那样的道路。这就是中国哲学的传统和世界哲学的未来。"冯先生相信人类自身有能力走向光明,又对道路的曲折与长期有充分估量,这就是谨慎的乐观。梁漱溟先生在晚年口述中向世人发问:"这个世界会好吗?"他的回答是不必悲观,慢慢地地球上不同的种族之间,不同的洲土之间,那种成见、分别、仇视,都退后了,不敢有毁灭性的战争了。不仅梁先生,大家也都能看到,法西斯主义遭到全世界人们的谴责而无法复兴,强权主义到处碰壁,和平的呼声日益高涨,数年前联合国文明联盟成立,促进文明对话,倡导包容互鉴,都是人类进步的证明。

可是要真正保证人类的和平与发展,还必须从根本上改善人性,主要是大力培育德性。在世界多元文化中有两种文化是差异最大又最具互补性的,即中华文化和欧美西方文化。前者是德性文化,关注人类道德的成长,其风格是温和的、包容的,其发展是稳健的、渐进的;后者是智性文化,关注人类智力的发展,其风格是刚猛的、扩张的,其发展是急速的、跳跃的。德性文化比较适应农业文明与家族社会,在现代社会发展中它落伍了,面临着转型的挑战,然而它的永久价值不会磨灭。智性文化在工业化及其以后大放光彩,高歌猛进,短期内释放出巨大的能量,推动经济和科技飞速发展,给人类的物质生活提供了空前优越的条件和方便,由此而主导了世界潮流。不过,由此而造成人类德性与智性之间的严重失衡:智性的发育日新月异,而德性的发育迟缓萎缩,人类的德性远远不足以驾驭智性的奔驰张狂,现在孩童的智力超出了古代的精英,然而现在的风云人物的德性却不如古代的孩童,人类已经失去童年时期的纯真,工具理性扼杀了道德理性,后果是可怕的。由于缺少爱心的滋润、没有正义的导向,精于计算的人类,把自身算到了悬崖(战争悬崖、生态悬崖等)的边缘而茫然不觉,真是"机关算尽太聪明,反误了卿卿性命"。

从长远看,德性文化是有生命力的。文明社会的成长不仅要靠智性有声有色的推动,更要靠德性无形无象的支撑。德性缺少智性,社会不能发展;智性没有德性,人类必陷绝境。中西两种文化能否互补共荣将决定人类的前途。在中国,要克服文化自卑,实现文化自觉,重新认识和找回自家宝藏,把遭受创伤的中华之灵根、儒学之精华重新培植起来,使之本固枝壮、叶茂花繁,同时大力吸收西学智性之长,以仁爱为体,以智能为用,建设现代文明强国,进而参与建设和谐世界。在西方,有识之士在认真反省经济危机、强权危机背后的智性文化的弱点,调动自身的德性文化元素,以为有所不足(例如,维系西方社会道德的基督教并未有效制止欧美强权国家多次发动战争,其保守主义还常常成为民族冲突的要素),又能虚心面向东方和中国,向孔子、老子、释迦牟尼学习,增强善美品德,多一些仁爱天下、慈悲生命的情怀，多一点中和理性和协调智慧，消解利己主义和贵斗哲学的心态，则其文化必将焕发新的生命，亦将造福于人类。这可能成为普遍的现实吗？中国人先把自己的事情办好，仁以为己任，消除社会重大弊病，逐步实现民族复兴、文明强盛之梦，必将使仁学放射出耀眼的光彩，那么促使世界变好就有了强大的基地。

当此传统断裂、德性缺失、物欲泛滥、人心混乱之际，自己不揣浅陋，本着"至诚无息"、"和而不流"的精神，力致于"寻坠绪之茫茫，独旁搜而远绍"，上承孔学之源，探讨仁学，创新仁学，赋予它当代理论形态，针对重大现实问题，发出仁和的呼声，应当于世有所补益，却不期待速生显效。但我相信"德不孤，必有邻"，也相信儒家仁学具有"极高明而道中庸"和"明体而达用"的理想与现实相结合的品格，这能够为今人应对各种难题提供超常的智慧。人们已经在"古为今用"、"转化传统"、"综合创新"等原则问题上有了广泛的共识，今后的主要任务是在如何创新上下功夫，多出一些有价值的成果，供人们思考和运用。"不积跬步，无以至千里；不积小流，无以成江海。"本于仁心，向着文明，尽心尽力，展示中华智慧的无穷魅力，使社会有所改良，乃是学者的责任。

2012 年 12 月

绪　言

　　孔子在集夏、商、周三代礼文化之大成基础上，提出仁学，把礼乐制度文化上升为礼义精神文化，以仁导礼，仁内礼外，使礼文化具有了鲜活的内在仁学生命，昭示了中华文化发展的人本主义方向，这是孔子对中华文明的最大贡献。仁学是孔子儒学的精华所在，也是儒学在当今时代实现理论转型过程中最有价值的思想资源。回溯中国思想史，历代儒学思想家中，不乏对仁学作创新性解释者。然而令人遗憾的是，先秦之后不断出现的新儒家学派里，多数学者并不把自己的理论体系直接建立在仁学的根基上，总是对仁学这条主脉有所偏离，而另立一核心理念，使孔子仁学不能以浩大气势直贯而下，却常常隐没在众多新理念之中，以至于到了近代，儒学变成礼学，有礼无仁，有理无情，成为束缚人性的礼教，被世人诟病。在长达两千多年的儒学史上，植根于孔子仁学开出自己思想学说的，屈指只有两家：先秦孟子的仁义之说和近代谭嗣同的《仁学》。

　　今天的世界，一方面经济全球化和"地球村"要求普遍伦理；另一方面一神教原教旨主义、物质功利主义和社会达尔文主义却横行天下，因而族群冲突空前加剧，社会危机、道德危机、生态危机空前严重，人类处在方向迷失和困境之中。时代在呼唤新人文主义出来推动文明对话，而孔子仁学最具有博爱精神与协调智慧，它可以经过创造性阐释充实新人文主义内涵，发挥引导世界潮流的重要作用。中华民族正在和平崛起，民族的伟大复兴必然伴随着文化的复兴，作为中华文化主干和代表中华身份的儒家文化将在民族文化复兴的舞台上扮演主要角色,这是毋庸置疑的。然而儒学必须在时代精神照耀下进一步展现其精华所在并实现新的理论转型,才能与时代同行,为儒家文化的更新与普及提供学术支撑。"明体而达用"是儒家的现实关怀,也是当代中国学者的历史使命。"新仁学"的构想和提出,就是自己在社会责任驱动下所进行的一种初步的理论探索,也是多年来自己所思所悟的一次整理和提炼。

第 一 章

仁学发展脉络的历史回顾

一、孔子对礼文化的贡献

孔子是夏、商、周三代文化的集大成者,又是尔后两千多年中华传统文化的开创者、缔造者。他的历史性的伟大贡献在于将三代的礼乐文化提升为礼义(这里的"义"字不仅指正义,还是意义,类似于现今"价值"的概念)文化,即是把礼(包含乐)文化从制度实践层面提高到思想理论层面,使礼文化具有了鲜活的内在精神。在这其中,对"仁"的理念的提炼和"仁学"的建立,起了关键的作用。在孔子创立的仁礼儒学中,"礼"的理念以继承为主,"仁"的理念以创新为主。由于以仁为核心,儒学遂成为一种伦理型的东方人学,给中华文化的发展昭示了一种不同于亚伯拉罕一神教系统的人本主义精神方向。正如荀子所说:"儒者,法先王,隆礼义","先王之道,仁之隆也,比中而行之。曷谓中?曰:礼义是也。道者,非天之道,非地之道,人之所以道也,君子之所道也"。(《荀子·儒效》)荀子认为仁学指导下的儒家礼义之道是人道,而非神道,这是很准确的。

二、先秦时期仁学的诞生与发展

"仁"的语词在孔子之前即已流行。如《左传》僖公三十三年:"出门如宾,承事如祭,仁之则也",昭公十二年:"克己复礼,仁也",定公四年:"不侮矜寡,不畏强御,唯仁者能之,……乘人之约,非仁也。"《国语·晋语》:"为仁与为国不同,为仁者爱亲之谓仁,为国者利国之谓仁。"其时,"仁"被视为一种能够遵守礼制的高尚道德行为,但"仁"还未形成理论体系。

仁学首创于孔子及其弟子。仁学的要义有:第一,"仁"的根基:"孝悌也者,其为仁之本与"(《论语·学而》);第二,"仁"的含义:"曰:爱人"(《论语·颜渊》);第三,"仁"的方式:"忠恕之道"——"己欲立而立人,己欲达而达人"(《论语·雍也》)、"己所不欲,勿施于人"(《论语·颜渊》);第四,"仁"的样态:"仁者不忧","刚毅、木讷,近仁","唯仁者能好人,能恶人"(《论语·里仁》),"知者乐水,仁者乐山,知者动,仁者静,知者乐,仁者寿"(《论语·雍也》),"温、良、恭、俭、让";第五,"仁"的践行:"入则孝,出则悌,谨而信,泛爱众,而亲仁"(《论语·学而》),"能行五者于天下,为仁矣。请问之,曰:'恭、宽、信、敏、惠'"(《论语·阳货》),"居处恭,执事敬,与人忠"(《论语·子路》),"杀身成仁","桓公九合诸侯,不以兵车,管仲之力也,如其仁,如其仁"(《论语·宪问》),"博施于民,而能济众"(《论语·雍也》),"修己以安人"、"修己以安百姓"(《论语·宪问》);第六,"仁"的修习:"能近取譬,可谓仁之方也已"(《论语·雍也》),"仁者先难而后获","里仁为美","博学而笃志,切问而近思,仁在其中矣"(《论语·子张》),"君子无终食之间违仁,造次必于是,颠沛必于是"(《论语·里仁》);第七,"仁"是礼乐制度的内在精神:"人而不仁如礼何,人而不仁如乐何","克己复礼为仁"。(《论语·颜渊》)可见仁内礼外,仁是灵魂,礼是躯体,无仁则礼徒有外壳,无礼则仁无以存身。孔子论仁,精华在于揭示其博爱的本质,并分疏为忠恕之道,将人际之间友爱关切的美好情感上升为普世价值和做人之本,还用忠恕之道将爱规定为"自觉互助的爱"、"对等互尊的爱",使仁成为一种纯真的心态和境界。仁学揭示了文明人的本质和文明社会高于动物世界的文明规则,指出了人类社会由低级向高级发展的健康方向。

孟子丰富和发展了孔子的仁学。

第一,为仁学提供了"性善"说的人性理论基础,认为人性有四端:"恻隐之心,仁之端也;羞恶之心,义之端也;辞让之心,礼之端也;是非之心,智之端也"(《孟子·公孙丑上》),扩而充之则为善人。

第二,将仁与义连举,"居仁由义","仁,人之安宅也;义,人之正路也"(《孟子·离娄上》),以仁安心,以义行事,内外一体。

第三,要求社会管理者将仁心发用为仁政,关注民众疾苦,解决好民生问题,要"制民之产"(《孟子·梁惠王上》),使百姓丰衣足食;要"省刑薄税敛",减轻民众负担;要对鳏、寡、孤、独"天下之穷民而无告者"(《孟子·梁惠王下》)加以救济;在富民的同时要"谨庠序之教,申之以孝悌之义"(《孟子·梁惠王上》),形成良好道德风尚。孟子使仁学根植于普遍人性之中,又将仁学运用于富民治国的社会实践,提出了民生主义的政治主张。

荀子从另一侧面发展了孔子的仁学。

其一,主张"人之性恶,其善者伪也"(《荀子·性恶》),看起来与孟子相反,其实是为了强调后天礼义教化和劝学修身的必要性,把仁学安放在一个与社会文化环境相宜的空间里,更具有事实上的可操作性。

其二,强调仁心需要"养",需要"积",不能一蹴而就。就主体努力而言,要"积善成德"(《荀子·劝学》),锲而不舍,终身学习,要诚心诚意去做,故云:"养心莫善于诚,致诚则无它事矣。唯仁之为守,唯义之为行。诚心守仁则形,形则神,神则能化矣。诚心行义则理,理则明,明则能变矣"(《荀子·不苟》),"积善而全尽谓之圣人","故圣人也者,人之所积也。"(《荀子·儒效》)就社会管理而言,要"明礼义以化之,起法正以治之","礼者养也","不富无以养民情,不教无以理民性","注错习俗,所

以化性也"。(《荀子·礼论》)

其三,荀子阐发了人的群体性,从群己关系的角度说明人的本质,建立起仁学的社会学。人之所以高于牛马,在于"人能群,彼不能群也。人何以能群?曰:分。分何以能行?曰:义"(《荀子·王制》)。人以礼义为标准,通过"明分使群",结成合理的社会关系,才能体现"最为天下贵"的价值。

其四,补充孟子的仁政之说,认为君民是舟水关系,"水则载舟,水则覆舟",故君人者要"平政爱民"、"隆礼敬士"、"尚贤使能"(《荀子·王制》)。有人说荀子重礼义轻心性,不是的。他是仁礼统一论者,主张道德教化与礼义习俗的结合,反对抛弃仁德爱民、专事礼法统治的治国模式。他讲劝学修身,主张先义而后利,认为德操定而后才能成人。他每言及礼义,必讲德政裕民,要人君"选贤良,举笃敬,兴孝弟,收孤寡,补贫穷"(《荀子·王制》),实际上是在发挥孟子仁政的思想。

三、五经中与仁学相关的思想

《周易》中虽然直接使用"仁"的词语不多,但为仁学内涵的充实与发展提供了一系列的理念。

其一,以"感生"为大德,"天地感而万物化生,圣人感人心而天下和平"(《咸·彖》),"生生之谓易"(《系辞上》),"天地之大德曰生"、"男女构精,万物化生"(《系辞下》)。

其二,以"通变"为生道,"元亨利贞"(《乾卦》)、"乾道变化,各正性命"(《乾·彖》)、"天地交而万物通也"(《泰·彖》)、"刚柔相推而生变化"、"通变之为事"、"感而遂通天下"(《系辞上》),"穷则变,变则通,通则久"、"唯变所适"(《系辞下》)。

其三,以"随时"为光明,"应乎天而时行"(《大有·彖》)、"随时之义大矣哉"(《随·彖》)、"汤武革命,顺乎天而应乎人"(《革·彖》)、"时止则止,时行则行,动静不失其时,其道光明"(《艮·象》)、"日新之谓盛德"(《系辞上》)、"变通者,趋时者也"(《系辞下》)。

其四,以"自强不息"(《乾·象》)和"厚德载物"(《坤·象》)为君子之德,其表现为"修辞立其诚"、"刚健中正"(《文言》),"安土敦乎仁,故能爱"、"崇德而广业"(《系辞上》),"立人之道曰仁与义"(《说卦传》)。上述理念对于后来儒者创新仁学起了方向性的指导作用。

《尚书》传为夏、商、周三代政治文献,其政治理想是实行德政,成为后来孔子"为政以德"和孟子"仁政"思想的来源。其德政内涵精要在于以民为本,"民惟邦本,本固邦宁"(《五子之歌》),强调天民一体、民意天从、上下同心同德。在天命与民意的关系上,它提出"民之所欲,天必从之"(《泰誓上》),"天视自我民视,天听自我民听"(《泰誓中》);在天命与德政的关系上,它提出"皇天无亲,惟德是辅"(《蔡仲之命》);在君民关系上,它提出不要"离心离德",而要"同心同德",要打破以宗族别亲疏的局限,实行一体皆爱,故云:"虽有周亲,不如仁人"(《泰誓中》);在实施德政的步骤上,应当以己推人、由近及远,故云:"克明俊德,以亲九族;九族既睦,平章百姓;百姓昭明,协和万邦"(《尧典》),这也就是由小康走向大同之路。

《诗经》对于儒者而言,远不止是一部包纳风、雅、颂的古代诗歌总集,它更是一部讽谏政治、教化世人的经典,如《庄子·天下》所云:"诗以道志"。按《毛诗序》的说法,"动天地,感鬼神,莫近于诗,先王以是经夫妇,成孝敬,厚人伦,美教化,移风俗"[1],由于采用歌咏流行的方式,可以做到"言之者无罪,闻之者足以戒"[2]。后来由于"王道衰,礼义废,政教失"[3],而出现变风变雅,"变风发乎情,止乎礼义;发乎情,民之性也;止乎礼义,先王之泽也"[4]。"雅者、正也,言王政之所由废兴也"[5],"颂者,美

---

[1] 《毛诗正义》(上),《十三经注疏》,第10页。
[2] 《毛诗正义》(上),《十三经注疏》,第13页。
[3] 《毛诗正义》(上),《十三经注疏》,第14页。
[4] 《毛诗正义》(上),《十三经注疏》,第15页。
[5] 《毛诗正义》(上),《十三经注疏》,第17页。

盛德之形容,以其成功告神明者也"①。例如:《关雎》之义在"思贤才,而无伤善之心焉"②,《行露》之义在"贞信之教兴,强暴之男不能侵陵贞女也"③,《驺虞》之义在"仁如驺虞则王道成也"④,《谷风》之义在"刺夫妇失道也"⑤,《相鼠》之义在"刺无礼也"⑥,《伐檀》之义在"刺贪也"⑦,《硕鼠》之义在"刺重敛也"⑧,《伐木》之义在"友贤不弃,不遗故旧,则民德归厚矣"⑨,《生民之什》之义在"尊祖也"⑩,《行苇》之义在"忠厚也,周家忠厚,仁及草木"⑪。在《毛诗》注家看来,《诗经》之作,皆有为而发,或颂或刺,意在扬善抑恶、扶正去邪。这与孔子所言"诗一言以蔽之,曰:思无邪"是一致的。

三礼之中,《仪礼》较早,内容为古代礼仪,讲述冠、婚、丧、祭、射、乡、朝、聘的具体规范与仪节,与仁学不直接相关。《周礼》年代有争议,现存五篇,主要与官制、官职有关,此处不予评述。《礼记》中的主要篇章产生于战国,是儒家群体对孔、孟、荀原始儒学的一次重要的理论发挥,具有元典的价值,其中的《大学》、《中庸》与《论语》、《孟子》一起组成"四书",为宋明道学家所推崇,在后期儒学史上的地位与"五经"并驾齐驱。

《礼记》对仁学多有发挥,计其大者有以下几项:

第一,《大学》提出"三纲领"、"八条目"。前者是仁学的最终目标,意在建设一个道德昌明(在明明德)、民俗清新(在亲民)、人心普善的社会(在止于至善);后者是践行和扩充仁爱的步骤,由修身(格物、致知、诚意、正心)开始,然后齐家,然后治国,最终平天下。其关键是仁人在位,

---

① 《毛诗正义》(上),《十三经注疏》,第 18 页。
② 《毛诗正义》(上),《十三经注疏》,第 21 页。
③ 《毛诗正义》(上),《十三经注疏》,第 79 页。
④ 《毛诗正义》(上),《十三经注疏》,第 105 页。
⑤ 《毛诗正义》(上),《十三经注疏》,第 144 页。
⑥ 《毛诗正义》(上),《十三经注疏》,第 205 页。
⑦ 《毛诗正义》(上),《十三经注疏》,第 369 页。
⑧ 《毛诗正义》(上),《十三经注疏》,第 372 页。
⑨ 《毛诗正义》(上),《十三经注疏》,第 576 页。
⑩ 《毛诗正义》(上),《十三经注疏》,第 1055 页。
⑪ 《毛诗正义》(上),《十三经注疏》,第 1079 页。

"一家仁,一国兴仁;一家让,一国兴让;一人贪戾,一国作乱……尧舜率天下以仁,而民从之;桀纣率天下以暴,而民从之。……未有上好仁而下不好义者也。"

第二,《中庸》提出行仁的最佳状态是中庸,即循中和之道,无过与不及之失,"喜怒哀乐之未发谓之中,发而皆中节谓之和;中也者天下之大本也,和也者天下之达道也;致中和,天地位焉,万物育焉",这确立了和而不流的温和主义的精神方向。"君子而时中",确立了中和之道与时俱进的创新品格。

第三,《中庸》阐发一个"诚"字,铸造了仁学的灵魂,以防止仁学流为虚伪。它接着孟子讲"诚",说:"诚者,天之道也;诚之者,人之道也。"诚是人性本然的真实生命,只有在圣人身上才能得到直接体现,故曰:"诚者不勉而中,不思而得,从容中道,圣人也。"一般人之诚则表现为坚持不懈地修身学习,故曰:"诚之者择善而固执者也。""自诚明,谓之性;自明诚,谓之教。"至诚的作用在于尽性,包括尽己之性、尽人之性、尽物之性,最后达到赞天地之化育。所以至诚的力量是伟大的,"至诚如神"、"不诚无物"、"是故君子诚之为贵",它可以成己,又可以成物,"成己仁也,成物知也,性之德也,合外内之道也"。

第四,《礼记·祭义》将仁学根基的孝道提升到新的高度。曾子曰:"居处不庄,非孝也;事君不忠,非孝也;涖官不敬,非孝也;朋友不信,非孝也;战阵无勇,非孝也","众之本教曰孝",这样一来,孝敬父母的仁爱之心就扩展为爱民治国之心,成为道德教化之本。

第五,《礼记·哀公问》引孔子语:"古之为政,爱人为大",明确了仁政以人为本的原则。《礼记·儒行》则加以分疏,将仁爱的种种属性,列举出来:"温良者,仁之本也;敬慎者,仁之地也;宽裕者,仁之作也;孙接者,仁之能也;礼节者,仁之貌也;言谈者,仁之文也;歌乐者,仁之和也;分散者,仁之施也;儒皆兼此而有之,犹且不敢言仁也。"由此而知,仁是一体多用、即体即用的。

第六,《礼记·礼运》提出仁政社会的初级目标小康和最高目标大同,成为中国人代代追求的社会理想。所谓小康,以夏、商、周三代治世为蓝本，"能修礼以达义，体信以达顺"。所谓大同，超出了家族界域，"大道之行也，天下为公"。为公的要求，一是"选贤与能"，贤者在位；二是"讲信修睦"，诚信和平；三是"使老有所终，壮有所用，幼有所长，矜寡孤独废疾者皆有所养"，民生幸福；四是"谋闭而不兴，盗窃乱贼而不作"，有序安定。从圣人的仁心而言，"以天下为一家，以中国为一人"。

《春秋》为鲁国史书，传为孔子所著，其中隐寓是非褒贬之意。解说《春秋》有三传。《左传》以史实展现《春秋》，属古文经学。《公羊传》与《谷梁传》则侧重《春秋》微言大义，属今文经学。《左传》以历史故事的方式宣示儒家仁礼之学。例一，"郑伯克段于鄢"，讲郑庄公与母及弟不和，颍考叔用智慧使其母子复亲，云："颍考叔，纯孝也，爱其母，施及庄公。"①例二，"卫石碏大义灭亲"，讲说"君义臣行、父慈子孝、兄爱弟敬，所谓六顺也"②。例三，"季梁谏追楚师"，强调"夫民，神之主也，是以圣王先成民而后致力于神"③。例四，"祁奚举贤"，云："君子谓'祁奚于是能举善矣：称其仇，不为谄；立其子，不为比；举其偏，不为党'。《商书》曰：'无偏无党，王道荡荡'，其祁奚之谓矣"④。例五，"叔孙豹论不朽"，提出永恒价值："太上有立德，其次有立功，其次有立言，虽久不废，此之谓不朽"。例六，"女叔齐论礼之本末"，云：自郊劳至于赠贿，"是仪也，不可谓礼。礼所以守其国，行其政令，无失其民者也"⑤。例七，"叔向诒子产书"，强调德治重于法治，反对铸刑书，云："昔先王议事以制，不为刑辟，惧民之有争心也。犹不可禁御，是故闲之以义，纠之以政，行之以礼，守之以信，奉之以仁，制为禄位以劝其从，严断刑罚以威其淫。惧其未也，故诲之以忠，耸之以行，教之以务，使之以和，临之以敬，涖之以强，断之以刚。犹求圣哲之上，明察之官，忠信之长，慈惠之师，民于是乎可任使也，而不生祸乱。民知有辟，则不忌于上，并有争心，以征于书，而侥幸以成

---

① 《春秋左传正义》，《十三经注疏》，第 56 页。
② 《春秋左传正义》，《十三经注疏》，第 81 页。
③ 《春秋左传正义》，《十三经注疏》，第 175 页。
④ 《春秋左传正义》，《十三经注疏》，第 824—825 页。
⑤ 《春秋左传正义》，《十三经注疏》，第 1216 页。

之,弗可为矣。"①

《公羊传》以指点《春秋》深意为旨。如:"何言乎王正月? 大一统也","君子以其不受为义,以其不杀为仁","公子熹时者,仁人也,内平其国而待之,外治诸京师而免之","君子曷为春秋? 拨乱世反诸正,莫近诸春秋,则未知其为是与。其诸君子乐道尧舜之道与,末不亦乐乎尧舜之知君子也。制春秋之义以俟后圣,以人君子之为,亦有乐乎此也。"

《谷梁传》亦以阐发《春秋》义理为重。如:"知者虑,义者行,仁者守",将智、义、仁并列为三德;"独阴不生,独阳不生,独天不生,三合然后生",将阴、阳、天并举为生命三要素;"故曰:礼人而不答则反其敬,爱人而不亲则反其仁,治人而不治则反其知,过而不改又之是谓之过",以礼求敬、以爱通仁、以治验智。

四、两汉的仁礼之学

其时,儒学以礼学最为发达。已经成为国家主导意识形态的儒学,为适应强大而统一的汉帝国建设的需要,其关注重心在礼学而不在仁学,以便为推进宗法等级社会的制度文化建设服务,并形成"三纲五常"的核心价值体系。代表性的作品有董仲舒的《春秋繁露》、班固总撰的《白虎通》、郑玄的《三礼注》。三纲:君为臣纲、父为子纲、夫为妻纲,强调君权、父权、夫权的绝对权威和单向等级服从,不同于孔孟关于人伦关系虽有等差却要有双向责任的观点,即"礼之用,和为贵"(如"君使臣以礼,臣事君以忠","父慈子孝")。五常:仁、义、礼、智、信,乃是孔孟儒学总结出来的人生常道,但它隶属于三纲之后,其平等性被消解,丧失了许多质朴的内涵。在这种大的文化态势之下,先秦儒家的仁学被淡化和边缘化,是势所难免。这一时期没有出现仁学专题论著,只有零星散论。《春秋繁露》论

---

① 《春秋左传正义》,《十三经注疏》,第 1225—1228 页。

及"以仁安人,以义正我","仁之法在爱人,不在爱我;义之法在正我,不在正人"①,"仁而不智,则爱而不别也;智而不仁,则知而不为也。故仁者所爱人类也,智者所以除其害也"②。

《孝经》约成书于战国而流行于汉代,成为两汉经学中最富于仁学精神的经典。孔子弟子有若说过:"孝悌也者,其为仁之本与"(《论语·学而》)。《孝经》的贡献就是把仁学之本源——孝道加以扩充提升,使它从家庭伦理走出来,成为社会公德、治国方略和天人之道,从而成为一种信仰和社会核心价值;与此同时,仁爱的内涵也在拓展,仁爱的作用也在增强,仁孝之爱被充分放大了。

第一,"夫孝,天之经也,地之义也,民之行也"(《孝经·三才章第七》),作为人生常德的孝道,本于天地生生之德。

第二,"夫孝,德之本也,教之所由生也"(《孝经·开宗明义章第一》),孝道是道德之本、教化之根,"夫孝,始于事亲,中于事君,终于立身"(《孝经·开宗明义章第一》),从敬亲爱亲出发,进而报亲乐亲,进而荣亲扬亲,人们自然就会为国尽忠,致力于建功立业,这是孝道的内在逻辑发展。

第三,"爱敬尽于事亲,而德教加于百姓,刑于四海,盖天子之孝也"(《孝经·天子章第二》),天子之孝表现在以孝作则,并推广孝道于百姓,则天下法德而治,"故明王之以孝治天下"。

第四,"高而不危,所以长守贵也。满而不溢,所以长守富也。富贵不离其身,然后能保其社稷,而和其民人,盖诸侯之孝也"(《孝经·诸侯章第三》),诸侯之孝在于从敬亲荣亲出发,不骄不奢,则社会祥和,政权安稳。

第五,"非先王之法服不敢服,非先王之法言不敢道,非先王之德行不敢行"(《孝经·卿大夫章第四》),"三者备矣,然后能守其宗庙,盖卿大夫之孝也"(《孝经·卿大夫章第四》),卿大夫之孝在于循圣王之道而

---

① (汉)董仲舒:《春秋繁露·仁义法》,中华书局 2011 年版,第 106 页。
② (汉)董仲舒:《春秋繁露·必仁且知》,第 117 页。

为,可以使宗庙长保。

第六,用事父之爱事母,用事父之敬事君,"故以孝事君则忠,以敬事长则顺;忠顺不失,以事其上,然后能保其禄位,而守其祭祀,盖士之孝也"(《孝经·士章第五》),士之孝在于移爱敬为忠顺,成为国家的忠臣。

第七,"用天之道,分地之利,谨身节用,以养父母,此庶人之孝也"(《孝经·庶人章第六》),庶人之孝在于尽力劳作、行为端正、生活节俭,以赡养父母。以上是说孝道对不同阶层有不同要求。

第八,孝子事亲要五者俱备:"居则致其敬,养则致其乐,病则致其忧,丧则致其哀,祭则致其严"(《孝经·纪孝行章第十》)。同时,"君子之教以孝也,非家至而日见之也。教以孝,所以敬天下之为人父者也。教以悌,所以敬天下之为人兄者也。教以臣,所以敬天下之为人君者也"(《孝经·广至德章第十三》)。然而君当有诤臣,士当有诤友,父当有诤子,"父有争子,则身不陷于不义","故当不义则争之,从父之令,又焉得为孝乎!"(《孝经·谏诤章第十五》)

第九,孝道合乎天性,故顺其性情而推动,由家庭而社会,自然地会使道德教化普行于天下,若弃孝道而兼爱天下是离本而为,不会成功。"父子之道,天性也","不爱其亲而爱他人者,谓之悖德;不敬其亲而敬他人者,谓之悖礼"。(《孝经·圣治章第九》)因此,"教民亲爱,莫善于孝;教民礼顺,莫善于悌","所敬者寡,所悦者众,此之谓要道也"。(《孝经·广要道章第十二》)以孝道推行仁德,其原理在于"能近取譬"、"将心比心"、"推己及人",亦即恕道的践行。

五、魏晋南北朝时期的玄学儒学

这一时期学术的主流是玄学,它是吸收了儒学营养的新道家。有鉴于儒家名教的空壳化和神秘化,玄学家采用老庄的人性自然学说来充实儒家的礼文化,提出"名教本于自然"(王弼)、"名教即自然"(郭象),欲使礼教重新回归人的自然性情,从而增强其生命活力。这本是儒家仁学应当做的事情。当然,玄学也有人提出"越名教而任自然"(嵇康),那就偏离儒学的主流了。

六、隋唐时期的儒学与仁学

隋唐儒学在儒、佛、道三教鼎立与互动中发展。一方面,孔颖达主编《五经正义》,统一官方经学注本和章句的解释,用以科举明经取士,从而强化了儒学的政治思想主导地位;另一方面,佛学强而儒学弱,儒学未能出现适应新时代的哲学体系,理论上面临着佛学与道学的有力挑战。韩愈提出儒家"道统"说,发起复兴儒学运动,却未能找到正确的复兴之路。他企图通过排击佛老,达到儒学的复兴;又对儒学作了仅限于形制与物质层面的解说:"其文:《诗》、《书》、《易》、《春秋》;其法:礼、乐、刑、政;其民:士、农、工、贾;其位:君臣、父子、师友、宾主、昆弟、夫妇;其服:麻丝;其居:宫室;其食:粟米、果蔬、鱼肉。"他还在"三纲"说支配下肯定了上下等级关系和民众为权贵服务是天然合理的:"君者,出令者也;臣者,行君之令而致之民者也;民者,出粟米麻丝、作器皿、通货财,以事其上者也"①,如果"民不出粟米麻丝、作器皿、通货财以事其上,则诛"。② 他虽然推崇孟子,又作出了"博爱之谓仁"的概括,却对仁学毫无领会。与此同时,柳宗元、李翱、刘禹锡等人另辟蹊径,致力于会通佛老来发展儒学。柳宗元关注民生,深切同情民众的疾苦,有强烈的人道主义精神。他作《贞符》,谓董仲舒等人讲受命之符,"不足以知圣人立极之本"③,而"受命不于天,于其人;休符不于祥,于其仁。惟人之仁,匪祥于天;匪祥于天,兹惟贞符

---

① (唐)韩愈撰:《原道》,《韩昌黎文集校注》,上海古籍出版社 1986 年版,第 16 页。
② (唐)韩愈撰:《原道》,《韩昌黎文集校注》,第 16 页。
③ 柳宗元:《贞符》,《柳宗元集》,中华书局 1979 年版,第 30 页。

哉！未有丧仁而久者也，未有持祥而寿者也”①。其诗有曰："天之诚神，宜鉴于仁；神之曷依？宜仁之归。"②仁者人也，以人为本，才是圣人之道，柳宗元是对仁学精神真有领悟者，但他未能形成系统论说。

七、宋、元、明时期仁学在复杂态势中发展

在儒、释、道三教合流中出现了新儒学即宋明道学。按照冯友兰先生的说法，"道学是讲人的学问，可以简称为'人学'"，"道学家认为仁是四德之首，并且包括其余三德。有仁德的人，称为仁人，为仁者。在仁者的精神境界中，天地万物同为一体，全人类都是兄弟"。③

张载是宋明道学的奠基人之一，他的《正蒙》所述气本与两体之说，奠定了道学中气学的基础，对王夫之影响巨大。然而他对孔子仁学的贡献与对后世中华学人精神的提升的作用，却主要在于《西铭》一篇。其文云："乾称父，坤称母，予兹藐焉，乃混然中处。故天地之塞，吾其体；天地之帅，吾其性。民吾同胞，物吾与也。"④"凡天下疲癃残疾、茕独鳏寡，皆吾兄弟之颠连而无告者也。于时保之，子之翼也；乐且不忧，纯乎孝者也。违曰悖德，害仁曰贼；济恶者不才，其践形唯肖者也"⑤，"富贵福泽，将厚吾之生也；贫贱忧戚，庸玉汝于成也。存，吾顺事；没，吾宁也"⑥。张载视宇宙为一大家庭，乾坤是父母，人类是儿女，人与人之间乃兄弟关系，人与物之间是伙伴关系，都息息相通，应当互相关照爱护。境遇好可使生命由于富足而康泰，境遇坏可使生命由于磨炼而成熟，活着就要尽职尽责，死

---

① 柳宗元：《贞符》，《柳宗元集》，第35页。
② 柳宗元：《贞符》，《柳宗元集》，第36页。
③ 冯友兰：《中国哲学史新编》（下），人民出版社2007年版，第18页。
④ （宋）张载：《正蒙·乾称》，《张载集》，中华书局1978年版，第62页。
⑤ （宋）张载：《正蒙·乾称》，《张载集》，第62页。
⑥ （宋）张载：《正蒙·乾称》，《张载集》，第63页。

了就是永恒的休息。张载提出了仁者的大生命观,用家庭之爱"能近取譬",扩充为人类和宇宙之爱,把个人生命意义与整个社会和自然的和谐发展联系起来。张载还有四句名言:"为天地立心,为生民立命,为往圣继绝学,为万世开太平"①。这是他"大其心"的结果,使心包纳宇宙、人类生命,为天地发育着想,为万民命运操心,为孔孟之道续统,为天下太平开路。"横渠四句"精练地表达了儒者大仁大爱的思想境界和人生抱负,为后世士人所传颂,成为人们为学处世的座右铭。

道学家中,对仁学直接加以发挥者首推程颢,后人将他的相关语录称之为《识仁篇》,谓:"仁、义、礼、智、信五者,性也。仁者,全体;四者,四支。仁,体也;义,宜也;礼,别也;智,知也;信,实也。"②又谓:"医书言手足痿痹为不仁,此言最善名状。仁者以天地万物为一体,莫非己也,认得为己,何所不至?若不有诸己,自不与己相干。"③又谓:"学者须先识仁。仁者浑然与物同体,义、礼、知、信皆仁也。识得此理,以诚、敬存之而已。"④程颢认为仁是人的一种生命同体感受,仁者爱人爱物是感受到他人、万物与己痛痒相关、休戚与共,就像人体的各个部位和器官连贯成有机的整体一样,一得俱得,一损俱损。若只顾自己,不关心他人万物,即麻木不仁,乃是一种病态。

谢良佐发挥明道仁学,云:"心者何也?仁是己。仁者何也?活者为仁,死者为不仁。今人身体麻痹,不知痛痒,谓之不仁。桃杏之核可种而生者,谓之桃仁杏仁,言有生之意。推此仁可见矣。"⑤谢良佐又用仁解释天理,天使自然万物产生和发育,天之理为仁。人得天地之心以为心,得天地之理以为性,人心、人性就成为仁,人只要尽心、实行仁道,就能知性、知天。谢氏之论甚为可贵,理学若能按天理即仁心的路子走下去,将会有一番新的气象。

① (宋)张载:《张子语录中》,《张载集》,第320页。
② 《二程遗书》卷第二上,上海古籍出版社2000年版,第64页。
③ 《二程遗书》卷第二上,第65页。
④ 《二程遗书》卷第二上,第66页。
⑤ 《上蔡语录》卷一,《四库全书》本。

　　朱熹进一步从"生意"上说仁,他上承《周易》"天地之大德曰生"的生命观,把人类和自然界都看成是大的生命体,把"仁"视为宇宙生物之心,曰:"天地之心别无可做,大德曰生,只是生物而已"①,"仁者,天地生物之心"②,"人受天地之气而生,故此心必仁,仁则生矣"③,"仁者人也","仁字有生意,是言人之生道也"④,"仁本生意,乃恻隐之心也"⑤。万物之生长固然是生意,那么万物之死枯又如何解释呢? 朱子认为天地生物乃是生生不息的过程,有发育壮大,亦有收敛固藏,有个体生死,亦有种群相续。比如树木,"到冬时,疑若树无生意矣,不知却自收敛在下,每实各具生理,便见生生不穷之意"⑥。朱熹讲忠恕之道,有两句话最为精当:一曰"中心为忠,如心为恕"⑦,一曰"尽己之谓忠,推己之谓恕"⑧。朱子著《仁说》,阐述"仁为心之德"和"仁为爱之理",其说云:"天地以生物为心者也,而人物之生又各得夫天地之心以为心者也。故语心之德,虽其总摄贯通、无所不备,然一言以蔽之,则曰仁而已矣。请试详之。盖天地之心,其德有四:曰元亨利贞,而元无不统。其运行焉,则为春夏秋冬之序,而春生之气无所不通。故人之为心,其德亦有四:曰仁义礼智,而仁无不包。其发用焉,则为爱恭宜别之情而恻隐之心无所不贯。故论天地之心者,则曰乾元坤元,则四德之体用不待悉数而足。论人心之妙者,则曰仁人之心也,则四德之体用亦不待遍举而该。盖仁之为道,乃天地生物之心即物而在。情之未发而此体已具,情之既发,而其用不穷。诚能体而存之,则众善之源,百行之本,莫不在是。此孔门之教之所以必使学者汲汲于求仁也。"朱子不赞成"爱情仁性"之说,强调"吾之所论,以爱之理而名仁者

①　(宋)黎靖德编:《朱子语类》卷六十九,中华书局 1994 年版,第 1729 页。
②　(宋)黎靖德编:《朱子语类》卷五十三,第 1298 页。
③　(宋)黎靖德编:《朱子语类》卷五,第 85 页。
④　(宋)黎靖德编:《朱子语类》卷六十一,第 1460 页。
⑤　(宋)黎靖德编:《朱子语类》卷六十八,第 1691 页。
⑥　(宋)黎靖德编:《朱子语类》卷六十九,第 1729 页。
⑦　(宋)黎靖德编:《朱子语类》卷二十七,第 689 页。
⑧　朱熹:《论语集注》卷二,《四书章句集注》,中华书局 1983 年版,第 72 页。

也"。① 朱子论仁,本诸人的自然性情,颇为通透,然而终将仁归之于理,则是理学家的局限,因为仁实际上是情与理的统一,并非单纯是理。

在仁为生理的观念影响下,民间称各种果实之种子为"仁",如桃仁、杏仁,皆因其具有再造生命、延续物种的性能。

张栻与朱熹曾就仁学做过讨论。二人皆主张仁是体,爱是用,不能以爱为仁,爱之理才是仁。但张栻认为"仁,人心也",朱熹则认为"心非仁,心之德是仁"②。从这里可以看出朱熹有把仁抽象化的趋向,根由在于他对心与理的关系有所分割。

陈淳是朱熹的学生,在《北溪语录》中对儒家各种论仁之说有所评析,云:"自孔门后,无识仁者。汉人只以恩爱说仁。韩子因遂以博爱为仁。至程子而非之,而曰:'仁,性也;爱,情也。以爱为仁,是以情为性矣',至哉,言乎! 然自程子之言一出,门人又一向离爱言仁,而求之高远,不知爱虽不可以名仁,而仁亦不能离乎爱也。上蔡(谢良佐)遂以知觉言仁。夫仁者,固能知觉,而谓知觉为仁则不可。若能转一步观之,只知觉处纯是天理,便是仁也。龟山(杨时)又以万物与我为一为仁。夫仁者固与万物为一,然谓与万物为一为仁则不可。若能转一步观之,只于与万物为一之前纯是天理流行,便是仁也。吕氏(吕大临)《克己铭》又欲克去有己,须与万物为一体方为仁。其视仁皆若旷荡在外,都无统摄,其实如何得与万物合一? 洞然八荒,如何得皆在我闳之内? 殊失孔门向来传授心法本旨。至文公(朱熹)始以'心之德,爱之理'六字形容之,而仁之说始亲切矣。"陈淳诚有所见,然而理学家论仁,总是将情与理分说,依然有局限,仍须转一步观之。

陆九渊开心学先河,提出"宇宙便是吾心,吾心便是宇宙"的著名心学命题。他接着孟子讲本心,"仁义者,人之本心也"③,"夫子曰:'吾道一以贯之',孟子曰:'夫道一而已矣',又曰:'道二:仁与不仁而已矣'。

---

① 以上引文见朱杰人等编译:《朱子全书》第 23 册,上海古籍出版社 2010 年版,第 3279—3280 页。

② (宋)黎靖德编:《朱子语类》卷二十,第 474 页。

③ (宋)陆九渊:《与赵监》,《陆九渊集》,中华书局 1980 年版,第 9 页。

如是则为仁,反是则为不仁,仁即此心也,此理也"①。陆氏论涵养,强调"先立乎其大者"②,云:"收拾精神,自作主宰。万物皆备于我,有何欠缺。当恻隐时自然恻隐,当羞恶时自然羞恶,当宽裕温柔时自然宽裕温柔,当发强刚毅时自然发强刚毅"③。陆氏用仁把心、理、道贯通起来。

王阳明接着陆九渊讲心与理的关系,与朱熹不同,他论仁则近于程颢,主张"心即理",即万物一体之仁,强调仁是人与万物相关一体的真情实感,不是一种纯理念,曰:"盖天地万物一体之仁,疾痛迫切,虽欲已之而自有所不容已"(《传习录·答聂文蔚书》)。《大学问》说:"大人者,以天地万物为一体者也,其视天下犹一家,中国犹一人焉。若夫间形骸而分尔我者,小人矣。大人之能以天地万物为一体也,非意之也,其心之仁本若是,其与天地万物而为一也。岂惟大人,虽小人之心亦莫不然,彼顾自小之耳。是故见孺子之入井,而必有怵惕恻隐之心焉,是其仁之与孺子而为一体也;孺子犹同类者也,见鸟兽之哀鸣觳觫而必有不忍之心焉,是其仁之与鸟兽而为一体也;鸟兽犹有知觉者也,见草木之摧折而必有悯恤之心焉,是其仁之与草木而为一体也;草木犹有生意者也,见瓦石之毁坏而必有顾惜之心焉,是其仁之与瓦石而为一体也;是其一体之仁也,虽小人之心亦必有之。是乃根于天命之性,而自然灵昭不昧者也,是故谓之明德。"④阳明哲学的主旨就是追求生命主体的超脱自得、真挚活泼、生机盎然,这是良知的发用。他说的良知即是良心,也可称为仁心、爱心、善心,他上接孟子,把孔子讲的"仁"落实到"心"上面,如此一来,"仁"便生动而切实了。他说:"知是心之本体,心自然会知。见父自然知孝,见兄自然知弟,见孺子入井自然知恻隐,此便是良知不假外求。若知良知之发,更无私意障碍,即所谓充其恻隐之心,而仁不可胜用矣。"⑤但人心常被私

---

①　(宋)陆九渊:《与曾宅之》,《陆九渊集》,第5页。

②　(宋)陆九渊:《与傅克明》,《陆九渊集》,第196页。

③　(宋)陆九渊:《语录下》,《陆九渊集》,第455—456页。

④　(宋)王阳明:《大学问》,《王阳明全集》卷二十六,上海古籍出版社1992年版,第968页。

⑤　(宋)王阳明:《传习录·徐爱录》,《王阳明全集》卷二十六,第34页。

欲障蔽,需格物致知,才能胜私复理,使良知呈现,所以要"致良知"。以上可知其心学是接近仁学的。王阳明有"四句教",曰:"无善无恶心之体,有善有恶意之动,知善知恶是良知,为善去恶是格物"①。第一句以无为体乃是受佛老哲学影响,第三句是其良知说之核心。阳明把良心归结为良知,强调知觉即道德理性的重要性是应该的,却有欠缺,因为"心统性情",良心既是明觉又是人情,孔子所谓"不安",孟子所谓"不忍",皆人之良情。可见阳明心学同孔孟仁学之间仍有隔膜未通处。

阳明后学中,李贽的《童心说》和颜钧的《大中仁神说》对仁学有进一步解说。按孔子仁学本意,仁由孝亲而将爱推及于他人与万物,乃是发自内心的一种自然而然的情感,无须造作,不可勉强。宰予认为为父母守孝三年之丧制太长,应改为一年,孔子说一年之后就吃好的穿好的你能安心吗?宰予说安心,孔子说你安心就去做吧。孔子的评论是:"予之不仁也。子生三年,然后免于父母之怀。夫三年之丧,天下之通丧也。予也有三年之爱于其父母乎?"(《论语·阳货》)孔子用感恩而后安心来解释仁行,因此仁须诚,不诚则无仁。诚者真实无伪也。李贽将老庄道家求真之说与儒家仁诚之道结合起来,提出人要守护童心,曰:"夫童心者,绝假纯真,最初一念之本心也。"此纯真之心随着道理闻见之增多而逐渐丧失,于是"以假人言假言,而事假事文假文","盖其人既假,则无所不假矣"。② 他批评当时的道学不仅无用,还为"欺天罔人者"提供口实"以售其欺罔之谋"。李贽不赞成道学家的"天理、人欲"之辨,反对把义利、公私对立起来,明白地为正当个人利益辩护,云:"夫私者,人之心也。人必有私而后其心乃见,若无私则无心矣"③,追求个体和家庭幸福乃"自然之理",正义明道不是超功利的。李贽要求人心回归纯真,道德不能脱离自然性情,这也是孔子仁学义利统一、诚明互依的本义。

颜钧认为,人的本性"聪明灵觉","随时运发,天性活泼,应感为仁道

---

① (宋)王阳明:《传习录·钱德洪录》,《王阳明全集》卷二十六第375页。
② 以上引文见李贽:《童心说》,《焚书》卷三。
③ (宋)李贽:《德业儒臣后论》,《藏书》卷三十二,中华书局1959年版,第544页。

也"，"此即己心之良知良能，此即'从心所欲不逾矩'之大学中庸也"。①又谓："人为天地心，心帝造化仁。是仁惟生，是生明哲"②，"夫子一生自操仁神为业"，"曰率性，曰修道，曰慎独，曰致中和，如此而晰四绪"③。颜钧以《大学》、《中庸》、《周易》为依据而建起大中仁神之学，以仁为良知良能，修仁则能生能化，这虽然偏离了理学主流，却回归了孔孟的精髓。

程颢与朱熹把先秦儒家以爱人为精要的伦理学、社会学意义上的仁学，提升为以生意为精要的宇宙学、生态学意义上的仁学，仁既是宇宙生命的活力与通畅，又是人拥抱宇宙生命的胸怀、情感和境界。

程朱理学以"理"为宇宙本体和核心价值，强调道德理性对情感欲求的制约，故有"存天理、灭人欲"之说。其对理性的重视与发挥，对人性内在矛盾的揭示与处理，对道德规范的强调和普及，在推动哲学理论发展与改进社会道德生活中都有其重要价值和积极作用。经验证明，人性中的道德理性与情感欲望之间既统一又对立，往往存在着不小的张力，文明社会与文明人必须具备强大的道德理性才能控制个人私欲的膨胀，以避免道德沦丧、人欲横流的局面出现。因此，天理、国法、人情三者要统筹兼顾。但理学家没有直接在仁学的基础上建立理学，没有以仁为体、以理为用，却把"理"抬到高于"仁"也高于所有其他理念的至高无上的地位，并以"三纲五常"（实际上以"三纲"为主）为天理的具体体现，高性理而抑性情，种下了后来远人情以言天理的病根。理学被权贵所扭曲利用，不再讲仁者爱人、仁者生意，导致"以理杀人"（戴震语）的严重后果。权贵阶层固然要负其咎，理学家偏离仁学而尚性理，也是理论上的一种过失。按照孔子仁礼之学的本来思路，仁是礼的精神实质，礼是仁的社会载体。推而言之，仁与理（礼的理论形态）之间也应该是内外、体用的关系，不能加以人为颠倒，否则便会背离孔子的真精神。"天理、人欲"之辨并不能充分表现传统的"礼与仁"的关系问题，因为"仁"既包含了普通人情，又包含了道德理性，所以明代出现"天理、人情"之辨。改革思想家高拱指出：

---

① （宋）颜钧：《日用不知辨》，《颜钧集》，中国社会科学出版社1996年版，第14页。
② （宋）颜钧：《论三教》，《颜钧集》，第16页。
③ （宋）颜钧：《论大学中庸大易》，《颜钧集》，第18页。

"天理不外于人情,然圣人以人情为天理,而后儒(指理学家——牟)远人情以为天理",做人的道理只是对人情的一种调节,使之适中:"夫中也者言乎其当也,庸也者言乎其平也,和也者言乎其顺也,皆本人情,不远人以人道。"①《毛诗·周南》说:"发乎情,止乎礼义;发乎情,民之性也;止乎礼义,先王之泽也。"②情与理的统一,即民间所说合情合理,才是引导人性健康发展的正路。

八、清至辛亥革命,仁学出现历史性变化

　　其时整个儒学面临着时代的根本变迁。一是鸦片战争以后中国沦为半殖民地,面临亡国灭种的危险,而帝制社会又进入衰败、黑暗时期,理学陈腐僵化,生命力萎缩,社会呈现"万马齐喑"(龚自珍诗)的局面,进步分子呕思改革社会,开拓儒学新形态,以拯救国难。二是前期儒学经学学术主流从推崇义理的宋学,转而推崇训诂的汉学(古文经学)。在"崇实黜虚"的口号下,学术主流由大学之道变轨为小学功夫,到乾嘉年间形成考据学的风尚,文字学、训诂学、音韵学并兴,虽然取得巨大成绩,却远离了时代的主题。清末今文经学重又兴起,适应社会改革的需要,强调经世致用,经学家试图将儒学改造成现代改良主义学说。三是辛亥革命结束了两千多年的帝制社会,中国开始向现代民主社会艰难过渡,在这一过程中社会革命运动接连不断。

　　明清之际的黄宗羲作《明夷待访录》,批判君王"以我之大私,为天下之大公"③,遂成为"天下之大害"。又指出"天下之治乱,不在一姓之兴亡,而在万民之忧乐"④,他主张限制君权,加大宰相的权力,并设置议政

---

① 高拱:《本语》,《高文襄公集》,齐鲁书社1997年影印本。
② 《毛诗正义》(上),《十三经注疏》,第15页。
③ (明)黄宗羲:《明夷待访录》,中华书局2011年版,第8页。
④ (明)黄宗羲:《明夷待访录》,第16页。

的学校,发挥士人参政的作用。这实际上就是君主立宪的雏形。黄氏是从儒家"选贤与能"和"民惟邦本"的思想传统中汲取智慧而提出改造君主专制制度为君主立宪制的第一人,这已经大大超出理学家的社会政治观,萌生了议会政治的新芽,说明儒学本身的精华也可以走向近代社会。这是仁学精神在制度文化层面更化日新的体现。

戴震是清代主流汉学中训诂与义理兼重且有强烈批判意识的学者,尤其是后期所写的《孟子字义疏证》,对走向僵化的程朱理学提出尖锐的批评,提出合乎情理的新说。一曰:"血气心知,性之实体"①,反对理学家将人性分割为本然之性与气质之性,使人性回归为有生命的活体。二曰:"情之不爽即是理"②,天理存乎人欲,理使人遂欲达情而得其中,反对理欲二元论。三曰:"欲遂其生,亦遂人之生,仁也"③,民之生即人伦日用,使人伦日用无失即是仁、义、礼。他认为行仁的根本方法是"以情絜情"的恕道,这就是孟子所说:"强恕而行,求仁莫近焉"(《孟子·尽心上》)。戴震学说对清末民初学人反思礼教与理学有很大启发。

康有为是戊戌变法的主推者。政治上,受西方现代政治文化影响,他主张"立宪法,开国会",实行君主立宪制,后来又提出"虚君共和",走改良的道路;经学上,他托古改制,提倡今文经学《公羊春秋》的"三世"说,即社会由据乱世到升平世再到太平世;文化上,他依托于今文经学神化孔子的传统,又学习西方"治教分途"的做法,主张建立专理全国文教的孔教会系统,一如西方基督教会,以维系道德人心,而孔教是"以人道而兼神道"④,乃是中国数千年立国之本,一旦弃之,国人将进退失据,"教亡而国从之",所以他不仅要保国保种,还要保教;理想上,他撰写了《大同书》,依据《礼运》的天下大同思想,加上佛教圆融无碍、解脱诸苦的理念,和西方社会改良的观点,构造了未来大同世界的蓝图,破除国家、民族、人

---

① (清)戴震:《孟子字义疏证》,《戴震集》,上海古籍出版社1980年版,第287页。
② (清)戴震:《孟子字义疏证》,《戴震集》,第265页。
③ (清)戴震:《孟子字义疏证》,《戴震集》,第273页。
④ 康有为:《陕西孔教会讲演》,载汤志钧编:《康有为政论集》,中华书局1981年版,第1108页。

我、家庭、人兽等九界的区分，"大同之道，至平也，至公也，至仁也，治之至也"，乃是人间极乐世界。康有为有天下一家、天人一体的胸怀，也就是至仁的思想境界。他看到了儒学在国家民族现代复兴中作为文化之根的重要性，他的《中庸注》说："推己及人，乃孔子立教之本；与民同之，自主平等，乃孔子立治之本"，"仁者在天为生生之理，在人为博爱之德"，赋予仁以"生"与"爱"的双重属性，是难能可贵的。但他未致力于建立仁爱的新儒学体系，却急于运用政权力量建立类似宗教教会的孔教组织，这不能不抑制儒学的人文主义精神，而以当时陈旧的儒学理论为内容的孔教团体，是不可能发挥促进社会文明发展作用的，在客观上必然成为社会改革的障碍。

梁启超是兼通中西文化的大学者，他主张"中西并尊"和"以中化西"。在《中国道德之大原》一文中，他探讨中西道德体系之差异，认为中式道德体系以"报恩主义"、"群体主义"为根基，西式道德体系以"自利主义"、"个人主义"为根基，而这两者是可以统一起来的。他在《十种德性相反相成义》中，突破传统的公私对立之见，把利己与爱人统一起来，曰："凡人不能以一身而独立于世界也，于是乎有群；其处于一群之中，而与俦侣共营生存也，势不能独享利益，而不顾俦侣之有害与否，苟或尔尔，则己之利未见而害先睹矣。故善能利己者，必先利其群，而后己之利亦从而进焉。……故真能爱己者，不得不推此心以爱家爱国，不得不推此心以爱家人爱国人，于是乎爱他之义生焉。"[1]他撰《历史上中华国民事业之成败及今后革进之机运》，指出："中国文化本最富于世界性，今后若能吸收世界的文化以自荣卫，必将益扩其本能而增丰其内容，还以贡献于世界"，"我国伦理之系统，曰修身、齐家、治国、平天下，以个人（身）为起点，以世界（天下）为极量，而国家仅以家族俦伍，同认为进化途中之一过程。故其最乐道者，曰'天下一家'，曰'四海兄弟'"，[2]人类的进步，应由世界主义取代国家主义，表现了他的儒家博爱情怀。

---

[1] 梁启超：《饮冰室文集之五》，中华书局 2015 年版，第 49 页。
[2] 梁启超：《饮冰室文集之三十六》，中华书局 2015 年版，第 28 页。

这一时期对儒家仁学的传承创新作出最大贡献的学人当属谭嗣同。他著《仁学》一书,向上直续孔子仁学,以《周易》为源头,综合庄子、墨子、佛家、耶稣教,跳开汉、宋、明、清诸儒之学,站在中学与西学会通的时代高度,推出新仁学,创造性地以"通"的理念解释"仁"的内涵,使仁学从传统走向现代,具有了崭新的理论形态,至今尚未过时。谭氏之《仁学》开宗明义:"仁以通为第一义","通之象为平等"。"通有四义":一曰"中外通",破"闭关绝市"、"重申海禁",要通学、通政、通教、通商;二曰"上下通",破等级隶制;三曰"男女通",破"三纲五伦之惨祸烈毒"与"死节之说";四曰"人我通",破"妄分彼此,妄见畛域,但求利己,不恤其他"。①

谭氏在理论上借用了多家的思想资源。如:引"《易》首言元,即继言亨。元,仁也;亨,通也"②,"仁者寂然不动,感而遂通天下之故"。③引《庄子》"道通为一",认为此语讲通之义最为浑括。又引墨子兼爱之说,引佛家无相与唯心之说,引耶稣教爱人如己之说,将诸说打通,糅合重塑,遂推出新仁学。

谭嗣同新仁学以"通"为特色,把仁爱与感通结合起来,与工商结合起来,从而具有了现代社会平等互尊、开放富民的新质,展现出一个崭新的天地。他认为,仁固然要博爱,不通则不能博爱。有爱心而固塞,则欲爱之反害之,效果与动机恰相反对,故"仁不仁之辨,于其通与塞"④。"墨子尚俭非乐,自足与其兼爱相消"⑤;道家绝对地"黜奢崇俭",则"凡开物成务,利用前民,励材奖能,通商惠工,一切制度文为,经营区划,皆当废绝"⑥,如何能实现仁爱之旨?"源日开而日亨,流日节而日困,始之以困人,终必困乎己"⑦,"惟静故惰,惰则愚;惟俭故陋,陋又愚;兼此两愚,固

---

① 以上引文均见谭嗣同:《仁学》,蔡尚思、方行编:《谭嗣同全集》下册,中华书局1980年版,第291页。
② 蔡尚思、方行编:《谭嗣同全集》下册,第296页。
③ 蔡尚思、方行编:《谭嗣同全集》下册,第292页。
④ 蔡尚思、方行编:《谭嗣同全集》下册,第296页。
⑤ 蔡尚思、方行编:《谭嗣同全集》下册,第289页。
⑥ 蔡尚思、方行编:《谭嗣同全集》下册,第322页。
⑦ 蔡尚思、方行编:《谭嗣同全集》下册,第324页。

将杀尽含生之类而无不足"①。谭氏超越了农业经济节俭自足的思维模式,阐扬了工商经济能加快增殖财货、改善民生的功能,与同时代的人相比,具有前卫意识。他认为,通商是通人我之一端,乃"相仁之道也"。又论发展工商业与仁爱的关系,说:"为今之策,上焉者,奖工艺,惠商贾,速制造,藩货物,而尤扼重于开矿。庶彼仁我而我亦有以仁彼,能仁人,斯财均而己亦不困矣。"②

由以上的论述可知,谭氏的仁学既抛弃了传统的等级礼教,认同传统的仁爱精神,又增加了现代的新颖内涵。之所以说它抛弃了传统的等级礼教,认同传统的仁爱精神,是由于它明确反对"三纲"说,反对君权、父权和夫权,勇敢"冲决网罗",又承继了孔子"仁者爱人"和"忠恕之道"的核心价值,强调关怀他者,关注民生,将心比心,互相尊重。之所以说它增加了现代的新颖内涵,是由于它宣示了公民平等的观念、社会开放的观念和发展市场经济的主张,在仁学的旗帜下把传统与现代很好地结合了起来。谭嗣同可以称为中国最早改革开放的思想家,又是善于运用和激活中华传统思想资源使之发扬光大的思想家,他从理论上开辟出一条既能推动中国现代化事业又能体现中国特色的独特道路。这也可以说明,儒学在中华思想精华——仁学基础上发挥前进,比在理学、心学、气学上做文章,要通快明捷、酣畅顺达,终于使当代儒学接上孔子仁学源头活水,重返一以贯之的主航道。

由于谭嗣同未来得及形成博大的思想体系及戊戌变法的失败,其《仁学》在很长一段时间内未能发挥应有的作用,甚至得不到应有的评价,他在理论上的伟大创举被书中一些次要的缺点(如对"以太"概念的不当运用)所掩盖,这是颇令人遗憾的。不过谭嗣同还是被当代哲学家冯友兰先生所推崇,得到了很高的评价。冯先生说:"谭嗣同回答了当时时代提出的问题,指明了时代前进的方向,就这两点上说他不愧为中国历史中的一个大运动的最高理论家,也不愧为中国历史中一个代表时代精

---

① 蔡尚思、方行编:《谭嗣同全集》下册,第325页。
② 蔡尚思、方行编:《谭嗣同全集》下册,第328页。

神的大哲学家。"①

　　孙中山是辛亥革命的领袖,是中国民主革命的伟大先行者。他将中西方人本文化熔为一炉,并且践行着当代仁学的爱、生、通三大精神。他提出的三民主义,即民族、民权、民生,就是会通中西、以仁建国的中华复兴之路。依据《中国国民党第一次全国代表大会宣言》,民族主义有两义:"一则中国民族自求解放,二则中国境内各民族一律平等",这里面蕴含了中华文化自强不息的精神和当代民族平等的观念;民权主义"即为国民者,不但有选举权,且兼有创制、复决、罢官诸权也",孙中山后来提出五权宪法,使之具体化,如此一来,"民本"便上升为"民治";民生主义有二义:"一曰平均地权,二曰节制资本",以解决贫富不均的问题,这是仁爱最重要的落实处,孙中山在《三民主义》中又解释说:"民生就是人民的生活,社会的生存,国民的生计,群众的生命。"这其中既有仁政的理念,又有社会主义的影响。在文化问题上,孙中山虽然主张向西方学习,但他决然不同于全盘西化派,在中国人普遍存在文化自卑和迷信欧美的氛围里,他看到了中华文化的优越和西方文化的不足,说:"东方的文化是王道,西方的文化是霸道。讲王道是主张仁义道德,讲霸道是主张功利强权。讲仁义道德,是主张用正义公理来感化人;讲功利强权,是用洋枪大炮来压迫人。"②他主张采中西文化之长而会通之,"集合中外的精华,防止一切的流弊"。在道德文化建设上则主要继承中华传统美德而给以现代形态。他提出"忠孝、仁爱、信义、和平"八字来代表中华精神。"忠"是效忠人民,"孝"是广义的孝道;"仁爱"可以纯洁世道人心,调整天、地、人、物、我的关系;"信义"能稳定秩序,维持国格、人格、族格;"和平"是民族好的道德精神,也是现实之所需。忠孝、仁爱、信义、和平,代表着中国在帝制社会之后的新的核心价值,它是当代仁学在社会道德精神方面的精练表述。

　　辜鸿铭写有《中国人的精神》,通过中外比较,他从生活出发,认定典

---

　　①　冯友兰:《中国哲学史新编》第六册,人民出版社 1989 年版,第 149 页。
　　②　孙中山:《对神户商业会议所等团体的演说》,《孙中山全集》第 11 册,中华书局 1986 年版,第 407 页。

型的中国人的"总体印象是温良","这种温良乃是同情与智能这两样东西相结合的产物",①"中国人有一颗爱心","他们过着一种心灵的生活,一种情感的或人类之爱的生活",②"真正的中国人有着童子之心和成年人的智慧"③,"人类所有纯真的情感均可以容纳在一个中国字中,这就是'仁'"④。辜氏不作理论上抽象的推论,而是能够根据社会生活实际,指出仁爱之心根植于普通中国民众身上,已经化为一种生活方式和国民性格。

总之,孔子仁学的递相传承虽非思想史主脉,亦受到相当重视,它时隐时显、时缩时扩、绵延不绝。其间,孟子性善仁政说,《易传》感生通变说,《中庸》不诚无物说,朱熹仁本生意说,程颢、阳明与物同体说,谭嗣同以通释仁说,以上诸说对仁学内涵的深化与扩充最有贡献。

---

①　辜鸿铭:《中国人的精神》,人民出版社 2010 年版,第 11 页。
②　辜鸿铭:《中国人的精神》,第 12 页。
③　辜鸿铭:《中国人的精神》,第 16 页。
④　辜鸿铭:《中国人的精神》,第 39 页。

第 二 章
当代新儒家学派对仁学的思考

一、当代新儒家先驱学者

以五四新文化运动为起点,文化领域掀起"批孔反儒"的巨大社会思潮,不论是西化派还是俄化派都对儒学发起猛攻,儒学不仅由文化中心地带走向边缘,而且被妖魔化,整个地成为"维护封建专制的思想工具"。在这种情势下,面临着在世界范围内已是强势的西学的严峻挑战,儒学是返本开新、吸收西学、焕发生机、再造辉煌,还是固陋因袭、继续沉沦,因而被西学边缘化甚至被其取代? 这是一场生死考验。当代新儒家是在融会中西、贯通三教中出现的,其目标是在应对西方文化大潮和经济社会现代化的过程中为以儒学为主干的中华思想文化寻找新的出路,使其通过再造而获得新生。在国粹派与西化派之间的当代新儒家学术群体,他们既不激进,也不守旧,能够站在新时代的高度,从不同角度,重新解释和再建儒学,为儒学开出一条新路。梁漱溟创立新文化学,熊十力创立新唯识学,冯友兰创立新理学,贺麟创立新心学,钱穆创立新国学,方东美创立新生命学,牟宗三创立新儒家形上学,张岱年创立新气学,大都承接宋明道学的理、心、气三大学派而有所创新,并不以仁学为主轴。然而他们又在不同程度上为当代仁学的发展提供了智慧。

梁漱溟的功绩是打破文化上单线进化论对中国思想界的束缚,提出中国式多线进化论,认为中国文化、西方文化、印度文化之间的差异并非进化阶段高低先后之别,而是由于民族性的差别形成的"根本精神"和"文化路向"上的不同。中国人的人生态度是调和持中的,孔子的人文理性发达,使中国文化走上伦理本位的道路。梁氏不仅认为儒学铸造的中华根本精神乃民族生命之所寄,而且由于其早熟性,必将显示它的现代意义和价值,从而为未来的世界文化作出贡献。①

熊十力会通儒佛,归宗于《周易》尊生健动哲学,强调生命的自发自开与活泼洒脱。儒学的精华在于它的生命哲学是健康向上、真实生动而无遁世主义与功利主义之偏失,"尊生而不可溺寂,彰有而不可耽空,健动而不可颓废,率性而无事绝欲"②,"无宗教之迷,无离群、遗世、绝物等过失,亦不至沦溺于物欲而丧其灵性生活"③。他上承程颢"仁者以天地万物为一体"的心学,提出心物同体的本心论,谓:"万物都是我心所感通的,万有都是我心所涵摄的,故一言乎心,即知有境,一言乎境,知不离心。我人的生命是整个的,若以为宇宙是外在的,而把他宇宙和自己分离开来,那便把浑一的生命加以割裂。"④熊十力认为:"圣人吉凶与民同患(佛氏大悲,亦同此精神),故裁成天地之道,辅相万物之宜,以左右民。此与西洋人主张征服自然,纯为功利动机者,截然异旨。吾先哲为学之精神与蕲向,超越小己与功利之私,此等血脉,万不可失。""学者从事哲学,必先开拓胸次,有上下与天地同流之实,则万理昭著,不劳穷索。"他指出:"仁也者中也。儒者之道,含宏万有,穷其极,不外中道而已。人类如有赶向太平之几,必待儒学昌明而后可,此余所断然不疑者。"⑤熊十力对儒家仁学有着高远热切的期待,并以担当它的传承发扬者自任。

---

① 参见梁漱溟:《东西文化及其哲学》,商务印务馆 1999 年版。
② 熊十力:《读经示要》,(台北)明文书局 1984 年版,第 604—605 页。
③ 熊十力:《体用论》,中华书局 1994 年版,第 118 页。
④ 熊十力:《新唯识论》(语体文本),中华书局 1985 年版,第 275 页。
⑤ 以上引文均见熊十力:《纪念北大 50 周年并为林宰平先生祝嘏》,载王宗昱编:《苦乐年华》,北京大学出版社 2004 年版。

冯友兰吸收西方哲学理性主义思维方式和逻辑分析方法,重新解释宋明理学,建立起新理学哲学体系。从理论方法上说冯学是西洋式的,从人文情怀上说冯学又具有中华神魂。冯友兰对儒家仁学的主要贡献有三。其一是反复强调"横渠四句":"为天地立心,为生民立命,为往圣继绝学,为万世开太平",这是儒者仁民爱物的大仁之心的最佳表述,也是学者继承发扬中绝之仁学的历史担当,所谓"阐旧邦以辅新命"。其二是通过"别共殊"即阐述共相与殊相的辩证关系,指明了中国社会当代的发展道路:既要走与西方共同的现代化之路,又要创立中国特殊的现代化模式,把普适价值与中国特色结合起来;在哲学发展上要体现中西融合与中国精神,即所谓"极高明而道中庸",展现仁学的超越性与现实性的统一。① 其三是通过"觉解"的理念,建立新儒家的境界说,提出人生四境界:自然境界、功利境界、道德境界、天地境界②,指明了仁学的主体性和层次性,认为哲学的功用在于提升人的精神境界,而关键在于仁心的培育与拓展。冯学的境界说,引出了牟宗三的"境界形上学"和唐君毅的"心通九境"说。

贺麟将西方古典哲学与宗教,同中国正统哲学主要是儒家哲学结合起来,推出新心学。他设计了"以民族精神为体,以西洋文化为用"的儒学复兴方案,主张用西洋古典哲学发挥儒家的理学,吸收基督教的精华充实儒家的礼教,领略西洋的艺术发掘儒家的诗教,使儒学成为哲学、宗教、艺术的和谐体,发挥认知、信仰、审美的三重作用。贺麟的真知灼见在于他抓住了孔学的核心"仁",将其提升到宇宙论、本体论、审美和信仰的高度。从艺术上看,"仁即温柔敦厚的诗教"③,"纯爱真情,乃诗教的泉源,亦即是仁"④;从宗教上看,"仁即是救世济物、民胞物与的宗教热忱";从哲学上看,"仁乃仁体","仁为天地之心,仁为天地生生不已之生机,仁为自然万物的本性","哲学上可以说是有仁的宇宙观,仁的本体论。离仁而言本

---

① 参见冯友兰:《新原道:中国哲学之精神》,三联书店 2007 年版。
② 参见冯友兰:《新原人》,三联书店 2007 年版。
③ 贺麟:《文化与人生》,商务印书馆 1988 年版,第 9 页。
④ 贺麟:《文化与人生》,第 9 页。

体,离仁而言宇宙,非陷于死气沉沉的机械论,即流于漆黑一团的虚无论"。贺麟又阐发了儒家的"诚"。《论语》多言仁,而《中庸》多言诚。诚不仅有诚信之道德意义,其主要意思,"乃指真实无妄之理或道而言",寓有极深的哲学意蕴。"诚不仅是说话不欺,复包含有真实无妄,行健不息之意。""诚亦是儒家思想中最富于宗教意味的字眼。诚即是宗教上的信仰。所谓至诚可以动天地、泣鬼神。精诚所至,金石亦开。"从艺术上说:"思无邪或无邪思的诗教,即是诚。诚亦即是诚挚纯真的感情。"贺麟总结说:"诚亦是儒家诗教礼教理学中之基本概念,亦可从艺术、宗教、哲学三方面以发挥之。"①

钱穆由史学进入国学,涉及经、史、子、集,包括文化、教育、史学、哲学,博学深思,对于民族文化生命的再造有强烈的关怀。他对仁学的贡献之一是提出生命哲学观:宇宙为一整体大生命,人类是从此大生命而来的小生命;就人类而言,个体是小生命,家、国、天下是大生命②,此生命即是道,也就是仁本体的展开。贡献之二,是重新诠释朱子理学,批评其"理"、"气"概念之不足,发掘其仁学之精粹,表而出之,由此而超越了理学,接续和发展了孔孟仁学。钱穆的《朱子新学案》是中国式创造诠释学的杰出之作,书里"朱子论仁上"、"朱子论仁下",有述有作,精彩绝伦。他指出:"然理气二字之于人生界,终嫌微有空廓不亲切之感","及其以仁字释理气,乃见其亲切人生,而天人两界之诚为一体"。③ 孔孟从人生说仁,朱子则以天地生意说仁,如"仁是天地之生气","只从生意上说仁","譬如谷种,生之性便是仁","仁者天地生物之心","仁即心也","仁本生意,乃恻隐之心也","仁者之心便是理",故"孔门之学,所以必以求仁为先,盖此是万理之原,万事之本"。钱穆又总结出朱子论仁数项:一曰仁包四德(义、礼、智、信);二曰仁者心之德、爱之理;三曰温和柔软者为仁;四曰仁者以天地万物为一体;五曰公在前,恕在后,中间是仁;六曰知觉为仁;七曰仁是全体不息;八曰为仁之方要在躬行实践、直内胜私;

①　以上引文见贺麟:《文化与人生》,第10—11页。
②　参见钱穆:《晚学盲言》,广西师范大学出版社2004年版。
③　钱穆:《朱子新学案》(上),巴蜀书社1986年版,第237页。

九曰成德以仁为先,进学以智为先;十曰言仁须兼言义,得仁之全体大用。以上可知朱子论仁亦如孔子论仁,多方多义而揭示之。钱穆在此书开篇"朱子学提纲"中引朱子的话:"发明心字,一言以蔽之曰生而已。天地之大德曰生,人受天地之气以生,故此心必仁,仁则生矣","天地生万物,一个物里面便有一个天地之心;圣人于天下,一个人里面,便有一个圣人之心"等数语,然后评论:"朱子专就心之生处、心之仁处着眼,至是而宇宙万物乃得通为一体。当知从来儒家发挥仁字到此境界者,正惟朱子一人"。① 钱穆在充分肯定朱子仁论的贡献的同时,又能指出理学与仁学之间有疏隔,是其超越理学的表现。

方东美的哲学以生命哲学为主体,强调哲学的功用在提升人生境界,他指出,中国先哲们在民族面临火难之际,总是要发挥伟大深厚的思想,培养溥博沉雄的情绪,促我们振作精神,努力提高品德,他们抵死要为我们推敲生命的意义,确定生命价值,使我们在天壤间脚跟站立得住。② 他认为中国人精神上既笃实入世,又空灵理性,追求与天地合其德;既忠恕感人、同情体物,又包裹万类、扶持众妙。方东美的生命哲学以《周易》为源头,继承了孔子、孟子、荀子的成己成物、尽性至命的内在精神,而反对把儒家哲学引向烦琐与神秘的经学如象数之学等。以此观之,汉代学者即已对原始哲学产生种种误解和歪曲,魏晋以降受到禅学与新道家影响,早期哲学又被误读,清初以来哲学便已死了。方东美并重儒道两家,认为孔孟儒家具有六艺精神,造就一个人文世界;而老庄道家具有超越精神和宇宙境界,"道家所谓的道,是超脱解放之道"。他尤其看重庄子,认为他能够从宇宙的高度看世界,使自由精神纵横驰骋。由此他也不赞成"疑古派"的实证主义史学方法,认为它会导致疑古太过的弊端。方东美虽未直接就仁学作系统发挥,而他将儒学与道家结合,着力于创建中国式生命哲学,正是当代仁学发展的方向。徐复观持有相类似的观点,他说:"我们'简易'的哲学思想,是要求从生命、生活中深透进去,作重新的发

---

① 钱穆:《朱子新学案》(上),第41页。
② 参见方东美:《中国人生哲学》,中华书局2012年版。

现,是否要假借西方玄学式的哲学架子以自重,我非常怀疑。"①

牟宗三的哲学融摄康德哲学与儒家心学,建立道德形上学。他认为,人的本心是浑然整体,而"一心开二门",开出实践形态的道德主体和理解形态的知性主体,此即"仁且智的精神主体",孔子、孟子开出道德主体,荀子开出知性主体。本心仁体具有无限性、普遍性,乃是道德之源,既呈现为德行过程,又呈现为明觉活动。道德主体又称"无限智心"。《圆善论》说:"儒家的无限智心由孔子之'仁'而开示","孔子之言仁主要地是由不安、不忍、愤悱不容已之指点来开启人之真实德性生命。中间经过孟子之即心说性,《中庸》《易传》之神光透发——主观面的德性生命与客观面的天命不已之道体之合一,下届宋明儒明道之识仁与一本,象山之善绍孟子而重言本心,以及阳明之致良知——四有与四无并进,刘蕺山之慎独——心宗与性宗之合一。经过这一切反复阐明,无限智心一概念遂完全确立而不动摇,而且完全由实践理性而悟入,绝不涉及思辨理性之辩证。"②此一节解说可视为牟宗三的仁体道统论,上接孔、孟、《易》、《庸》,下连明道、陆、王,而置朱子理本体论于不顾,认为宋明心学才真正传承了孔子仁学的真精神。

牟宗三在《心体与性体》一书"明道之识仁"篇中,对孔子仁学作了系统论述。他引证程颢识仁之说以论仁学:"识得此理,以敬诚存之而已",此是说仁为理,故可曰仁理;"此道与物无对,大不足以明之",此是说仁为道,故可曰仁道;"盖良知良能元不丧失",此是就心说仁,故可曰仁心;"仁者浑然与物同体","同体"是一体之意,不是同一本体,此是由仁者的境界来了解仁体。仁体的实义如何了解? 此可从两方面说:一是"万物皆备于我,反身而诚,乐莫大焉";二是感通无隔,觉润无方。前者是孟子之所说,后者是明道之所独悟。明道说此感通义是总括并消化孔子所指点之仁而真切的体贴者。由亲亲启悟仁,由尊尊启悟义,但一旦启悟出,则虽不离亲亲尊尊,而亦不为亲亲尊尊所限。而仁尤有其成德上之本体

---

① 徐复观:《中国思想史论集续篇》,上海书店出版社 2004 年版,第 8 页。
② 牟宗三:《圆善论》,吉林出版集团有限责任公司 2010 年版,第 198 页。

性与根本性,故《论语》中说仁独多,而孔子又不轻许人以仁也。仁道之大可知,而亦甚亲切。故孔子说仁大抵皆指点语也。首先说:"人而不仁如礼何?人而不仁如乐何?"(《论语·八佾》)又说:"礼云礼云,玉帛云乎哉?乐云乐云,钟鼓云乎哉?"(《论语·阳货》)此即示凡礼乐绝不止是一些虚文,必须有真实生命方能成就其为礼乐。而仁即代表真实生命也。孔子由许多方面指点"仁"字,即所以开启人之真实生命也。亲丧,食夫稻,衣夫锦,于汝安乎?宰予说"安",即宰予之不仁,其生命已无恻隐之感,已为其短丧之特定理由所牵引而陷于僵滞胶固之中,亦即麻木不觉之中;而丧失其仁心,亦即丧失其柔嫩活泼,触之即动、动之即觉之本心。是以"不安者"即是真实生命之跃动,所谓"活泼泼地"者是也。此处正见仁。然则"安"者正是停滞下来,陷于痴呆之境而自固结也。孔子指点仁正是要人挑破此堕性固结之"安",而由不安以安于仁也,故重愤启悱发,而愤悱即是生命之跃动,愤悱即是不安,即是不忍。故后来孟子即以"不忍人之心"说仁,以"恻隐之心"说仁。孟子引子贡曰:"学不厌智也,教不倦仁也,仁且智,夫子既圣矣。"(《孟子·公孙丑上》)"学不厌"是智之表现,亦转而成其为智;"教不倦"是仁之表现,亦转而成其为仁。

若从字义训诂观之,即孔子答弟子之问,亦几乎无一语是与训诂上相对应者,然而却皆足以指点仁。此可以获得体悟仁体实义之门径矣。原来仁是要超脱字义训诂之方式来了悟。孔子根本不取此方式,他是从生活实例上"能近取譬"来指点仁之实义来开启人之不安、不忍、愤悱不容已之真实生命。仁不为任何一德目所限定,然而任何一德目亦皆足以指点仁。仁是超越一切德目之上而综摄一切德目,是一切德性表现的根源,是道德创造之总根源,故仁是全德。故明道曰:"义礼智信皆仁也。"牟宗三说仁有二特性,一曰觉,二曰健。健为觉所函。觉即就感通觉润而说。此觉是由不安、不忍、悱恻之感来说,是生命之洋溢,是温暖之贯注,如时雨之润,故曰"觉润"。"觉"润至何处,即使何处有生意,能生长,此是由"吾人觉"之"润之"而诱发其生机也。故觉润即起创生。故又说"仁以感通为性,以润物为用"。横说是觉润,竖说是创生。横说,觉润不能自原则上划定一界限,其极也必"以天地万物为一体",此可由觉润直接而明也,此即仁之所以为"仁体"。竖说则觉润即含创生。故仁心之觉润即是道德创生之真几,此即含健行不息,纯亦不已,亦即所以是一切德之总根源,综摄一切德而为一全德之故也。综此觉润与创生两义,仁固是仁道,亦是仁心。此仁心即是吾人不安、不忍、愤悱不容已之本心,触之即动、动之即觉、"活泼泼地"之本心,亦即吾人之真实生命。此仁心是遍润遍摄一切而"与物无对"且有绝对普遍性之本体,亦是道德创造之真几,故亦曰仁体。言至此,仁心、仁体即与"維天之命,於穆不已"之天命流行之体合而为一,主客观合一,是之谓"一本"。[①] 牟宗三称仁为儒家义的无限智心,同时还有道家义的无限智心,即玄智、道心,佛家义的无限智心,即般若智、清净心。牟宗三借重程明道识仁之说,从真实生命感通与成长上解说孔子之仁,是当代新儒家中最为真切的仁说。不过牟宗三的"坎陷"说,不是从正面说明仁体向智性的自然拓展,而是要通过良知的坎陷转出知性主体,似乎设计了一条不必要的曲折之路。

张岱年在《中国伦理思想研究》一书中有"仁爱学说评析"一章。他认为孔子论仁,层次不同,有低有高。"仁者其言也切"、"仁者先难而后获"等属于低层次含义,而"爱人"是仁的简要表达,"己欲立而立人,己欲达而达人"则是"爱人的具体规定","是仁的最主要的含义"。[②] "博施于民而能济众"超过了仁,"克伐怨欲不行"没有达到仁。仁是关于人我关系的准则,其出发点是承认别人是与自己一样的人,是本性相近的同类,因此"能近取譬",即推己及人,"承认人人都有独立的人格,这是孔子仁说的核心含义"[③]。张岱年还指出,道家批评仁爱之说,认为它有相对性,可能被利用产生流弊,老子提出"绝仁弃义",庄子提出"大仁不仁"、"至仁无亲",但是,道家不能提出代替仁义的准则来,因此,儒家的仁爱学说在中国伦理学史上仍居于主导地位。[④]

---

① 参见牟宗三:《心体与性体》(中),上海古籍出版社1999年版,第179—183页。
② 参见张岱年:《中国伦理思想研究》,上海人民出版社1989年版,第10—11页。
③ 张岱年:《中国伦理思想研究》,第112页。
④ 参见《张岱年学术论著自选集》,首都师范大学出版社1993年版。

二、新生代儒家学者

新生代的儒家学者面对世纪之交以来的人类文明转型的挑战,继续以各种方式开拓儒学理论的新形态。

笔者在《哲学研究》1993 年第 10 期上发表了《儒家仁学的演变与重建》一文,论述了仁学发展的三大阶段及其特征,并首次提出了重建儒家仁学的历史重任。第一阶段,以孔子、孟子为代表,以"爱"释"仁",把仁爱作为人伦的原则和人道的基石,建立起仁的伦理哲学。第二阶段,以朱熹、王阳明为代表,以"生"释"仁",论述天地生生之德,人故应有天人一体之爱,建立起仁的宇宙哲学。第三阶段,以谭嗣同为代表,以"通"释"仁",融合中西文化,把当代政治民主化、经济市场化、人格自由平等、社会开放等观念,引入仁学,建立起仁的社会哲学。文章对新仁学进行了构想:"仁学的重建,可以将爱、生、通三大原则综合起来,再加上诚的原则,并在内容上加以增补,可以形成新仁学的体系。这个新仁学以爱为基调,以生为目标,以通为方法,以诚为保证。"

清华大学陈来是较早提出"以仁为体,以和为用"[①]的学者之一,他认为孔子的"仁"类似于西方的"交往理性"。他在《孔夫子与现代世界》一书中,探讨了儒家伦理与全球伦理、儒家思想与人权话语的关系,重点说明了儒家仁论的生态面向与现代诠释、儒家礼学与现代社会,申述了孔子儒学在现代世界的重要地位。他在另一部专著《回向传统:儒学的哲思》中,依据"贯通古今、融会中西"的原则,在上篇里分析了中西文化的论争,在中篇里评述了当代新儒家的哲思,在下篇里回顾了古典先贤的哲思,为儒学在从传统走向现代和会通中西文化中发挥积极作用作了深入

---

① 陈来:《中国文化的包容性 VS 西方文化的排斥性》,《第一财经日报》2009 年 11 月 16 日。

论证,其中对儒家的仁义说有创新性解说。

　　浙江学者吴光在《儒学天地》(浙江省儒学学会主办)2011 年第 1 期上刊文《论当代儒学复兴的基本形势与未来展望》,说他在 1999 年 7 月台北第十一届国际中国哲学大会上,首次提出了"民主仁学"的新概念,又相继撰文予以阐述。其基本思路是:"第一,所谓民主仁学,就是兼融了儒家仁爱价值观与西方民主价值观的新儒学,或曰新仁学。这个新仁学,既继承了孔子和历代大儒论'仁'的基本道理(如仁爱、民本、善性、中和、良知、仁政、德治),又是对古典仁学的批判性扬弃与改造;既融合了非儒家文化的思想资源(如西方民主、自由、人权、法治、科学等价值观念),又拒绝西方文化中反人性、反人文的思想与制度。第二,'民主仁学'是一种新型的'内圣外王'之学,即确立道德的主体地位而以关心人生的意义与价值、以安顿人的生命为第一要务的'道德人文主义'哲学。其实践的方向,是新'内圣'与新'外王'的协和统一。其'内圣'者,道德之体也,仁也,民主也;其'外王'者,道体之用也,制度也,事功也。其'新'者,即这个道德主体,是融合了传统'仁爱'精神与西方'民主'精神而形成的新型道德主体;其道体之用,则是融合了传统的礼乐文明与新型的民主法制和科技文明的制度、事功。如果从体用关系上讲,则可将它定位为'民主仁爱为体,科技法制为用'。第三,民主仁学是既重道德实践又重社会实践的新儒学。个体的道德实践,是要求每个人都要确立起自觉自尊、民主仁爱的人格;其社会实践,则是要充分运用自己的知识、专长在社会上建功立业。而对于群体而言,则要求确立并尊重民主仁爱的公共道德及政法制度,建立既有竞争又讲和谐的民主仁政,并最大限度地开发和利用科技的力量造福人类。"在民主仁学观照下的多元和谐文化观可表述为"一元主导,多元辅补;会通古今,兼融中西"。民主仁学的核心价值观是"仁本礼用","仁"为根本,"义、礼、信、和、敬都是'仁'的体现,是'仁'道之用。"

　　"民主仁学"是大陆学者较新的一种仁学理论,它在港台新儒家"内圣开出新外王"的理路基础上,进一步将民主纳入内圣之体中,提出了新体、新用的理念。然而"民主"毕竟是一种制度文化的理念,它与作为哲学高层理念的"仁"不在一个层次上,何以能成为仁学的本体呢?西方文明的真精神在哪里,需要进一步探讨。

武汉大学郭齐勇在《东亚儒学核心价值观及其现代意义》①一文中,对中国儒学的中心观念及其历史传承进行了解说。"从'四书'和《荀子》来看,从汉儒到宋明儒,其共同承认的核心价值,大体上是以仁爱为中心的展开,重要的范畴有如仁、义、礼、智、信、孝、悌、忠、恕、诚、敬,等等","概而言之,孔子的价值观围绕'仁'而展开。儒家的主张十分平易合理,例如,从亲情之爱推己及人。有子说:'君子务本,本立而道生,孝悌也者,其为仁之本与',仁是根本。孝悌是为仁即行仁的初始,是仁爱之中的一件事,而不是仁爱的全部。仁爱之心,从爱亲人开始,继而推广开来。按孔子的看法,仁爱是礼乐文明的内核、主旨。离开了'仁',则礼乐可能变为形式。孔子的一以贯之之道,按曾子的理解,是'忠'与'恕':'夫子之道,忠恕而已矣'。'忠'、'恕'亦即'仁'的一体之两面。'忠'是尽己之心,'恕'是推己之心。'忠'是'己欲立而立人,己欲达而达人','恕'是'己所不欲,勿施于人'。孔子指出,实践仁德要从自己做起,从当下最切近的事情一步步做起"。"郭店儒家简在总体倾向上以仁爱为中心,并举仁、义,视仁、义为忠、信的实质与目标,视忠君、爱民为孝、悌之拓展,视敬为礼之内核。孝悌、忠信、礼敬都与仁义有关"。"孟子强调仁义内在,肯定仁、义、礼、智这些道德价值源自本心,而'天'则是人的善性的终极根据","孟子更强调'诚'这个范畴"。"荀子持守了孔子倡导的核心价值观念,认定礼是由仁义所生,礼治本质上也是仁政,由君子实行"。"宋明清儒的价值导向,仍围绕'仁'而展开",如程颢的《识仁篇》,朱熹的《仁说》,"朱熹门人陈淳的《北溪字义》荟萃周廉溪、张横渠、二程的思想,而折中于朱子,集中阐述了与宋代理学思想体系密切相关的重要范畴,如性、命、诚、敬、仁、义、礼、智、信、忠信、忠恕等,均为儒家价值系统的重要理念。宋明学术与此前的儒学学术相比,不仅从人生论上说'仁',而且

---

① 郭齐勇:《东亚儒学核心价值观及其现代意义》,载《中国哲学智慧的探索》,中华书局2008年版。

从宇宙论上说'仁',把天地万物的创造性——生生之仁与人生道德实践的仁爱之心贯通起来。从二程到陆九渊、王阳明,都讲'天地万物一体之仁'"。"儒家之基本价值在晚明以迄清世,继续得到思想家们的发挥与发展。尤其值得注意的是,这期间出现的经世致用思潮,开发出儒家原有传统中的新外王。从顾炎武、王船山、黄宗羲、方以智、傅山、唐甄、颜元等一代巨匠直到戴东原,重新阐发原来就蕴藏在儒家传统中,尤其是核心价值观念中的个体主义、抗议传统、自由精神、重实践、重经验的作风等,使之与社会的变化相协调。这些均可以视为儒学内在性的转进,是儒家学说现代性的先声"。郭文回顾儒学核心价值传承史,使人们看清孔学主脉之绵延与发展,所不足在于未论及后儒之学对孔子仁学,既有传创又有偏离,因而主脉时显时隐,从而使得儒学的生命时盛时衰,当代学者需深入反思,方能为儒学的创新开出健康之路。

山东大学颜炳罡在《生命的底色》一书中指出,人的文化生命最基础的东西就是尊严,亦即孟子说的"良贵","良贵"就是生命的底色。他认为"儒家是教而非宗教。教是底色,宗教是特殊色;教是共相,而什么宗教是特殊相。儒家无特殊相,她只是将人的应然世界平平如如地烘托出来,只是人性之常、人情之常、人事之常、常理常道。"他追索儒家仁礼之学的历史发展之路,认为孔子之学是"引仁入礼",思、孟之学是"依仁以成礼",荀子之学是"以礼显仁",汉学是"依礼限仁",宋明理学偏于"礼体仁用",心学偏于"仁体礼用"而有空疏之弊,清代今文经学使仁学复苏,今后应将"依仁而成礼"与"设礼以显仁"结合起来。

台湾学者林安梧用近二十年的时间探讨并正式提出"公民儒学"的新儒学理论形态。他在《孔子思想与"公民儒学"》一文中系统阐释了"公民儒学"的由来和内涵。他不赞成牟宗三由"内圣"开出"外王"的思路,即由"良知的自我坎陷"开出知性主体,以知性主体涵摄民主、科学。指出其缺陷在于没有摆脱宋明新儒学以心性论为核心的传统诠释系统的窠臼,乃是一种理论逻辑次序的安排,与实际生活相脱节,因而难以有可行性。他认为新儒学的构建要顺应历史的发生次序并在新的时代条件下安排出实践学习的次序,才具有现实意义。在历史上儒学适应于时代发展

而有三波"革命":孔子完成了第一波"革命",从"血缘性的自然联结"里
成长为"人格性的道德联结",君子从"社会的阶层概念"转成了"德性的
位阶概念";汉代完成了第二波"革命",帝皇专制把"圣王"转化成"王
圣","五伦"转成了"三纲","人格性道德联结"转成了"宰制性政治联
结";辛亥革命开始了第三波"革命",由"心性修养"转而强调"社会正
义",这就是"公民儒学"的革命,它使儒学从传统的以心性论、主体自觉
为核心的宗法儒学,转化为以契约性、责任心为核心的现代公民儒学,这
就需要有一个"开放的、自由的言说论述空间"。①

　　郭沂在其书稿《中国道路与儒学重建》中认为儒学范式有三大支柱:
道统论、核心经典系统、哲学体系。三者的共同转换,促成儒学范式的转
换。道有两统:天人统与人天统,前者"推天道以明人事",后者"究人事
以得天道",而有教本派与性本派的并流互胜。当代新儒学要二统并承
而开新篇。儒家的核心经典系统,经历了从"六经"到"四书五经"的变
化,随之而有早期儒学到宋明儒学的演进。当代新儒学要根据时代的需
求与新文献的发现,可新编为五经七典,七典为:《广论语》《子思子》、
《公孙尼子》《性自命出》《内业》《孟子》《荀子》。在哲学体系的创新
上,他致力于中国哲学形上学道哲学的重建,其基本框架由三个层面组
成:一是作为世界本原的道(老子)、易(孔子)或天(思、孟);二是作为人
之为人本质的性;三是作为主观世界的心。进而有道体、性体、心体的展
开。可见他是以儒道互补为途径,以西方哲学为借鉴,创立新的道哲学。

　　此外,台湾学者龚鹏程提出"生活的儒学",努力使儒学生活化;黄玉
顺提出"生活儒学",使儒家形上学面向生活本身。上述情况表明,在返
本开新和综合创新的大道上,新儒学的探索和建设正在开展之中,出现了
前所未有的生动气象。

---

① 　参见林安梧:《孔子思想与"公民儒学"》,《文史哲》2011 年第 6 期。

第 三 章

新仁学构想的基本思路

一、以仁爱为核心理念，突出
生命哲学的主线

新仁学的宗旨是发扬中华生命哲学的传统，探讨生命的价值和优化的道路，并把它与社会的改良、生态的治理结合起来，它的口号是："热爱生命，尊重生命，护养生命，提升生命"。新仁学不走训诂、考据的老路，只运用它的某些成果。新仁学的生命哲学径直与孔子仁学相接，理顺仁学的主脉，借鉴历代论仁诸说，紧紧围绕"仁"这一核心概念而展开论述，避免历史上经学的烦琐、神学的虚诞、理学的偏失、礼教的陈旧，致力于焕发"仁"的生机与活力。"横渠四句"："为天地立心，为生民立命，为往圣继绝学，为万世开太平"——此乃中国学人的志向抱负，虽不能至而心向往之。

回顾儒学史，孔子仁学虽未成绝学，却往往不绝如缕，时断时续，常在边缘，经常被各种儒家新说所湮没，未能处于中轴地位；历代儒者虽以孔子为精神旗帜，却在理论上另起炉灶，不在仁学基础上传创，令人惋叹。笔者不才，欲"寻坠绪之茫茫，独旁搜而远绍"（韩文公语），直赴尼山而临曲阜,接续孔子仁学源头活水,注以诸家之精要,开渠疏道,使仁学如一江春水,沛然而下,以利今世,是所愿也。

二、以孔子儒家为主,吸收诸子百家之长而加以综合创新

新仁学所依据的基本经典,可以概括为"六经、四书、四子、众论"。"六经"即是:《周易》《尚书》"三礼"《诗经》"春秋三传"《孝经》。"四书"即是:《大学》《中庸》《论语》《孟子》。"四子"即是:《老子》《庄子》《墨子》《荀子》。"众论"包括:张载《西铭》、程颢《识仁篇》、朱熹《仁说》、王阳明《大学问》、谭嗣同《仁学》、孙中山《三民主义》等。或曰:《老子》《庄子》《墨子》非儒家经典,而新仁学纳之,可乎? 答曰:儒学与道学及诸子相通和而存在,相渗摄而发展,包纳道、墨不亦宜乎! 对于仁学创新而言,老庄道家的尊道贵德、清静逍遥、法天贵真,可以弥补儒家人文化成之不足,以防止人性的异化。墨家兼爱之说比之儒家爱有差等更具平等精神,而"兼相爱,交相利"的理念恰可与当代社会相衔接。新仁学既然要综合创新,就应有跨越学派的勇气,不拘一格地与其他学说相会通。佛教经典虽未列入,但佛学智慧却当吸收,如慈悲的情怀、平等的诉求、中道的坚守等,它们扩展了仁爱的范围,皆足以成为新仁学的营养。在儒学内部,孔子、孟子、荀子代表先秦仁学发展的三大成果,而儒学史上褒孔孟、贬荀子者不乏其人,这是不公正的。荀子以仁爱为内涵而发挥礼义之教,是对孔子的发展和对孟子的补充,他与孔子、孟子同是新仁学源头的大哲人。众论是历代各家关于仁的专论或与之密切相关之论,目的是集思广益。其中谭嗣同的《仁学》具有使仁学转换时代新理论形态的意义,乃是当代新仁学的开端。

三、以孔子儒家为主,吸收西方文化之长, 使新仁学具有鲜明的当代精神

西方文化及其思想精神源自古希腊哲学和古希伯来宗教,几经变迁发展到今天,成为世界主导性文化。其优长是科学理性空前发达,个人权益受到尊重,自由竞争带来活力。其弊病是宗教信仰排他,强权政治通行,利益原则第一。取其所长而避其所短,是文化建设的重要条件。

从新仁学建构来说,主要应当学习西学以下几点:

第一,学习其理性精神与科学方法,以弥补孔子仁学重德轻智之不足,使新仁学的理论得到充分论证,并取得科学知识的有力支持。儒家亦仁智并举,但对智的理解往往局限于道德之知,如孟子所说:"仁之实事亲是也,义之实从兄是也,智之实知斯二者弗去是也。"(《孟子·离娄上》)西哲苏格拉底将德性与知识并举,认为人人皆有德性而处于潜存状态,需在理性指导下才能实现出来。但他过分强调理性,认为"知识即德性"。如能将孔孟之学与苏氏之学相结合则能使道德论臻于完美。仁智并举要以仁德为体,此其一;智性要独立地展开,使科学理性更好地为仁德服务,此其二。科技昌明才能富民厚生,实现博爱的目标。道德教育与人才成长,亦需有多种人文学科体系的建立,才能收到成效。要以理服人、言合逻辑、持之有据,则离不开缜密的科学方法。

第二,学习其近代人本主义思想,高扬个人的权利和个性的解放,以弥补孔子仁学重群体责任轻个体尊严的不足,使新仁学把个体与群体有机统一起来,并在制度层面得到体现。孔子的忠恕之道有尽己为人、推己及人的互爱互尊精神,也重视人格尊严,但囿于长期宗法等级制度的局限,个体尊严和忠恕的平等精神未能很好发挥出来。西方的近代法国启蒙思想家孟德斯鸠提出民主自由和三权分立的思想,伏尔泰提出自由平等是天赋人权,是神圣不可侵犯的。卢梭提出社会契约论,主张建立人民

主权至上的民主共和国。康德是德国古典哲学的开创者和奠基人,他看到人的认识的主客观之间的统一性,认为知识的内容是经验的,知识的形式则是先天的,这类似于中国古代天人一体的认知思路;他认为上帝属于信仰的范围,不属于认识的领域,它的存在无法证明,但宗教信仰是至善的支撑,为社会道德所必需,这类似于中国古代神道设教之说;康德将人性中的理性能力发挥到极致,同时也看到了它的限度,从而给信仰留下了地盘。黑格尔的最大贡献是阐释了辩证法三大规律:对立统一规律、质量互变规律、否定之否定规律。有两点最值得新仁学借鉴:一是辩证的否定。事物发展是后一阶段对前一阶段的扬弃,有舍弃、有保留、有提升,否定是发展的环节。二是具体概念。在抽象过程中保存了概念内涵的丰富性、多样性。黑格尔的辩证法与中华辩证法相通,与儒家因革说、和而不同说相类似,新仁学也应当有继承、有创新,并展现自身的多样丰富性。费尔巴哈是西方人本主义大师,强调人是现实存在的感性实体,是有血有肉的真实生命,不是抽象的精神理念,也不是机器。人是灵魂与肉体的统一,生命是人最高贵的宝物,追求幸福是人首要的愿望,宗教是人的本质的异化,神学的秘密在人学。他对人类的感情如爱情、亲情、友情、同情等看得十分美好,以至于要建立以爱为信仰的宗教。新仁学是超越宗教的,它以人为中心,以道德为太阳,它希望仁爱能成为人类的崇高信仰和追求,也希望仁爱成为一切宗教的首要信条。

四、新仁学的基本理论框架:三题

　　三题:以仁为体,以和为用;以生为本,以诚为魂;以道为归,以通为路。

　　第一句话是讲仁的体用论,即内圣外王之道;第二句话是讲仁的生命论,视生命为真实的活体;第三句话是讲仁的大同论,展现人类社会发展的前景和道路。可知新仁学最重要的概念是:仁、和、生、诚、道、通,而以仁为核心。其他如心、忠、恕、孝、悌、信、义、德、理、敬,以及民主、自由、平等、理性、人权等概念,皆可揉入上述三句话、六概念之中加以阐释,形成自身的逻辑体系。

新仁学借助"体用"关系来说明"仁"的根基性和本然性,但不想重建一个儒家形上学本体论。笔者希望打通形上形下的间隔,使仁学成为整体化的生命学,如同一棵大树,"仁"是根系,其余是干枝,"和"是相互依存的关系。"生"即是生命,包括个人、社会和自然的生命。新仁学把仁爱明确指向关切生命,"以生为本"就是热爱生命、尊重生命、护养生命、优化生命,视损害生命为最大的不仁。世间一切生命体都是真实无妄的,故诚为天之道。但人间不然,人可以作伪,把本然真实掩盖起来,而失去真我就等于失去灵魂,故要"以诚为魂"。"道"在中国人心目中代表最高真理,它既是宇宙的深层本质,又是人生的信仰向导,还是人类社会的理想境地,而只有仁道才是体现公道、生道和善道的大道,归向大道乃是仁学的终极目标。"通"乃是万事万物走近大道的坦途,也是万事万物交往的路径,"塞"则弊病丛生,"通"则生命畅顺。不仅有物质之路,还要有文化之路、心灵之路、情感之路,把人类沟通起来,把人与自然沟通起来,社会才能臻于大同之境。

五、新仁学的义理分疏:十论

十论:仁性论、仁修论、仁德论、仁志论、仁智论、仁礼论、仁事论、仁群论、仁力论、仁艺论。

仁性论阐述人性善恶混的内涵及其根源,说明善性才代表人的本质和方向,而恶性是人尚未脱离动物界的表现,扬善抑恶需要加强教育、修身、道德、法治以及提高人类自身反思的自觉性。仁修论阐述修身养性的经验和方法,如:笃志而固执、反躬内省、慎独、从善改过、尊德性而道问学、知行合一、清心寡欲、推己及人等。仁德论阐述仁爱与诸道德范畴之间的关系,诸道德包括传统的"五常"、"八德"及"新八德",包括感恩和惜福,包括新时代的新道德,包括诸大宗教的道德。仁志论阐述仁人的人格尊严,仁人必是志士,立志、守志才能成仁。仁智论阐述仁德与智能的关系,包括仁德与科学的关系、仁且智的重要意义。仁礼论阐述仁德与礼教的关系,扩大而言,包括仁德与制度、秩序、礼俗的关系。仁事论阐述仁德与事功的关系,即内圣外王之道,将事功作现代的理解,包括治国安邦和百工之业。仁群论阐述仁德在社会生活与管理上的体现,凸显社会正义、公平的重要性,强调公民的权利与义务,个体与群体关系、群体间关系的协调。仁力论阐述仁德与实力的辩证关系,以道义引领实力,以实力支撑道义,仁者无敌是仁德精神力量与实际物质力量的结合。仁艺论阐述仁德与文艺的关系,主张义艺内容的善与形式的美相一致,通过文艺的繁荣,提升人们审美情趣,使人的精神生命充满诗情画意,从而造就美丽幸福的人生。

第 四 章

新仁学的三大命题

一、以仁为体,以和为用

这是新仁学的体用论,不具有宇宙论或本体论的含义,它是人生论意义上的范畴。"体"指人性之本根、本然、实质,"用"指人性之发用流行;"体"是人性源头、内在品格,"用"是社会事功、外在感应。有其体必有其用,有其用必通其体。就仁学的体用论而言,仁是其体,和是其用。作为体质的仁,其内涵就是"爱心",是人性所特有的(与动物相比)又是人性普遍存在的(在人类内部)本性。人是群体动物,没有群体的古猿不能进化成人类,没有群体的散人无法生存和发展,没有群体的个体无法发育成长。互相关爱与人类一起出现,同类相关、同群相爱,乃是自然而然、顺理成章的天性,爱心与生俱来、生活所赋、不学而能、不教而知,古人称之为恻隐之心,又称之为良知良能。孩童爱父母亲属,成长过程爱老师、夫妻、子女,进入社会爱朋友同道,进而爱民族国家,再进而爱天下人类,以至于爱自然万物,如孟子所说"亲亲而仁民,仁民而爱物",这是人性爱心正常发育的过程。哪里有爱心哪里就有美好的生活,人类文明的进步实有赖于此。爱心表现于日常生活与人际关系便是"和"。在家庭,便是"家和万事兴";在社会,便是"政通人和";在世界,便是"协和万邦";在自然,便是"天人一体";在文明,便是"和而不同"。"和"包括和平、和谐、互助、合作、团结、协调、公正、有序,它们都需要爱心来支撑。仁体和用,没有仁爱便没有真正的和谐,即使相关方不发生冲突,也不过是功利性的力量均衡,是不会持久的。同时,没有和谐也体现不出仁爱,仁爱要在互帮和好中表达,漠不关心和彼此争斗都是爱心丧失的表现。

与仁爱相对立的是冷酷和仇恨,它们又是如何产生的呢? 人的存在有两重性:既有群体性又有个体性。人有个人利益和维护自我的意识。群体利益与个人利益、大群利益与小群利益之间既统一又矛盾。从长远看,两者是统一的;从眼前看,两者往往又存在矛盾。小群和个人利益在缺乏理性和制度调适时易于膨胀,从而损害大群与他人利益。因此,人际之间有争斗互损发生。人的动物性本能又强化了不仁不义的意识与行为。人类的历史表明,仁爱与仇恨、文明与野蛮、和平与战争是同时并存、交错发生的,人性的进化是在不断脱离动物又常常退回动物的曲折道路上艰难前行的。文明取代野蛮,又会被野蛮所取代。社会文明规则使人成为文明人,而丛林野蛮规则又使人堕落成野蛮人,甚至禽兽不如。有人宣扬"他人是自己的敌人"的仇恨哲学,这是对动物野蛮性的表达,是人性的堕落,应当为文明人所抛弃。从新仁学的观点看,没有爱心与和谐便不会有文明,只要世界上还到处有仇杀和战争,人类便不能说脱离了野蛮时代而进入文明社会。由于人类具有高度智慧并开发出巨大的自然能量,当它们被用于对抗和战争时,便会使人类不仅退化而且毁灭。因此,爱心的生长与扩大,就成为决定人类命运的事情。

仁爱之说应有若干分疏,方能面对复杂现实,具有阐释力量。

第一,仁爱乃是情与理的结合。爱之情,如孔子、孟子所云,"不安"、"不忍",见危援手,恻隐之心油然而生。但人性中包含动物本能,一曰利欲,二曰情欲,如不能用道德理性加以调控,则会利令智昏、色迷心窍,丧失爱心,乃至丧心病狂。爱之理,如孔子、孟子所云,"忠恕"、"克己复礼"、"居仁由义",自觉意识到群己、他我的相关性,把情欲限制在正常范围之内,即发乎情而止乎礼义。做人有情有义、合情合理,爱心便能保持。

为此,仅有自发爱心是不够的,必须加上后天的教育、修身,才能在人性里形成情欲与德性的平衡,实现仁爱的自觉。此外,仁爱需知行合一,"仁者先难而后获"(《论语·雍也》),"行有不得者反求诸己"(《孟子·离娄上》),在生活实践中处处体现爱心。故仁爱有三要素:情、理、行。

第二,爱有差等,推己及人,由近及远。仁学不要求情感上一视同仁,承认仁爱有远近淡浓之别,在日常生活中,人们总是先关心自己的亲人好友,然后及于他人社会,这是正常状态。但仁学要求将亲友之爱不断向外推去,关心更远更大范围的人群,并给予力所能及的帮助,例如,热心社会公益慈善事业等。现实中爱心最难突破的限制是民族与宗教的界域,爱他族之人、爱他教之众就可以爱人类,至少不能以爱本族、本教之名行害他族、他教之实。用普世之爱化解民族仇恨与宗教敌视,是当代文明转型的关键。

第三,兼相爱则交相利,爱心要体现为互利共赢,使社会各阶层、各行业各得其所、各兴其业,使世界各国各族能够和平发展、共同繁荣、民生改善、幸福安康。在"地球村"的时代,世界犹如一个大家庭,要互帮互爱。在经济一体化和全球性生态危机面前,以邻为壑、崇尚斗争的哲学已经过时,以邻为伴、崇尚和谐的哲学渐趋主导,霸权主义、强权政治不仅害人而且害己,斗则互损,和则两利。尽管斗争哲学仍是一种强大的惯性,还有市场,但具有理性的人类迟早会觉悟到互斗的巨大危害,终将挣脱少数利益集团与极端主义的绑架,走上"仇必和而解"的道路,仁和之道将大放光彩。

第四,仁爱必须是互尊的爱,绝不是强迫的爱。当代人们讲用仁爱有一种偏向,即出发点虽是爱,但不体会对方的感受,硬要把自己的爱强加于对方,并且自以为是地认为是在推行仁爱之道,即"己所欲,施于人",其效果往往与好的动机相反,爱变成怨,甚而变成恨,爱心完全被扭曲了。有的国家要把自己的价值观强加给别国,宣称是为了"拯救人类",结果造成冲突;有的社会管理者要把自己的理念强加给民众,说是为了全社会的福祉,结果引起民众抗争;有的父母要把自己的想法强加给下一代,认为只有如此才会使子女幸福,结果使青少年蒙受痛苦。诸如此类现象,皆根源于人们对仁爱的单向性理解。真正的爱必须是平等互尊的爱,在感动中使对方自愿接受。因此,仁爱必须实行忠恕之道,即一方面关心人、帮助人,另一方面体谅人、尊重人,这是仁和之道的精髓。

第五,仁爱的日常表现是敬业乐群,怀着爱心做好本职工作。爱心的践行有异有常:异是指大灾大难中的大爱,出英雄烈士,感动全社会,美德传后人;常是指多数的普通人,把爱心化作每日的劳动,在利益大众的岗位上,专心致志、精益求精、恪尽职守、热情待人,为社会提供优质的成果与服务,使社会安定美好、人们共荣幸福。这两种爱都是需要的,都值得提倡。人心应当是热的,不论在什么情况下,有爱心就会感动人,也会被感动。也有这样的情形,人心被私利冷冻,失去同情、悲悯、爱怜,对于同胞的苦难无动于衷,对于本职工作漫不经心,而把全部精力用在捞取个人好处上,这是人性的堕落。更有甚者,贪心不足,不惜犯罪,把自己变成害人的魔鬼。庄子说:"哀莫大于心死"。诗人曰:"有的人活着,他已经死了"。这难道不值得所有良知未泯者悚惕警觉吗?

第六,仁爱要渗透到制度设计和社会管理中去。制定社会公共生活规则并据以实行社会管理,是为了保证社会正常运转,公众在和谐有序中生活工作。然而许多规则和举措只是为了管理者方便调控,以限制公众的行动为着力点,使人感到冰冷无情,往往加剧社会矛盾。帝制社会后期,失去了仁的礼,变成吃人的礼教,是深刻的教训。如果有了爱心,就会出现人性化制度与管理,各种举措也就有了暖意,社会也会更加和谐。例如,政治民主制要方便民众行使权利、表达民意,而不是强加于人;民众被迫闹事,管理者要以改进工作、改善民生、协调利益来化解;政府办事,以方便民众、照顾弱势群体为准则;城市管理要给个体商贩以生存的空间,要保护外地务工者的合法权益;社会福利保障制度的实施要特别关注老弱病残、鳏寡孤独、妇女儿童的切身利益;社会管理以服务大众为宗旨,热情周到是必然要求,只要管理者有爱心,制度就会具有感通的力量。

二、以生为本,以诚为魂

　　这是新仁学的生命论,是其人生论的核心,说明生命的价值和关爱生命的重要性。地球产生了多样性的生命物种,进化出人类,造就出适宜各种生命体共同生存发展的环境,这在迄今可知的大宇宙时空中,它只是一个特例,同时是一个奇迹。在人类发展史上,每个人的出生都是偶然的产物,而且人的一生要渡过数不清的灾祸艰险,才可能寿终正寝。人是万物之灵,是地球上最美丽的花朵。自然和先辈赐予的唯一性的生命是珍贵无比的,任何力量(包括自己)都没有权力伤害它,只有责任保护它、养育它。一切社会事业都要把每个人的生命与健康放在至高无上的地位,以此作为衡量社会正义文明的首要标准,这就是以生为本的含义。仁爱之心必须表现为对生命的关注、爱护、扶助、尊重上,不仅护养本族、本国的生命,也爱护他族、他国的生命。以人为本就是以生为本。任何人不得以任何借口摧残生命。孟子认为,人皆有不忍人之心,对于禽兽,见其生,不忍见其死,以此心推之而爱怜人类的生命,见孺子将入于井,而有怵惕恻隐之心,必欲救之。将此心再推而广之,用于社会政事,则"行一不义,杀一不辜而得天下,皆不为也"(《孟子·公孙丑上》)。仁人之心当若是。苛政杀人,无异于刀枪;权贵者享乐有余而民有饥色、野有饿殍,此率兽而食人;至于发动战争,杀人盈野盈城,乃是率土地而食人肉,罪不容于死,故好战者服上刑。(以上参见《孟子·离娄上》)这就是以生为本的内在逻辑。

　　不惟儒家如此,道、佛两家亦然。老子讲道突出一个"生"字:"万物得一以生",因而重生贵养。道教秉此宗旨而提出"生道合一"论:以性命双修为炼养原则,通过心理训练和生理训练及两者的互动,促进人的身心健康和民族的复兴;提倡俭朴合理的生活方式,并把内养与医学结合起来,建立起东方生命学。道教学大师陈撄宁称之为"生本主义"。道教的神仙信仰,用理性加以重铸,可以表述为"神仙有四大:大寿数、大功德、大智慧、大自在",乃是生命的一种高层境界和高级形态。道家和道教尊重天地万物的生命与本性,即"道法自然",认为"天地与我并生,而万物与我为一"(《庄子·齐物论》),所以主张保护生态环境,实现"三才(天、地、人)相安"的目标。佛教以慈悲为怀,还要大慈大悲,一方面戒杀止恶,保护一切有情众生,包括动植物的生命;另一方面要普度众生,解除众生苦厄烦恼,而且要"无缘大慈,同体大悲",体现出大生命观的高迈境界。佛教的戒、定、慧三学和中国化的禅学,不仅是生命的学问,而且是生命的大智慧,它使人净化心灵,扩大心量,雄健心力,成为社会生活中的觉悟者和改良社会的推动者。综合儒、道、佛三家的生命智慧,能使当代新仁学的生命论具有丰富的内涵。

新仁学生命论的多重内容可以分疏如下:

第一,生命的意义和追求在于使众生过得幸福,从而实现自身生命的价值。危害他人的生命乃是犯罪,这是生命的负价值。一生自私自利、酒囊饭袋、醉生梦死,这是生命的零价值,因为这是动物的生命,是冯友兰讲的"自然境界"。在今天的社会还有更多的人生活在"功利境界"中,他们的才能、知识都用于追求名声、钱财、权位和享受上,没有信仰、理想和道德,他们也能做成一些社会事业,但常常在以"利己"为最高价值取向的支配下,作出害人、损公的丑行,最终往往以害己告终。儒、道、佛都认为个体生命的价值在于超越个体而及于他者,由于自己的存在而使人间更美好,这就是"道德境界"。孔子的志向是"修己以安人",使"老者安之,朋友信之,少者怀之"(《论语·公冶长》)。《中庸》有"成己成物"之说最能体现儒家的人生价值观。老子则曰"既以为人己愈有,既以与人己愈多",使"小我"变"大我",获得精神的富足。大乘佛教讲普度众生,通过"无我",解脱普通人生的痛苦,达到涅槃永生的目标,即"常、乐、我、净"。儒、道、佛三家并非只讲利他而不讲利己,而是超越了物欲层面的利己,将利己提升为完善自我,要求在利他中成就自我,即"大其心",在更高的精神层面上把利己与利他统一起来了。

第二,理顺道义与命运的关系。孔子的弟子子夏说过"死生有命,富贵在天"(《论语·颜渊》),又强调"为仁由己"。按孟子的说法,物质生活的满足虽属于性情,却要归于天命;而仁、义、礼、智的修习虽有先天的成分,却要归于心性的涵养(参见《孟子·尽心下》)。《易传》有"穷理尽性以至于命"的说法。《中庸》则云:"能尽其性,则能尽人之性;能尽人之性,则能尽物之性;能尽物之性,则可以赞天地之化育。"儒家的人生态度似可用"尽性而后知命"来概括。"尽性"要求发掘和发挥天性中包含的仁、智、勇的潜质,在成就道德人格和救世事业上努力前行,力尽而止。"知命"是说在人生穷通顺逆和事业得失上安于命运之所赐:竭尽人力而后成就者,是命之所予;竭尽人力而后未成者,是命之所限。尽人事而后听天命,人事未尽不可言命,人事已尽方可知命。这是一种积极有为又能顺其自然的人生态度。

第三,健康的生命需要性命双修。老子强调要珍惜每一个人的生命,它比任何外在之物都贵重,"名与身孰亲? 身与货孰多?"(《老子》第四十四章)绝不应重物轻人、以身殉物。人的生命是精神生命和生理生命的复合体,身为心之基,心为身之主,身心相依、身心俱优方是健康的生命。道教提倡性命双修:修性是进行心理的修习,使之具有灵明慧觉;修命是进行生理的炼养,使之精气旺盛。儒佛两家重性功而轻命功,道教吸收其心性之学而补之以命功,总结出一系列健身长寿的养生之道,对于今天人们祛病健身、提高生命的能量和质量有重要借鉴作用。人的生命体不同于动物,需要信仰和理想的主导,需要道德的滋润。心地善良是健康心理的第一要素。儒家讲"德润身"、"仁者寿"。孔子给人一种责任心、使命感和进取的智慧,使人生向前、向上。老子给人一种清醒意识、回归自我和不争的智慧,使人生富有弹性和反思能力。儒道互补,使人在需要有为的时候,能看得清、擎得起;在需要无为的时候,能看得开、放得下。这才是一个健全的生命。道教内丹学强调炼养之功以清静为旨,就是要人澄心定意、少私寡欲,摆脱世俗的名利权妒的缠绕,使心理保持自得、平和、安详的状态。这是身心健康的重要保证,也能增强生命的承受力和自我调节能力,有益于克服现代社会常见的心理的焦虑和抑郁。在命功方面,道教强调个体生命的价值和内养的方法,调息补气,畅达生理,调动体内生命力去消解疾病之害。现代西方竞技体育偏重于外炼,有益于健全体魄,但过分追求破纪录、拿冠军,不断向生理极限挑战,对健康有严重损害,不是全民健身的方向。

第四,树立"民胞物与"的大生命观。儒家仁学的人类观是天下一家,其自然观是天人一体;视人类为一大生命体,视宇宙为一超大生命体。人与人、人与自然皆血脉相连,痛痒相关,仁者与天下众人、天地万物为一体,"莫非己也"。按张载《西铭》的说法:"民吾同胞,物吾与也。"民众都是我的兄弟,万物都是我的伙伴,共生共荣,相依为命,在爱心的温暖中都是可以感通的。若是彼此隔膜或冷落,就像人体神经瘫痪,得了"麻木不仁"的疾病;若是彼此仇恨与厮杀,就像人体自残自虐,则整体生命危矣。"民胞物与"的大生命观曾被许多人视为不切实际的理想主义,而学会与人奋斗、与天地奋斗,才是当务之急。我们当然需要将理想主义与现实主义相结合,正视社会生活中集团对抗、民族冲突、暴殄天物的现实。然而,两次世界大战造成数千万人的死亡,两大阵营的冷战和连续不断的局部战争,除了使军工资本巨头大发其财外,所有参与方均遭受巨大损失。而把斗争哲学推到极端并不断掀起整人巨浪的十年"文革",则是中华民族的一场浩劫。人类中心主义及其征服自然的结果,是人类社会的过度消费、自然资源的枯竭和生态环境的全球性恶化,造成人类的生存危机。在这种情势之下,提倡和平、反对战争,提倡仁爱、反对残暴,提倡生态文明、反对破坏自然,难道不是当务之急吗?"民胞物与"不是对未来的空想,而是"地球村"急需的人文精神和道德理念,是需要加以践行的当代文明情感与通则,是应当飘扬在21世纪地球上空的一面旗帜。

第五,确立生命至贵的价值观,把仁爱生命视为一种真诚的、普遍的信仰,置于各种民族主义、宗教信仰、哲学体系、社会理想、利益追求等价值理念的最高位置,当发生矛盾时,便毫不犹豫地服从尊重生命、爱养生命的无上原则,而不以任何理由去残害生命。历史上,欧洲中世纪基督教会曾经以"爱上帝"为最高信仰原则,发动"十字军东征",残杀大批异教徒;设立宗教裁判所,迫害"异端"人士和科学家,这是把"爱上帝"与"爱人"相分离、视宗教信仰高于尊重生命的恶果。当今世界,一些国家或民族的领导集团,把一国一族的利益(实际上是眼前的、狭隘的利益)看得高于一切,为了达到利益集团的特定目的(政治野心、金融垄断、发军工财等),不惜使用军事暴力发动战争,造成大量平民伤亡,还美其名曰:维护人权。这种行径应受到全世界人民的严厉谴责,正义的力量要团结起来予以制止。长期以来,一些人一方面高喊"博爱"的口号,另一方面又在挑动或挑起战争。这使善良的人们清醒:如果不在实际上把关爱生命作为最高价值取向,"博爱"就是虚假的,甚至往往可能成为残害生命的掩饰。所以博爱一定要与护生紧密结合在一起。当代恐怖主义(包括社团恐怖主义和国家恐怖主义)之所以遭到各国人民的一致讨伐,就在于其以残忍的手段直接伤害无辜平民的生命,是反人类的罪行,为任何理性健康的人们所不容。

以诚为魂关乎生命的真实性,这是人类特有的问题。诚的含义是真实无妄。儒家认为天地万物是真实无妄的,人要向它学习,这就是孟子说的"诚者天之道也,思诚者人之道也"。但是,人类的本性是善恶混的,可以为善,亦可以为恶,自从有了自我意识和智能以后,一些人为了自私的目的,便采取伪善和欺诈的手段,制造假象,使人上当,故老子说"智慧出,有大伪",这是人类社会特有而自然界所无的现象。于是人类生命的成长就面临去伪存真的任务。

《中庸》论诚最为精彩,它把诚与天道与成己成物联系起来,无诚不能做人亦不能做事,故"不诚无物";从积极方面说,至诚可以尽己之性、尽人之性、尽物之性,故曰:"唯天下至诚,为能经纶天下之大经,立天下之大本,知天地之化育。"诚之者"择善而固执",择善是诚的方向,固执是诚的功夫,精诚所至,金石为开,故"至诚如神"。由此可知,诚是人道之本,德性之质,践行之基。《中庸》之后,荀子、周敦颐、邵雍、二程、朱熹多有发挥。

老庄道家强调"返朴归真",赞美赤子婴儿,因为他们天真烂漫,不会作假,其求真的目标与儒家立诚的观念是相通的。李贽的"童心说"具道家色彩,重视人的自然之性,以私心(正当个人利益)为人心,"人必有私",不赞成道学"为公去私"之说,认为儿童绝假纯真,不会说谎,应是人们学习的榜样。他尖锐地批判社会上假人、假事、假言、假文的虚假现象，而本来求真之道学由于失去诚的精神而蜕变为伪学。李贽的批判，可以在理论上补救理学家轻个体以崇公义、远人情以尚天理的偏失，有益于恢复原始儒学贴近生活又高于生活的健康精神。

其实孔子、孟子都怀有一颗平常心，孔子肯定人欲富贵是正当的，只是要求人们见利思义、取之有道；孟子也不反对君王好货好色，只是要求在上位者与民同乐，重视民生问题。在中国历史上，只有韩非子主张人与人之间只有利益交换、利害计算的关系，否定公义和仁爱的作用。到了宋明理学又偏到"存天理、灭人欲"、"为公去私"的极端，使所谓"天理"成为杀人之具。当代中国，曾经历过只讲"大公无私"、"狠斗私字一闪念"的时代，又经历过金钱挂帅、唯利是图、功利泛滥的时代。在前一种情况下，出现了许多假公济私、伪善害德的人和事；在后一种情况下，出现了许多欺骗造假、尔虞我诈的社会行为，都丧失了真诚的品格，给社会和人生带来灾祸。

人的性情各有千秋，精神境界也有高下之别，但只要不危害他人、守其真诚，都应受到尊重。如果失去真诚，口是心非，不讲真话，不做实事，便失去生命的灵魂，同时会失去自身的尊严。社会上信仰各异、学说众多，只要目标为善，认真践行，就会有信众追随、舆论认同，自然有其存在的空间；如果失诚转伪，言行相悖，即使昔日辉煌，也会很快丧失感召力，为大众所抛弃。因此，个人的生命与事业的生命都需要以诚为魂，否则空有其躯，而无活力。

在现实生活中，虚假不诚已成为一种社会病态。其在政治上的表现便是有言无行、文过饰非、虚创政绩、欺上瞒下、无信于民；其在经济上的表现便是诚信不立、假冒伪劣、偷工减料、坑蒙拐骗，现在又流行网络诈骗；其在道德上的表现便是欺世盗名、乡愿伪善、厚貌深情、言美行丑、以假乱真；其在文化上的表现便是假文浮词、趋势求利、侵权抄袭、编造迎合、浮躁粗制。在功利主义驱动下，现实生活有舞台化的趋势，一些人逢场作戏，善于作秀表演，带着各种面具生活。政无诚不信，商无诚不久，德无诚不感，文无诚不化，人无诚不真。虚假不诚之风会严重侵蚀个体和社会的生命,使之从内部腐烂变质。

真诚是立身行事之魂,人应当活得堂堂正正、坦荡率性,不必隐瞒自己的观点,亦无须掩盖自己的感情,随时显示自己的本色,做一个性情中的真人,说真话,做实事,以诚待人,在人与人之间多保留一些纯真的情意,拒绝虚假的人生,享受真实的人生,使人间变得更美好。

当代网络文化兴起,这既给信息交流带来极大的方便,也构造出一个虚拟世界,使大批青少年沉迷在真假难辨的世界里,脱离人与人之间直接的交往,既缺乏感性的真情,又偏离理性的清醒,使生命和生活丧失了更多的真实性;同时也助长了社会的虚伪欺诈之风,造成社会的混乱与迷失。我们要使网络充实人的生命,防止网络掌控人的生命,更加需要诚的精神的回归。由此可知,在当代社会,诚之义大矣、重矣!

“以生为本,以诚为魂”还集中表现在人的精神生命的健动不息、挥洒自如上。人的精神生命与生理生命相比,是最少受外界约束、最能自主发挥的部分。然而其潜能也往往被压抑而不得自在发展。一是受制于主流社会舆论,而不敢大胆想象;二是受制于名缰利锁,而无法超越世俗价值;三是受制于闻见知识,而不能开拓创新。庄子提出“逍遥游”的理想境界,郭象阐明“自得”的理想状态,都是要把人的精神从各种束缚中解放出来,获得真正的自由,从而形成东方式的自由观。

生命的健硕发育需要两种自由:一是行为的自由,二是心灵的自由。

西方提倡的自由主要是行为的自由,如言论、信仰、集会、结社、新闻等自由,法律都要予以保护。思想当然应有自由,而西方社会关注的仍然是表达思想的自由,而不是自由本身。行为自由是文明社会所必需的,是社会进步的体现,我们要使它充分落实到现实生活层面,这是人的生命保持盎然生机和真实体现的必要条件。

可是,人有了行为的自由未必能真正获得思想的解放而自我做主,因为心灵仍然可能受困于陈旧的教条而不得舒展。例如:自由主义提倡自我中心的个人自由,却会被生存竞争所驱使;宗教自由是基本人权,但原教旨主义又会使人走向偏执。所以人还要有心灵自由,自觉摆脱物质主义、教条主义、现实环境的局限,使心灵生出翅膀,自主自在地遨游在广大的精神世界。人的现实空间是有限的,人的精神空间是无限的,它的大小决定于主观的拓展能力。人的心灵自由不等于胡思乱想,它需要凭借哲学的智慧、文化的底蕴、艺术的构思来不断超越现有的时空,达到无执、无碍、常乐的高妙之境。一要不断通过"觉解"(冯友兰语)提高精神境界,二要不断经由学识扩大人文素养,三要不断进行反思加深人生领悟,四要不断化解烦恼保持幸福感受。即所谓"心明眼亮"、"心广体胖"、"心旷神怡"、"心安理得",自主地思考,自觉地行动,自在地生活。心灵永远属于自己,它快乐着、敞开着、前行着、充实着,不断绽放出绚丽的花朵。

三、以道为归,以通为路

这是新仁学的大同观,指向人类的未来。"道"是中国人心中最高真理的简称,它的原始义是人朝向前方的道路,尔后其字义不断被抽象化,而具有了宇宙本原、社会原理、基本规律、普遍价值、行为方法等引申义。

老子认为宇宙起源于道,故曰:"道生一,一生二,二生三,三生万物"(《老子》第四十二章),"天下万物生于有,有生于无"(《老子》第四十章)。现代宇宙学家霍金认为"宇宙起源于无",与老子相合。老子又认为天地万物的最深层本质是道,故曰:"道冲而用之或不盈,渊兮似万物之宗"(《老子》第四章)、"道者,万物之奥"(《老子》第六十二章)、"衣养万物而不为主"(《老子》第三十四章)。《庄子·渔父》曰:"道者万物之所由也。"在老子看来,道之所以能为宇宙之始、万物之基,关键在于它是宇宙生命的总生机,具有无限的活力,能生万物而不是被生,"万物得一以生"。新仁学赞同道家的宇宙论,认为宇宙的发生、演化不是杂乱无章的,不是偶然性的堆集,不是无生命体的无限延续,而是有本有源、有动能、有活力、有规律可循的,这便是道。

《易传》曰:"一阴一阳之谓道",阴阳互动、刚柔相推,使得天地运行,万物化生。这是宇宙运动变化的基本规律,贯通于天、地、人三个领域,从而有天道、地道和人道,而各有特色:"立天之道曰阴与阳,立地之道曰柔与刚,立人之道曰仁与义。"中国哲学讲事物矛盾规律与西方哲学的对立统一规律有相近之处,但侧重点不同:中国哲学重在相应相成、对立面的统一上;西方哲学重在相反相制、对立面的斗争上。《易传》曰"阴阳合德而刚柔有体",张载则指出"有象斯有对,对必反其为;有反斯有仇,仇必和而解"①,这是最有代表性的对立统一观点。持有这种观点的儒者容易对充满矛盾与斗争的人类社会的未来发展持乐观态度。

孔子儒家把"道"用于社会人生,坚信社会将向美好的目标进化,与此同时人生也应该朝有理想、有道德的方向提升。社会发展的最高境地是"大同世界",其特点是"大道之行也天下为公,选贤与能,讲信修睦","老有所终,壮有所用,幼有所长,矜寡孤独废疾者皆有所养",没有盗窃乱贼,天下太平。这是全人类都向往的理想社会,没有战争,没有犯罪,人们和睦相处,不为私利而进行争夺,老、壮、幼、病、残皆各得其所,人们都能安居乐业。今日各种健康信仰和学说所描绘的社会终极目标,与大同世界皆相仿佛,只是实现目标的具体途径各有不同。孔子为人生设计的成长之路是:"志于道,据于德,依于仁,游于艺"(《论语·述而》),以实现有道之世为奋斗目标,以树立道德人格为做人基石,以实行仁爱为行为准则,以掌握才艺为体现理想的途径。人的性格、才情千差万别,但通过文明演进和人文化成长之路,大多数人会在德性上归向于善。人类已经脱离了低级动物界,越来越成为讲文明懂礼义的高级动物,倒退是暂时的,文明规则终将完全取代丛林规则。

《易传》有两句话很重要:"天下同归而殊途,一致而百虑。"前一句说的是人类社会发展的最后归宿是天下普遍进入有道之世,而各国各族通向有道之世的过程中都有着自己特殊发展道路;后一句说的是人类的思想文化都向往着真、善、美的目标,而不同国家、不同民族、不同地区的人们在信仰、哲学、道德、观念、文学、艺术、习俗上又千差万别,形成多姿多彩的文化样式。这就是"一与多"的辩证智慧在社会发展观上的体现,它

---

① 张载:《正蒙·太和》,《张载集》,中华书局1978年版,第10页。

表明中国古代哲人有乐观向上又包容大度的胸怀。

"以道为归"可作如下理解。

第一，大道是贯通宇宙、社会、人生的最高真理。其内涵有三：一曰生道。它生生不息，生养万物而不为主宰，它就是宇宙生命本身，就在生机盎然、五彩缤纷的各种生命之中，万物得道而生，失道而死。因此，"以道为归"要求人类的一切作为皆要以尊生、护生为最高标准。有道之世就是人类和自然界的生命最为健康活泼的时代。二曰公道。它包容天下，泛爱万物，无所不通，无物不纳，无间隔，无界域，无弃人，无弃物。凡分彼此、生亲仇，皆背离大道。因此，"以道为归"要求人类在情感上以宇宙为一体，以天下为一家。有道之世，人人得到关照，事事皆能公正。三曰和道。和道就是天人和谐、人际和谐、身心和谐，没有战争、没有争斗、没有污染，没有癫狂。"以道为归"，要求人类尊重自然，彼此尊重，和而不同，使忠恕之道成为社会普遍文明原则。有道之世，家庭和顺，邻里和睦，民族团结，天下和平，天人相养。

第二，大道是普遍性与特殊性、一体性与多样性、群体性与个体性的高度统一。"道法自然"的本质要求是尊重万事万物的本然之性，人的作用只在因势利导，促其发育成长，绝不能以人的意志和需要去干预或改变天地万物发展的客观规律，否则会招致大自然的"报复"。人与自然万物共生于一个地球，地球不仅给人类提供了适宜生存与发展的环境和资源，而且生物的多样性所形成的生物链及其与环境的交互作用，也或直接或间接保证了人类的正常生活。可是，人类正在成为地球生态的破坏者，肆无忌惮地污染环境、消耗资源、消灭着异类生物，生物物种正在急剧减少，这就是老子所说的"不知常，妄作凶"（《老子》第十六章）。人类应该意识到，生态危机的威胁已迫在眉睫，保护环境和各种生物就是保护人类自己。就人类社会自身而言，社会形态的多样性、思想文化的多样性、人个性的多样性，是人类健康发展的必然要求和基本条件，有了这些多样性才有社会文化的相反相成、比较选择、互补综合，不断地有新质产生，不停地有创造发明，始终保持旺盛的生命力。文化生态如同自然生态，品类的减少和发展的趋同将导致生命枯萎的灾难性后果。因此，有道之世或大同世界绝不是清一色的文化,不应当也不可能只有一种信仰、一个价值体系、一套生活方式、一类文化样式,而应该是多姿多彩、百花争艳、五光十色的世界。"大同"超越了一般的"同",它意味着多样性的人群和文化的平等与和谐,它在本质上是"和而不同"的。它只要求人们遵守社会公共生活规则,彼此不相伤害,又能互利共赢;同时尊重每个群体和个人的人格、权利与兴趣选择,并给社会成员提供自由发展的机会和空间。"以道为归"是指向真、善、美的大方向,而在社会前行过程中一定要"殊途",必然会"百虑"。没有文化多样性的社会,只能是一种空想。

第三,大道是阴阳互动、刚柔相推、屈伸相感的永恒的运动变化过程,如张载所说:"太和所谓道,中涵浮沉、升降、动静、相感之性,是生絪缊、相荡、胜负、屈伸之始。"①因此,一物两体、对立统一。体现大道的理想社会,既不是无差别的浑然一体的静止的社会,也不是没有矛盾和斗争的全真、全善、全美的社会,这样的社会只是一个乌托邦。老子说:"大成若缺,其用不弊。"(《老子》第四十五章)大同社会仍然有它的不足和弊端,真、善、美与假、恶、丑相比较而存在,相斗争而发展,矛盾是无物不在、无时不有的。但有道之世,社会矛盾与斗争的性质、方式与今日社会不同。其一,绿色经济成为社会财富的主要来源,发展与环境基本协调,人与自然的矛盾随时可以化解。其二,人们普遍富裕,没有大富与贫困,没有失业,富裕程度因贡献不同而有差别,人们利益上的矛盾和摩擦经常发生,但无阶级、阶层、行业间利益的对抗。其三,在社会管理上仍然存在着领导阶层与普通民众之间的矛盾和必要的张力,但有效的普选、监督、协商和定期轮换制度,能使上下级矛盾不发展为对抗,并成为改进管理的动力。其四,社会文明规则为绝大多数人自觉遵守,道德风尚普遍良好,犯罪率极低。其五,社会各种矛盾包括民族矛盾、阶层矛盾、宗教矛盾,采取文明、温和的方式解决,摈弃战争、暴力等野蛮方式,犯罪和犯法行为靠公平执法处理。其六,国家的政治斗争功能逐步消失,社会公共管理功能全面强化,全球联合政府由各国民主选举诞生,并定期轮换,处理各国各族

---

① 张载:《正蒙·太和》,《张载集》,第7页。

间的纠纷。其七，在人文科学、社会科学、自然科学和文学艺术领域，学术争论、开拓创新不仅是常态，而且有最充分的自由；文学与艺术创作的个性化及不同风格的竞相争妍，受到各界的尊重，而能得到高度发挥；有悖文明准则的不健康的文化会普遍受到批评和抵制。按新仁学的理想，"以道为归"的社会，理当如此，人类才算得上进入了文明时代；生活在这样社会的人，才算得上是文明人。

"以通为路"，是指国家民族之间、社会阶层行业之间、思想文化之间，建立起畅通无阻的沟通、交流、合作的渠道，使人类摆脱彼此冷漠、隔阂、歧视、防范、仇恨的困境，迈向天下一家的坦途，使仁爱之道成为生活现实。自从谭嗣同把"通"的理念引入仁学，便使仁学发生了质的飞跃：

是使传统仁学成为现代仁学，生发出"开放"、"平等"、"交往"等新质，以适应社会现代化的时代步伐；二是使伦理仁学成为民生仁学，找到了以"通"破"塞"、实现仁爱富民的切实可行之路。谭嗣同"以通为第一义"的仁学，着力于破除两个陈旧事物：人际身份的阻隔，主要是等级特权及人身依附；社会发展的闭关自守，主要是自然经济的困顿落后。"通之象为平等"，不平等不会有真通真爱。"仁不仁之辨，于其通与塞"，陋塞不能兴旺，因而不能实行博爱。当今时代，宗法等级制度已进入历史，经济全球化已成为浩荡潮流，中国主动参与其中，改革开放取得巨大成就，中国和世界的面貌都焕然一新。然而"通"与"塞"的矛盾，仍然是推行仁爱之道的主要矛盾，阐扬"通学"和践行"通学"，乃是人类文明发展的当务之急。

与几十年前相比，今天是一个高度畅通的时代：经济上形成全球化的共同市场，政治上联合国的作用日益加强，交往上陆、海、空交通空前发达，文化上交流频繁深广，尤其是信息技术突飞猛进，互联网使人类息息相通，时空不再成为交际的主要障碍，在一定的意义上"地球村"已经形成，天下一家的客观条件似乎已经具备。可是情形并不使人乐观。从形式上看，人类之间拉近了距离，增强了相互依赖，实际上在许多重要领域仍然塞而不通、仇而难解，"强凌弱"与"独尊己"的痼疾难除，于今为烈。一曰政治不通：在某些国家，上下脱节，特权盛行，民情郁积；在国际上，左右紧张,强权横行,流血不断。二曰民族不通:宿怨难消,民族至上,利益相左,势同水火,仇杀不已。三曰宗教不通:一教独大,极端排他,迫人从己,宁斗不和,不惜害生。这种情况如同一个人患有肢体麻木、肠梗阻、内分泌失调,乃至免疫系统紊乱和癌变等重病,不及时治疗会致人死命的。有识之士大力倡导政治民主、民族和解、维护人权、宗教和睦、文明对话,都是在运用仁通的精神医治人类的弊病,使人类的生命得到健康发育。

"以通为路"有以下几项基本要求。

第一,"兼通"。人类要真正成为一体,必须做到立体化的沟通,即在政治、经济、军事、文化、思想各个领域的交流都通达无阻,政府与民间的来往也能形成良性互动。在国内需要社会各界相互配合,在国际需要拆除各种壁垒和禁令,使跨国、跨族的友好交往活动有更大的自由度。

第二,"双通"。彼此能双向传递信息,做到互相了解。傲慢总是与无知连在一起,自大常常伴随着偏见。我们必须坚信,每一个族群,每一种文化,都有它的特色和优点,都有它受人尊重的理由,都有值得他者学习的地方。因此,真正的沟通必然是相互了解和学习的过程,不是以一方为主,向另一方推销自己的产品和文化,甚至企图取代对方的固有文化。

第三,"信通"。相互传递真实完整的信息,不以虚假信息示人;不一味提供自身的优点和成就,而隐瞒存在的缺点和问题;不陶醉于外界对自身的肯定和颂扬,而疏远或拒斥外界对自身的批评和责难。开放社会,开放舆论,彼此欢迎对方人士来本地自由旅行、考察、调研、采访,在社会公共生活规则允许范围内不设禁区,不限制媒体的新闻自由。

第四,"心通"。人类之间真正的沟通不能只停留在物质和技术层面,也不能只表现在一系列实际活动上,而要深入到人的内心,做到彼此间心灵相通。如果心灵阻塞,即使有路,也会变成泥泞之路、断裂之路,甚至变成烽火之路、苦难之路。如果心灵通达,各种路障都会随之解除,路成为拉近人们距离的通道,没有路的地方也会筑起新路,使人间的路四通八达。心灵相通的标志就是把仁爱之心普及于全人类,让爱心充满人间。

然而残酷的现实又告诉人们,"以道为归,以通为路"谈何容易。历史的积怨为时已久,当今的冲突还在加剧。要打通闭塞的道路、修筑跨界的桥梁,需要先知先觉觉后知后觉,需要先易后难、循序渐进。以往人类经历的各种灾难会使多数人反省觉悟,今日和未来面临的各种全球危机的严峻挑战又迫使人类不得不同舟共济。人是有良知又有理性的动物,不会甘心朝着互残共亡的路上走去,终将会用人性战胜兽性、用理智战胜迷乱,早晚走上仁和之路,渐行渐近,成为相安相助的邻居和朋友。在推进"以通为路"的过程中,至少有以下几项可以逐步付诸实践。

第一,"利通"。彼此找到共同利益,从眼前利益到长远利益,从局部利益到整体利益,形成相通的物质基础。互惠共赢,而不是互损共输。这是功利的层次,也避开了价值观的差异,比较容易做到。例如,中美、中日、中欧之间,不纠缠于意识形态的矛盾,而看重共同市场,发展商贸往来,增强相互依赖性,有益于和平与民生。从历史上看,商贸之路也必然伴随着文化之路,利通会促进文通。

第二,"法通"。制定和遵守体现人类共同利益和底线道德的社会公共生活规则,作为国际来往的行动依据。如已有的《联合国宪章》《世界人权宣言》《世界文化多样性宣言》《世界贸易总协定》等,这些国际性规则包含着深重的历史经验教训,并凝聚着当代人的智慧,又经历过艰苦的协商谈判,应得到各国政府和各界人士的尊重,以促进世界的和平与发展。

第三,"温通"。以中和温情的态度化解矛盾,打通障碍,劝和促谈,化干戈为玉帛。不同观念和主张在处理国际矛盾中的作用截然不同。极端主义(包括强权主义、民族与宗教极端主义)挑动激化矛盾与冲突,是世界的公害。只有以平等互尊、稳健改良、妥协兼顾、包容贵和为特征的温和主义才能缓和世界的紧张、破解怨仇的难题,走向光明的道路。人类不缺少发展的才能,而缺少协调的智慧。儒学的主要贡献不是向世人提供一种特定的信仰,而是展示不同信仰如何友好相处的中和之道。儒家的温和、理性、稳重的态度,可以使它走近各种信仰和学说,并使它们联通起来。

第四,"文通"。文化交流可以与政治权力和经济财富保持适当距离,侧重在民族精神劳动成果的互动上,容易跨越地域和民族国家的界域,在大范围内进行。其中,中国和西方之间的"东学西行"与"西学东渐",印度佛教在中国和东亚的传布,都是显例。世界各大宗教虽教义各有不同,然都以拯救人类苦难为己任,应当把爱人作为联结教际关系的精神纽带,摈弃独尊、排他的偏颇,把爱作为第一信仰:上帝是爱,真主是爱,佛陀是爱,神仙是爱,由爱可把众多社会团体率先联合起来,成为推动文明对话的核心力量。世界宗教议会《全球伦理宣言》、世界宗教和平大会、世界和传统宗教领袖大会,都展示了"教通"的道路。

第五,"感通"。用真诚的大爱感动对方,对方又报以感恩,彼此互感,这是实现心通最好的方式。许多人迷信以力服人,实际上是压而不服,转成仇恨。道义的力量是无形的也是最有感召力的。孔子说的"修文德,来远人",就是感而通之。在地震、海啸、洪灾、疫病等大灾难发生以后,人们不分国界、民族,纷纷伸出援助之手,给灾民送上温暖和帮助。跨国、跨区、跨族的公益慈善事业,就是建立在无私奉献的基础上,体现了人性之美,故最能感动世界。爱心可以通过各种方式传递,把爱的感情的力量在相互激励感染中会通凝聚起来,就能克服人性的弱点,打通人际之间所有的道路。

第 五 章
新仁学的十大专论

一、仁 性 论

　　新仁学的人性论是在综合孟子"性善"说和荀子"性恶"说的基础上而确立的"性善恶混"论。扬雄在《法言·修身》中提出"人之性也善恶混,修其善则为善人,修其恶则为恶人",又说"天下有三门:由于情欲,入自禽门;由于礼义,入自人门;由于独智,入自圣门"。后来从善恶混之说引出"性三品"说。人类历史反复证明"性善恶混"论比较符合生活中绝大多数人的人性真实状态,而有善无恶和有恶无善者只是极少数。

　　人类是有智慧的群体动物和个体动物,群体性与个体性的对立统一决定了人性的善与恶的交错存在。所谓善就是利他之心与行,所谓恶就是损他之心与行。人的思想言行不与他者发生关系则不需作善恶评价,如饮食男女、日常生活起居。群居生活培养了人们的爱心善意,关怀亲友和他者。个体利益有其正当性,然一旦膨胀到妨害他者的利益,便会出现害心恶意。再加上人性包含着动物性,尤其是动物间的残酷斗杀,若不自觉加以化育提升,便会兽性大发,泯灭善良人性。各社会大小族群在生存发展过程中的团结合作与矛盾斗争,既能增强人们的爱心善行,也会强化人们的害心恶行。例如,民族意识在道德理性观照下会导向爱民族、爱祖国的境界,在偏执情绪笼罩下会导致民族对抗仇杀。因此,善与恶的关系表现为人性发育中的彼此交错、起伏转化、盈缩不定的动态过程。正如孟子所说,恻隐之心乃人性之善端,是人性中异于兽性而为人特有的本质,代表人性发展的方向。孟子并非盲目乐观主义者,他认为良心(即爱心)虽然可贵,却是容易丢失的,所以世上恶人恶行很多,必须自觉求其"放心"加以保持并扩而充之,才能成为善人。荀子看到人人皆有情欲与求利之心,如果顺其自然性情发展,而必有争夺、残贼、淫乱的恶行,所以要用礼义之道"化性起伪",使之向善。可见荀子认为人性中有善的基因,只是需要用礼义养之,对自发情欲加以抑制,对人的社会行为则要以法度制之。

恩格斯在《反杜林论》中有一句名言:"人来源于动物界这一事实已经决定人永远不能完全摆脱兽性,所以问题永远只能在于摆脱得多些或少些,在于兽性或人性的程度上的差异。"[①]新仁学认为,人性是人类在高级哺乳类动物属性的基础上,在长期生物进化和社会群体生活中获得的相对稳定的属性,它内含动物性,又超出动物性,具有社会文化特征。动物性决定了人性中的自然生理属性,如求生存、重安全、要繁衍的本能,雌雄、母子、群类的相亲相助之情,当然也包括动物间的争夺互残、弱肉强食的野蛮属性。但人是文明动物,在文化熏陶中,有了同类之爱和公德意识,关心群体,协调人我,遵守秩序,反对残暴,向往安居乐业。不过人的向善之心虽然是人性的本质,但仅靠自发随意是不能健康发育的,它会遇到重重障碍而被抑制乃至丧失。一是文化素养不够,动物野性发作;二是生理基因变质,天性以作恶为乐;三是贪欲膨胀,利令智昏;四是被眼前利益和小团体利益遮蔽,看不到长远利益和全局利益;五是为极少数特权阶层和他们的舆论所绑架,成为他们野蛮行为的追随者和牺牲品。因此,善性的发育必须有自觉的培养,必须时刻与恶性作斗争,以善治恶,扶正祛邪,这将是一个长期的过程,要靠先知先觉者不断地加以推动。这项事业十分艰难,但要坚毅地做下去,因为它代表着人类文明发展的方向。

---

① 《马克思恩格斯文集》第9卷,人民出版社2009年版,第106页。

　　人类能否真正摆脱野蛮时代而跨入文明社会,取决于多数人的人性能否弃恶从善,或者达到从善性为主,而且有力量制止少数权势者的大恶,使他们不能推行强权和挑动战争,这关系到人类的命运。抑恶扬善必须有多种途径:一是教育与修身,即《易传》所说的"人文化成",荀子所说的"劝学",没有后天的自觉努力和文化熏习便无法成就一个稳定的向善人格。二是风气与美俗,形成文明礼义、向善为善的良好民风,使善性易于生长,恶习便于纠正,渐渐地习惯而成自然。三是法制与规范,用明确的强制性的规则和力量处置损他害群的行为,达到惩一儆百的目的,制止犯罪是为了保护多数人的正常生活,当然对罪犯也要有人道的待遇,尽力予以挽救。在惩戒法之外还要有激励法,以保护和鼓励见义勇为、利益大众的行为。四是忧患与反思,警惕人性的弱点,不断总结以往历史上发生的犯罪恶行、害人害己的教训,提高道德自觉意识,例如,德日法西斯滔天罪行,造成千百万生灵涂炭,绝不允许类似惨剧重复出现。五是疏导与提升,将人性中包含好勇、喜斗、逞强的动物性引导到正当而有公平规则的各种竞赛中去,例如,体育、科技、文艺等竞赛活动,以及市场上的公平竞争,可使人们旺盛的精力、智力在健康有益的方向上充分发挥。

　　就人性的多样性而言,由于时代、地域、民族、阶级、阶层、集团、行业等多种社会因素的不同,引起人性的差别性与多样性,不仅思维方式、审美观念、思想信仰上各有不同,就是在道德标准、善恶取向上也互相有异,有时还彼此敌对,这就是人性的变异性。社会地位和阶级利益不同,所爱所求就差别很大,在矛盾尖锐时甚至恰相对立。例如,同一社会的统治阶级和革命阶级之间的道德理念是恰相反对的,代表宗法等级时代的"三纲"说的合理性就为当代社会所不容。由于民族或地域文化的差异而引起人性的不同,只要不互相妨害,一般情况下是文化生活多样性和丰富性的问题,可以并存和互补。由于职业、年龄、性别等因素的不同而引起人们在性情、气质、风格上的种种不同,更是人性的常态。但人性的变异性应有合理的范围,那就是不违背共同人性的底线,即不故意危害他人、他族的生命与安宁。譬如两个民族之间不和,在道德观念上对立,一时无法调解,却不得因此而互相残杀,否则即是大不义,无可辩解。随着"地球村"时代的到来,随着命运共同体的形成,人类互相关爱的普遍人性将日益显现,而道德敌对、善恶颠倒的情况将逐步减少。

二、仁 修 论

既然仁爱之心生之于人情,成之于理性,则自觉修养品性就成为生命成长的必由之路。古代儒家君子很重视存心养性的功夫,总结出一系列深有体验的修养之方,值得今人借鉴。"文化大革命"中,刘少奇《论共产党员的修养》遭到否定,被称为"黑修养"。改革开放以后,刘少奇得到平反,但批修养的遗毒未能清理,抹黑修养依然存在,忽视修养乃是普遍现象。人们忙于掌握知识技能、参与生存竞争,很少用心于自我品格的涵养提升,人的精神境界是下降的趋势,越来越多的人停留在功利境界层面上,因而仁爱之心容易遭受物质欲望的挤压甚至被取代,人性走向物质化、工具化、动物化的道路,这是令人担忧的。生命的成长有如逆水行舟,不进则退,必须自觉地、坚持不懈地进行修养,才能不被异化,不断地有所提高,与时俱进,直至年老也不变质、不颓唐。伟大的科学家爱因斯坦在《每天的提醒》里写道:"我每天上百次地提醒自己,我的精神生活和物质生活都是依靠别人(包括活着的人和死去的人)的劳动,我必须以同样的分量来报偿我领受了的和至今还领受着的东西,我强烈地向往着俭朴的生活,并且常常为发觉自己占有了同胞过多劳动而难以忍受。"爱因斯坦勤勉修养,高度自律,拓展其惜福报恩的爱心,令人感动,可见东贤与西贤的心灵是相通的。

新仁学认为仁者自我修养可以吸收和借鉴历代儒者的经验。

第一,笃志而固执。"志于道,据于德,依于仁"(《论语·述而》),一生努力不懈,颠沛流离不改其初。

第二,反躬内省。不怨天尤人,"躬自厚而薄责于人"(《论语·卫灵公》),孟子提出:"爱人不亲,反其仁;治人不治,反其智;礼人不答,反其敬。行有不得者,皆反求诸己。"(《孟子·离娄上》)

第三,慎独。如《中庸》所说:"君子戒慎乎其所不睹,恐惧乎其所不闻。"在无人监督的情况下不放纵,只做自己该做的事。

第四,从善改过。"见贤思齐"(《论语·里仁》),"见善如不及,见不善如探汤"(《论语·季氏》),"过则勿惮改"(《论语·子罕》),从自己以往的经验教训中学习,不断反思,是有效途径。

第五,尊德性而道问学。或者从德性培养着手而达于明理行事,即"自诚明";或者从博学致知入手而达于人格养成,即"自明诚"。基本要求是仁智互补,相得益彰。

第六,知行合一。重视道德实践,把圣贤之言内化为活的生命,《中庸》说"力行近乎仁",荀子说:"君子之学也,入乎耳,箸乎心,布乎四体,形乎动静"(《荀子·劝学》),真积力久,自然受用,虽不必入于圣境,也能不失为君子人生。

第七,清心寡欲。老子要人们"少私寡欲",孟子则谓"养心莫善于寡欲",儒道两家皆认为欲望不可无但不可大,太盛必损德性又乱智性,往往会毁掉自己,贻害家庭和社会;人必须具有清明理性,先立乎其大者,能够收拾精神,自我做主,不沉溺于物欲而丧失灵性。

第八,推己及人。由近及远,把仁爱之心尽力向外扩展,从爱双亲兄弟,到爱友朋邻人,到爱社会他者,到爱天下群生,到爱动植万物,每个人的处境不同、能量不同,皆可尽心竭力而后止,在成物之中成己,这是最好的修身方式。

人的品性和习惯的形成,关键期在少年儿童,俗语所谓"从小看大"是也,所以青少年的教育就成为社会各界必须共同关心的头等大事。家庭和父母的教育,主要在以身作则,加上随机的点拨。没有爱心的父母难以有爱心的孩子,没有和谐的家庭,难以有健全的孩子。忠孝仁爱是代代传递的。忠厚传家远,财宝祸害多,多少事例反复证明了这一真理。中小学和幼儿教育负有重大使命,师德的垂范、校风的熏陶、课堂的教诲,时刻影响着青少年和孩童的心灵成长,务使其根深干固、枝壮叶茂,苗壮成长。未成年的孩子,自主性差,易受周围人群影响,即"近朱者赤,近墨者黑",所以孔子和儒家极重交友之道。《孔子家语·六本》说:"不知其子,视其父;不知其人,视其友。"孔子认为与君子交便趋向君子,与小人交则趋向小人,故曰:"友直,友谅,友多闻,益矣。友便辟(走邪道),友善柔(阿谀奉承),友便佞(言辞取媚),损矣。"(《论语·季氏》)成人如此,未成人更是如此,不可不慎。学校与家长特别要防止孩子被社会非法团伙所诱骗,染上欺骗、偷盗、吸毒等恶习,如此将可能断送其一生的前程。要引导孩子亲近经典,亲近尊长,亲近善良。

三、仁 德 论

朱熹提出"仁包四德"、"仁为四德之体",确认仁在五常之德中具有基础和核心的地位,这符合孔子仁学的精神。仁、义、礼、智、信是中华美德的五大范畴,而以仁为归依;换言之,义、礼、智、信皆需体现仁者爱人的精神才得以成立,或者说,义、礼、智、信乃是仁德的不同侧面的展开和体现。义,《礼记·乐记》云:"义以正之",义指正当的行为原则。扬雄《法言·重黎》说:"事得其宜谓之义"。何谓正当或正义?何谓适宜?必以仁爱兴善为标准,义就是对为善的选择和坚持,贯穿着仁爱的道德感情。义代表着社会公理和整体利益,是处理个人与社会、自己与他人的道德规范。孟子说得好,"居仁由义"(《孟子·尽心上》),又说"仁,人心也;义,人路也"(《孟子·告子上》),以仁安心,以义行事,是为仁义之士。恩义、情义,是指感恩不忘的品质,是对他者的爱的铭记与回报。中国古人讲"滴水之恩必当涌泉相报",佛教提倡知恩报恩,讲"报父母恩,报三宝恩,报国土恩,报众生恩"。学会感恩,才能懂得爱,才有社会责任,才会惜福,才有快乐心态。否则,怨天尤人,徒有怨恚,处处牢骚,心会逐渐变冷,乃是一种病态心理。礼,乃是周代传下来的各种社会行为规则的统称,"仁礼论"一节有详述。智,指才智学识及洞察力,孔子说"智者不惑"(《论语·子罕》),孟子说"是非之心,智也"(《孟子·告子上》),"智之实,知斯二者(指仁与义)弗去是也"(《孟子·离娄上》)。智是分辨是非的能力,当时主要指能知仁知义,这种能力要后天努力来加强,故好学近乎智。仁而无智,下落为愚;以仁转智,则成大智;以不仁用智,反成邪智。信,诚实不欺、言行一致为信。做人做事交友皆需以诚信为本,否则无可立足,故孔子说:"人而无信,不知其可也"(《论语·为政》)。然而信必须服从仁义大节,故孔子又说:"信近于义,言可复也"(《论语·学而》),他把信与义联系起来。言必信、行必果未必是君子,极端集团、邪教和黑社会组织内部也讲守信践诺,但专行不仁不义,故信愈坚而害愈大。

除五德之外,重要的道德规范还有:孝、悌、忠、恕、廉、耻、诚、直、俭等。孝道为仁之本,即仁爱的出发地、无疆大爱的源泉、人生德育的第一课、优良品性的摇篮;人有孝道的深厚体验和情感,便会使爱心沛然而涌出,滋润心田,流向远方,成为博施于民而能济众的人。忠恕为仁爱之一体两面:关心人、帮助人为忠;体谅人、尊重人为恕。无忠无以落实仁爱,无恕则仁爱滑向偏执。廉为官德,爱民之心要体现为廉洁奉公,非廉即贪,法理难容。耻为良心底线,知耻近乎勇,有过能改;人若无耻,无可救药。诚为表里如一,真实不妄,心口相符,乃仁德之魂。直是公正无私,说话办事实事求是,不加曲饰,谓之直士。人应直道而行,不因私利而偏邪。孔子说:"以直报怨,以德报德"(《论语·宪问》),合乎情理,比较平实易行。俭是爱惜财物、量入为出。勤俭是中华传统美德,挥霍浪费与享乐腐化相联系。俭则廉,廉则义,义则仁,故《礼记》说:"俭近仁"。扩大而言,俭还是生态道德,反对暴殄天物,体现人与万物一体之爱。

孔子强调仁、智、勇,《中庸》称之为三达德。仁者需要智能来明辨是非、落实仁德,同时培养勇力来克服艰难、推行仁德;智与勇尤其不能离开仁德而独自张大,否则将带来严重恶果。现代高科技是人类智能发达的产物,它给人类造福,但也制造出核武器,如掌控者缺乏足够的德性,核战争有可能发生,人类将面临被毁灭的灾难。又如德日法西斯主义一度横行,他们提倡军国主义的好战思想,以愚忠领袖和天皇为崇尚,以灭绝他族为勇敢,使地球一度变成悲惨世界。由此可证,没有仁德的愚忠与盲勇是非常危险的。

以上可知,仁是诸德之共体,诸德是仁之分支。离开仁爱,诸德皆会迷失;没有诸德,仁爱则不能遍显。

四、仁 志 论

志是人生奋斗目标,确定此目标称为立志。孔子十五有志于学,其最高人生目标是"志于道",即志于仁道,故孔子把志士与仁人联在一起,孟子也说:"何谓尚志?曰仁义而已矣。"(《孟子·尽心上》)志既已立,便应矢志不移,这就是志士。志士"仁以为己任",要一生不懈地力行,故任重而道远;把追求仁义看得比生命还重要,故能够杀身成仁、舍生取义。汉字"志"乃指士人之心,心有所尚,生命便有精神支柱,形成独立人格,自我做主,外力不可改变,故士可杀不可辱,"三军可夺帅也,匹夫不可夺志也"(《论语·子罕》)。志如此重要,故朱熹说,学者须以立志为本,立志要高,立志要坚,才能成就大业。

一般人理解仁爱之道,看得较多的是它温柔敦厚的一面,而忽略它刚健弘毅的一面,应予匡正。孔子讲的"志士仁人",一个重要特征就是保持自身人格的尊严,不降其志以屈从外部压力。孟子特别重视士人在权贵、财富面前保持人格尊严的品性,鼓励士人做"富贵不能淫,贫贱不能移,威武不能屈"的大丈夫。他认为"天下有达尊三:爵一,齿一,德一。朝廷莫如爵,乡党莫如齿,辅世长民莫如德。恶得有其一以慢其二哉?"(《孟子·公孙丑下》)北京大学张岱年先生指出:"孟子这一观点,近代学者称之为'以德抗位',其实质是肯定品德高尚者的人格尊严,认为有道德的人绝不屈于权势。"张先生还指出:"我们一方面要强调个人的人格尊严;另一方面也要坚持个人对于社会的责任、个人对于民族的义务。这两者是完全统一的。"①中国士人讲究气节,为了维护正义事业和人格尊严,在强暴面前不屈不挠、大义凛然;尤其在民族危难的时刻,坚守国格,

---

① 张岱年:《中国古代关于人格尊严的思想》,载国际儒学联合会编:《国际儒学研究》第二辑,中国社会科学出版社 1996 年版,第 63、63—64 页。

保持民族气节,视死如归,如文天祥所言:"人生自古谁无死,留取丹心照汗青。"在中国历史上一批又一批的志士仁人,为了民族的复兴、国家的安宁、大众的命运,在危难关头挺身而出,发出正义的呼声,临危受命,担当大任,置生死于不顾,奋力拼搏,成为民族的脊梁。同时他们又往往受到奸佞的陷害、权贵的压抑,却可以为了理想和事业,而不屈不挠、坚守人格、申明大义,以个人的尊严捍卫民族的尊严,留下了感人至深、可歌可泣的事迹,值得我们永远敬仰和学习。人要有尊严地活着,生命才有价值;民族要有尊严地延续,族群才有幸福。

今天,作为民族精英的知识群体,必须有深厚的大爱、高度的责任心、坚强的性格,不怕任何艰难困苦,勇往直前,才能不负民众的嘱托,完成民族复兴的大业。中国人既要热爱和平,又要有忧患意识,敢于面对强权主义的威胁、挑衅和侵害,筑起精神上的万里长城。在现实生活中,恶势力总是存在的,有时候还显得比较强大凶猛,温良的人民若空有爱心而无胆力,就无法战胜丑恶而实现美善,因此有为者要磨炼心性、砥砺意志、以慈生勇,使正义压倒邪恶。士人不能有傲气,但须有傲骨,可以有所妥协,但必须有所坚守,养浩然正气,不畏强暴,挺直腰杆,主动把肩负的社会责任承担起来,如电视剧《大宅门》主题歌所唱:"有情义,有担当,无依无傍我自强。"发扬中华志士仁人精神,不断推动人类社会走向光明。

人立志是否坚定,不仅要看他在大是大非面前、在社会动荡时期,能否择善固执,目标明确,不动不摇;还要看他在日常生活之中,能否拒绝不良诱惑,抵御恶俗侵蚀,始终保持坦荡直亮的品格,至诚不息,和而不流。如周敦颐《爱莲说》所白:"予独爱莲之出淤泥而不染,濯清涟而不妖,中通外直,不蔓不枝。"人的一生,在任何情况下,在各个阶段上,始终一贯,矢志不移,这是最难能可贵的。

五、仁　智　论

传统儒学重德轻智,其所谓智,不离知仁知义的范围,显得狭小。与西方文化相比,中华文化是德性文化,西方文化是智性文化,重心有所不同。虽然中国古代亦有那个时代较先进的科学技术,但就其背后的思想动力而言,似乎道家的作用更大一些。一般儒者的知识积累多在治国安邦和教化人心方面,而对于纯粹的科学技术和各种专业知识往往不予重视。近现代西方科学技术发展突飞猛进,固然是工业经济的推动,也是其智性文化传统的显现。当代新儒家牟宗三先生有鉴于此,提出"良知坎陷"说,认为儒家道德理性不能直接开出科学与民主,需要自我"坎陷",转出和确立知性主体,从而开出现代科学与民主。牟宗三先生要挺立知性主体是对的,但是否一定要先使德性"坎陷"呢?笔者以为智是仁的展现,仁德内在地要求知性发育流行。只是在家族社会和农业文明的时代条件下,泛道德主义流行,限制了人们的眼界,造成了中国人知性不够发达。只要道德理性通畅展开,必然要求"仁兼智",智性的显扬不仅顺理成章,而且由于德性的引导而能遵循正确的发展方向。

事实上,早期儒家已重视知识技能的训练。《周礼》有六艺之教,除礼、乐以外,还有射(射箭)、御(驾车)、书(书写)、数(计算)的技能学习。儒士之中有能治国安邦者,也有各种专业人士如儒将(通军事)、儒医(通医术)、儒商(通贸易)等。明代儒家学者焦竑主张兼收并蓄,不仅要沟通儒、佛、道,还要包纳墨、法、名、纵横、杂、农、小说、兵、天文、历数、五行、医、艺术各家,皆当有所取舍。儒家仁学倡导厚德载物,它在历史上成功地吸收了佛、道两家思想,近现代也尝试吸收西方科学与民主以图更新自我,如谭嗣同的新仁学、康有为的大同说、孙中山的三民主义、冯友兰的新理学、贺麟的新心学,皆可视为儒家文化在中西会通中的创新,力图把东方的德性文化与西方的智性文化结合起来,使"仁且智"得到一个新的开展。这条道路走下去并没有困难重重,而且可以用东仁化西智,避免科学主义带来的工具理性压倒价值理性的种种祸害。当代世界一流的中国大科学家钱学森、华罗庚,既有深厚国学底蕴,又掌握现代科学技术尖端。华裔诺贝尔奖获得者杨振宁以《孟子》做人处世、以自然科学做事立业,李政道用老子的"道"解释科学上"测不准定律"。以上证明,中国的道德之学完全可以与西方的科技之学相衔接。中国人善于吸收人类各种文明成果,无须乎事事都从老祖宗那里直接开导出来。

仁智论之智有三个层次:最高一层是人生的大智慧,超越群己界域,化解人生烦恼,获得精神解脱;其次一层是明辨大是大非,小事难得糊涂,善恶却要分明;再次一层是重视实用理性,掌握事物规律,发展现代科学技术,创造人类幸福。大智慧者只能是少数先行精英,明辨是非之智则关涉社会道德,而实用理性之智普遍影响大众生活,皆不可忽略。孔子说:"知及之,仁不能守之,虽得之,必失之。"(《论语·卫灵公》)我们也可以说:仁及之,知不能守之,虽得之,必失之。泛道德主义需要纠正,"科学万能"论也不可取,只有仁与智的共生互依才是正路。

当代网络技术是人类智能高度发达的产物,一个新的互联网时代已经到来,它快速全方位地传播信息,把每个上网的人与全世界紧密联系在一起,不仅大大改善了人们沟通的渠道,也在很大程度上改变了人们的生活方式,并向传统社会管理方式提出了严峻的挑战。各种知识的获取变得轻而易举,全球视野的建立成为简单易行,各项社会事业的运作效益大为提高,精神文化生活增添了无限丰富的内容,各地人们之间的交流完全超越了距离的障碍,人类成为一家人的技术条件已经具备。然而,网络技术又可以成为国家、族群、集团之间斗争的工具,从而增加了对世界和平发展的威胁;无法正常过滤的网络信息,包含着大量垃圾、腐朽、虚假的内容,精粗混杂,真伪难辨,对缺乏阅历和独立识别能力的青少年尤有危害;知识量的爆炸式增长使人无所适从,知识资源的唾手可得使人轻狂巧取,无须作深沉的研求,学风流于浮躁;网络构造的虚拟世界使一些人迷恋其中,疏远亲朋与现实,形成病态心理;如此等等。因此,互联网是一把"双刃剑",它必须接受人本价值理性的引导和社会有效的管理,逐渐形成以仁和之道为基石的网络道德理念和风气。社会正义的力量要把健康的网络文化做大做强,让它的正功能得到充分发挥。例如,利用互联网传布优秀中西文化,加强管理部门与民众的沟通互动,加大民众参与社会政治生活的力度,监督权力运作和及时揭发检举贪污腐败和各种违法乱纪行为,开展对重大社会问题的认真讨论,向社会提供各领域创新性成果,为社会各界尤其是青少年提供健康向上、丰富多彩的文娱节目,等等。总之,我们要让仁爱的温暖更顺畅、更有力地在网络上流动,使越来越多的人心热起来。

六、仁 礼 论

中华是礼义之邦,礼文化集中体现古代文明的传统和高度,也是儒学的基石和特色,它使社会更远离了动物世界,更具有人性善的内涵,它本身就包含着礼与仁的统一。孔子的历史贡献之一就是深刻揭示了中华文明仁礼互含的底蕴,提升了人们对礼文化自觉的程度。在孔子的思想里,仁是内在的文明的情感和观念,礼是外在的文明的制度和行为规范,两者即体即用,不可分割。故孔子一方面强调"人而不仁如礼何?"另一方面又说"克己复礼为仁"。没有"仁","礼"没有灵魂;没有"礼","仁"不能显现。用程颐的话,就是"体用一源,显微无间"。具体地说,"礼"有三个层面:一是制度层面,称为"礼法";二是道德层面,称为"礼义";三是仪规层面,称为"礼仪"或"礼俗"。孔子主张治理国家要"导之以德,齐之以礼"。"德"是仁政爱民,上下一心,这是为政的大方向,或者称为立国之本。"礼"是生活有序,多样和谐,使社会行为有统一规范可循,避免引起混乱。"齐之以礼"属于软性管理,主要靠道德教化和"化民成俗"来实现,这就是"以礼让为国"。孔子不赞成治国主要依赖于硬实力和刚性管理,反对"导之以政,齐之以刑",因为它只能使百姓恐惧而不能引导民心向善。

"礼"的理论形态便是宋明理学家的"天理"之说。从历史经验看,实行有仁之礼,礼便表现出一种温馨、文明;实行无仁之礼,礼便表现出一种冷酷、野蛮。若即人情以论天理,则天理成为行仁之据;若远人情以论天理,则天理变为杀人之具。孔子"导之以德,齐之以礼"的治国理念,在实践中后来提炼成"三纲五常"的名教,"三纲"为礼制,"五常"为德教,适应了宗法等级社会的需要。近现代中国社会转型过程中,"三纲"已经过时,而且日益脱离仁德的滋润,成为僵化的旧礼教,被改革运动所抛弃,连带"五常"亦受其害。本来,在革除"三纲"的同时,礼文化所蕴含的文明元素应当加以继承,为新制度、新秩序的创建提供营养,可是在文化激进主义大潮裹挟下,礼义文明和它的仁德内核也一起被简单否定了,于是造成后来新制度文化建设在弃本开新中步履维艰,并时有倒退。例如,1958年"大跃进"中建立的人民公社制度,完全无视家庭在社会生产和生活中的重要性和民众重家庭、重亲情、重孝道的传统习惯与心理,并摈除礼文明的敬天法祖、慎终追远、礼尚往来等一切仪规,硬性把民众组织到准军事化的层层严密控制的模式之中,没有自由,没有人情,结果阻碍生产、违背人性,终于不能持久,被历史抛到垃圾堆里去了。我们也曾经历过"远人情以论天理"的现代版,即批判人性的普遍之爱,宣扬"以阶级斗争为纲",形成全国性的无情打击的连续不断的整人运动,使大批善良正直人士遭受摧残迫害。这从反面告诉我们,儒家仁礼论的真精神不可背离。

新仁学认为,旧礼制的"三纲"说已经过时,它的许多规范不能适应新的时代,但它在道德层面和民俗层面的优秀传统要继承和发扬,如文明礼貌、人生礼仪、节日岁时,都要经过改良加以恢复和发展。荀子认为,"礼者养也"(《荀子·礼论》),礼义可以养人之性情,使之适中得体,"人一之于礼义,则两得之矣;一之于性情,则两丧之矣"(《荀子·礼论》)。因此,我们不仅要依据仁德建设礼义,还要实行礼义培养仁德,学校礼义教育的重要性就在这里。根据孔子"敬事而信,节用而爱人"与"君子和而不同"的思想,礼文化的价值取向应成为我们今天新制度建设的借鉴,其精华有三:一是仁爱为本,体现人性;二是敬业乐群,相互尊重;三是以和为贵,统筹兼顾。它与我们倡导的社会主义核心价值观是一致的。

在宗教文化方面,古礼所注重的尊天法祖的礼制与礼俗今日应加以继承和重建,因为它维系着中华民族的基础性信仰,是民族价值观和凝聚力的根系所在。"万物本乎天,人本乎祖"(《礼记·效特牲》),这是中国人对宇宙人生根源性存在的基本认知,尊天敬祖几乎是全民的终极信仰,同时又包容在此基础上的其他宗教。敬畏宇宙伟力、缅怀祖先恩德,也是中国道德建设的必然要求。通过祭天祭祖活动,使更多的人树立"人在做,天在看"的信念,增强对先辈的感恩之情,学会对国家、民族的报恩之行,社会道德风尚也就容易改善了。

在法律文化方面,西方有罗马法系,经过演变,发展为大陆法系和海洋法系,成为今日法治文化的主流,其公平原则与理性原则皆当加以吸收应用。其特点之一是法律与道德的分离,后者归于宗教。东方则有中华法系,其核心是礼治,其特点是道德与法律的结合,人治与法治的结合。在文化激进主义盛行年代,礼治被简单否定,"礼教吃人"几成舆论共识。从今日比较法学的观点考察,两种法系各有长短,不可简单肯定或否定。儒家的礼,既包含着法的层面,又包含着道德和民俗的层面,是一种硬性与软性兼具的综合性秩序文化,它用国家制度的成文法规范基本社会关系和重大行为,又用道德教化和良风美俗辅助法制的不足,比单纯的惩治法更具有改良人性、收拢人心的功能,更能体现以人为本的精神。如能寓仁于礼,则礼治应是一种理想的境界,它可以避免西方唯法主义带来的有法无情,诉讼生活化、烦琐化的弊端,例如,大量家庭纠纷搬上法庭,官司打完了,亲情也没了。实践还证明,制度不是万能的,它需要德才兼备的人去践行,在法治的框架下保证管理人才的优胜劣汰,才能使法治完善。批判地吸收中华法系的礼治的优良传统,将有益于中国特色社会主义法治社会的建设。

七、仁 事 论

"事"即事功,亦即孔子所说"修己以安人"中的"安人",《中庸》"成己成物"中的"成物"。《庄子·天下》讲"内圣外王之道",后儒多用于说明儒学的修身与事功的关系上。孔子把"博施于民而能济众"(《论语·雍也》)看得比"仁"还高的"圣"的水平,并非说在思想境界上两者有高下之别,而是说仁者还必须拥有圣王的权位来推行德政,才能成就博施济众的事业。后来"外王"泛化为社会事功,主要指治国平天下的事业,包括明君、贤相、清官,皆属"外王"。"外王"事业虽有所扩大,但儒者心中仍以出仕参政为正途,其范围仍嫌狭窄,不能适应工商发达、百业兴旺的现代社会。《大学》八条目中欠缺"立业"一项,致使儒家群体中科技、文艺人才不多。孔子反对樊迟学稼,又说过"君子不器",他总是希望弟子成为治国安邦的栋梁之材。但事实上他自己也没有实现辅政安民的宏愿,却在学问上、教育上取得了伟大的成就,证明民间儒者在事业上有广阔的发展空间。

近现代中国社会的急剧转型和连续不断的思想批判运动,使儒学被边缘化,甚至在国人面前只剩下负面形象。现当代新儒家前辈学者(从民国新儒家到港台新儒家)无缘居庙堂之上,只能以在野民间学者的身份在道统和学统上探索继往开来之路。他们在内圣外王的理解上容纳了西方现代文化要素,在理论上多有创新,强调儒学要由内圣开出新外王,即民主与科学。但他们对新外王事业的具体内容则语焉未详,他们基本上生活在学院文化的范围内,对社会政治、经济、文化的实际影响是有限的。

大陆改革开放以来,儒学在起死回生之后,出现了全面复兴之势。其特点是发展的重心不在学派和团体的出现,而在儒家经典思想的再认识与广泛扩散。政治上吸纳儒家人本主义与和谐的理念,形成"以人为本"和"构建和谐社会"的治国之道;经济上提倡儒商文化,用"见利思义"对治"见利忘义";文化上倡导弘扬中华文化,建设中华民族共有的精神家园,发展新文化要以中华传统文化为深厚基础;道德上吸收儒家明礼诚信、忠孝仁义、包容厚德等规范充实公民道德内容,把反腐倡廉作为官德建设的主要任务;教育上中华经典训练如燎原之火在民间迅速扩展,并开始向体制内学校渗透;对外交流上儒学以中华文化代表者的身份开展与世界各种文化之间的对话与合作,孔子学院大踏步走向世界,儒学成为两岸沟通的重要精神纽带。虽说尚困难重重,但复苏的势头是强劲的。

新仁学认为,儒学在本质上不是一家一派的信仰,而是大众化生活化的德教,它为全民族提供基础性的道德理念和行为规范,包容在此基础之上的任何信仰,经过两千多年的流布,已经深入到民众的血液和骨髓里。

政治冲击与思想批判可以摧毁它的陈旧形态,毁坏它的形象与声誉,却无法拔除它的文化遗传基因。正像严冬过后,枯草逢春再生一样,儒学的复兴具有其必然性。学者的主要责任是通过学术研究使儒学成为新的公民德教,为现代化过程中的中国提供精神动力和伦理保证,为各界、各族、各教所认同,这就是它的公共性。我们今天对儒家的理解应当是广义的,只要有仁爱之心、礼义之守、包容之德,即是儒家式人物。我们希望这样的儒家人物遍布各领域各行业,如儒家式政治家(近现代中国太缺少这样的人)、思想家、企业家、科学家、教育家、外交家、文艺家、法学家、军事家,以及儒官、儒工、儒农、儒医、儒师、儒警,等等,使儒家的仁和之道在百业千职中发挥积极作用。

这里要特别提一下儒医。民生需求最迫切者有两项:食宿与医疗。在多数人的温饱基本解决之后,缺医少药就成为更加突出的问题。一是全民医保的落实;二是医护队伍的壮大;三是医疗机构的平衡覆盖;四是特殊病患群体(如艾滋病、麻风病患者)的被关爱;五是养生、预防、保健、治疗、康复五位一体的推动,都需要加大实施的力度。医乃仁术,最能体现仁爱的精神,因此医德是极为重要的。中医、中药在中华民族数千年生生不息的发展中起过重要作用,今后仍将是保护国民生命健康、防病治病的重要方式,与西医形成互补合作。我们要克服轻视乃至否定中医的错误言行,大力扶持和正确指导中医文化的当代转型,精心培养和造就一流中医人才,使中医药事业能推陈出新,在科学发展观的统筹兼顾方针指引下,由弱变强,以造福于广大百姓。

八、仁 群 论

仁群论研究重点是群己关系和群际关系。人生活在社会关系之中,因此生而有群体性,关心亲朋和周边环境。人又是个体的存在,各有自己独特的生存需求和愿望、情绪的表达,因此生而有个体性,都关心自己的生命和生活。

群己之间形成复杂的对立统一关系。孔子从三个角度加以论说:一是从义(公)与利(私)的关系上肯定个人"欲富贵"的正当性,但要用"见利思义"加以限制;二是从成人(己)与进业(群)的关系上强调只有"修己"才能"安人",只有"立己"才能"立人";三是从人己的相处关系上说明关键是"推己及人",从自己的感受推尊别人的感受,将心比心,"己所不欲,勿施于人",这是合乎情理的切实之论。

世上群己冲突发生的原因,除了无知无意的情况以外,主要是"己所不欲要施于人"和"己所欲(并非人所欲)要施于人"而造成的,都是要强加于人。荀子明确提出"群"的概念,认为人之高出动物在于"人能群",通过"分"(分工)与"义"(公正)将人群加以协调,结成统一的社会,产生出强大的力量(参见《荀子·王制》),因此,"群己关系"是社会与个体的关系,社会是个体的凝聚与整合。可是到了程朱理学那里,把群己关系说偏了也说窄了。程颐说:"大凡出义则入利,出利则入义,天下之事惟义利而已","义与利只是个公与私也"。① 朱熹说,义利之说乃儒者第一义,他的道德修养论以去私为要。理学家把群己关系归结为义利关系,又归结为公私关系,并抹杀"私"(个体)的正当性和重要性。其结果造成一些人假公济私或者以公的名义侵害个体权益的现象。

其实群己关系是相互依存和相互转化的,一不存则二皆失。再进一步说,群己关系至少有几个层面:一是利害层面的义利、公私关系;二是道德层面的他者与自我的关系;三是法律层面的社会与公民的关系;四是价值层面的事业与个人关系。儒学是群体本位的学说,重家庭、重社会、重国家、重天下、重事业。它重视个体的修身、成长、成熟,其目的也是为了更好地齐家、治国、平天下,在成就群体的事业中实现自我价值的最大化,这是一个"大我"的理念。这个传统是好的,应当继承和发扬,但有所不足,主要是忽视了个体的权利和个性的自由发展。西方在近代社会改革运动中冲破中世纪的等级制度与观念,提出并不断强化人权的理念和以

---

① 《二程集》,中华书局1981年版,第124页。

个人为中心的自由主义。在 20 世纪反法西斯战争取得胜利之后,联合国大会于 1948 年通过《世界人权宣言》,对人权的内涵作了系统全面的宣示,强调"人人生而自由,在尊严和权利上一律平等","人人享有生命、自由和人身安全","法律面前人人平等","人人有思想、良心和宗教自由的权利","人人享有主张和发表意见的自由","人人享有和平集会和结社的自由","人人有平等机会参加该国公务的权利","人民的意志是政府权力的基础",在多层面申明公民个人权利的同时,也指出"人人对社会负有义务"。

新仁学认为,当代人权观念凸显了每个公民的独立意志和尊严,能够把仁爱之道落实到每个个体,实现"人人"的自由、平等、幸福,这正是儒家仁学"天下为公"的最终目标,它在本质上与社会群体的规则和利益是一致的,维护个体的人权,就是维护群体公共生活规则的严肃性。西方流行的"合理个人主义",如亚当·斯密在《国富论》中所阐述的,利己是人的本性,人从事工商百业活动是为了求利,但市场经济通过"看不见的手"即市场价格的自动调节,会把分工从业的利己行为以等价交换的方式引向有益于社会发展和财富的增加。若能把这种人权理念和合理个人主义同儒学重社会和国家事业的传统结合起来,儒家仁学会进入一个新的境界。人的本性里既有利他要素也有利己成分,社会规则和教育的责任是用利他的理念引导利己的行为,又用利己的效应达到利他的目的,使个体潜能得到充分发挥,从而造就一个生动蓬勃、充满活力的社会。

群际关系的一个重点是民族之间的关系。民族是基于血缘和地缘的较为稳定的文化共同体与命运共同体,民族的多样性意味着人类生活方式和文化样式的多样性,使世界多姿多彩。在儒家看来,"四海之内皆兄弟也",民族之间应是亲和的兄弟关系。可是由于种种历史的原因,如阶级与民族的等级压迫制度、人们观念意识的狭隘性,以及民族领袖集团的贪婪与野心,中外历史上民族之间的争斗、残杀乃至战争是层出不穷的,上演了一幕一幕的人间惨剧,除少数人得利外,各民族的大多数都深受其害。

人类必然永远如此下去吗?答案是否定的。越来越多的人已经觉悟到,民族之间没有根本的利害冲突,斗则互损,和则共荣。在经历了第二次世界大战和尔后连续不断的民族冲突的深刻教训之后,人们对导致民族对抗的种种主义有了更多的批判和警惕,更能看清种族优越论导致法西斯主义,大民族主义导致强权主义,极端民族主义导致暴力恐怖主义,它们都应该走下历史舞台。民族不分大小,相互关系应当实行平等、互尊、友善、互助、团结、合作、和谐的原则。为此,要强调用仁和理性取代各种偏激主义,也要取代民族同化论,还要努力克服历史遗留下来的民族歧视、民族偏见等陈旧观念。这里关键是在民族之间真正做到平等互尊,实行忠恕之道,不损害他族的利益和尊严,不把自己的价值观和生活方式、文化样式强加给对方。

九、仁　力　论

仁力论探讨仁爱与实力之间的关系。当社会需要改朝换代、消除暴虐、拯百姓于水火之中、完成统一天下事业的时候,圣贤应当如何面对?孔子提出"修文德,来远人"(《论语·季氏》)的主张,他赞扬管仲是仁人,因为"桓公九合诸侯,不以兵车,管仲之力也","管仲相桓公,霸诸侯,一匡天下,民到于今受其赐"(《论语·宪问》)。孔子认为仁人应当在治国平天下的事业上展示实力,但它是文德的号召力,不是战争的强实力。孟子又进了一步,批评五霸是"以力假仁者",只赞美"以德行仁者王"(《孟子·公孙丑上》)的商汤与周文王,认为"保民而王,莫之能御也"(《孟子·梁惠王上》),提出"仁者无敌"的响亮口号。但孟子肯定"汤武革命",认为"汤放桀,武王伐纣"是正义之举。孟子说的"得道者多助,失道者寡助"确是生活的真理,不过它有一个实现的过程;"仁者无敌"也不是仅靠道义的力量,还要聚集起必要的物质的实力。当邪恶野蛮的势力拥有相当权位和物质资源并能迷惑部分大众的时候,当正义的人们还没有充分组织起来以展示其雄伟之力时,少数恶人在贪欲的强烈驱使下,便会运用暴力或战争的手段去征服善良和平的族群,毁坏人类文明的成果,即使千万生灵涂炭也在所不惜,如德、日法西斯那样的罪行。因此,以义抗不义或以义讨不义正是行仁爱之道的题中应有之义。我们不应把仁爱之道变成一厢情愿的美好的乌托邦理想,而要找到实现仁爱之道的切实途径。

我们生活其中的现实世界,仍然充满着真善美与假恶丑之间的斗争,我们不是盲目的乐观主义者,而是清醒的、谨慎的乐观主义者。孟子提出"生于忧患而死于安乐",内忧外患随时皆有,只是表现方式有所不同。行仁爱之道者必须同时具有忧患意识,以天下苍生为念,忧国忧民,防患于未然,去患于已然,为争取和保护人民的幸福生活而奋斗不息。

对于中华民族而言,"仁者无敌"可作如下解读。

第一,尽最大努力反对战争,保卫和平。战争总会死人,所以老子说"兵者不祥之器"(《老子》第三十一章)。战争发动者是全世界的罪人,是最大的不仁,大家都要起来声讨和制止。不仅要制止世界大战,还要制止局部战争和军备竞赛。用正义的力量捆住战争狂人的手脚。

第二,国防是防御性质的,是为了抵抗侵略、保家卫国。老子说"抗兵相若,哀者胜矣"(《老子》第六十九章),哀者是被侵略的正义一方,得民心,兵气盛,多助益,仁慈者必有勇,故最终必胜。

第三,加强战备,以防万一。老子说:"祸莫大于轻敌,轻敌几丧吾宝"(《老子》第六十九章)。战备强固可能化解战争,战备松弱必招来战祸。战备包括战备意识、战备训练、内部团结、物资丰厚、交友天下。

第四,发展经济社会事业,建设现代公正、民主、富强、繁荣、发达的国家,增强国家综合实力,这是证明仁和文化生命力和提高其影响力的物质基础。

第五,修文德,来远人,坚定地走和平发展的道路,继承和发扬"协和万邦"的传统,以平等、友好的态度对待一切国家,团结一切可以团结的力量,在国际事务中主持正义,反对强权和暴力,发挥劝和促谈的作用,使国家和民族处于世界道义的高地。仁力论的目标是使中华民族以不卑不亢的态度和以天下为己任的责任心,参与和谐世界的建设;用不断增长的财富积累和科技力量推动民众的物质和文化生活的改善,使百姓过上世界一流的生活。

由于国际上以美国为首的霸权主义还将长期存在,由于军国主义在日本有死灰复燃之势,由于近代西方大国崛起往往伴随着扩张和侵略,因此,中国的和平崛起将面临严峻的挑战和考验。它会面临强权国家的武力威胁和侵害以及各种各样的打压牵制包围,也会由于某些势力散布"中国威胁论"而使得一些国家中的人对中国抱怀疑警惕的态度。正在实现民族伟大复兴的中国,一方面要埋头苦干,推动社会经济持续发展,建设以人为本的和谐社会,建设现代强大国防,全面增强国家实力,使民众生活达到世界先进水平,使敌对势力不敢轻举妄动;另一方面在国际事务中毫不动摇地坚持独立自主和平外交与和平共处五项原则,不示弱,不称霸,处理复杂国际关系时做到有理、有利、有节,始终站在正义事业一边,用行动展示仁和文化的伟大力量,打破西方帝国崛起的定律,用事实证明中国能够成为既文明又强盛的现代化国家,这将是世界文明的一大跨越。

十、仁　艺　论

仁艺论阐述仁德与文艺之间的关系。儒家向来重视文艺,礼乐文化中的乐就是包含诗、乐、舞在内的文艺形式。按照《荀子·乐论》的解释"乐合同,礼别异",乐的作用是和谐人际关系,礼的作用是区别社会身份,合而用之才能使社会既有秩序又能亲和。关于仁德与文艺的关系,儒家有几条重要理念:第一,在文艺与真理的关系上,强调"文以载道"(周敦颐),主张文艺要体现人们对真理的追求,文艺必须有正确的精神方向。第二,在文艺与情感的关系上,提出"诗言志"(《尚书·舜典》),认为文艺要表达内心真实情感和追求。第三,在文艺与道德的关系上,提出"尽善尽美"(《论语·八佾》)的理想标准,认为好的文艺既应符合仁德的精神,又能使人得到审美的享受。同时文艺要能陶冶性情、移风易俗,起道德教化的作用,如《礼记·经解》所云:"温柔敦厚,《诗》教也"。第四,在才艺与气质的关系上,孔子认为"质胜文则野,文胜质则史,文质彬彬,然后君子"(《论语·雍也》),他强调君子的素质与才艺应该统一,即今天的德艺双馨。第五,在文艺政治功能的歌颂与讽谏关系上,郑玄《诗谱序》说"论功颂德,所以将顺其美;刺过讥失,所以匡救其恶",而重点在讽喻朝政,故《诗经》之风,在于"上以风化下,下以风刺上"①,在上位者要到民间采风,听取百姓的呼声。

儒家的文艺观内容十分丰富,其创作原则强调文艺作品在内容上要关注民生苦乐和世道兴衰,以《诗经》和杜甫为代表,形成强烈的现实主义传统,传世之作处处流露着作者对不合理秩序的批判,对人间苦难的抗议和对国家民族、平民百姓的深沉的大爱。由此之故,在中国文艺史上唯美主义和肆情之作难以流行。但是,儒家文艺观在审美境界的开拓上有所不足,它太看重文艺内容的现实性和道德品格,而忽略文艺的丰富想象力和玄远的形式,而在这方面恰有道家、道教和佛家可以弥补。文艺是人类感情世界升华的产物,它主要靠形象思维来表达人们内心的追求和寄托,它往往以远离人间的幻想曲折地反映现实生活。老子、庄子是中国早期的美学家,他们通过对"道"与"无"的阐释,发现了事物的内在美和精神美;以"有无相生"为文艺创作提供了虚实互补的方法;以"道法自然"阐释了淡雅天真之美。道家美学认为神似重于形似,讲究情景合一、气韵生动、意在形外。道教和佛教以其超越性人生信仰影响到中国文艺家的创作思想,以其丰富的想象力推动了浪漫主义艺术构思的发展,以其美妙生动的语言丰富了中国的话语系统。从《离骚》到李白、王维,再到《西游记》《聊斋志异》,形成文学浪漫主义传统。儒、道、佛三教合流,共同铸造了中国古典文艺的现实主义与浪漫主义相结合的东方文艺精神与传统,产生了先秦散文、汉赋、唐诗、宋词、元曲、明清小说一系列伟大经典作品,其中《红楼梦》是古典文学的代表作,已经名闻天下。

---

① 《诗大序》,《十三经注疏》,中华书局1980年版,第272页。

新仁学认为,中国文艺的发展要继承古典文艺的优良传统,吸收外国文艺的营养,立足于今天社会生活的沃土,开拓出新时代文艺的新境界、新局面,以充实民众的精神生活。这是国人的殷切期望。

第一,在文艺内涵上要坚持真善美的健康向上的大方向,不走低俗化、功利化的偏路,表现人性的善良,鞭笞社会的丑恶,再现百姓的喜怒哀乐和真实生活,鼓励人们艰苦奋进的斗志。

第二,在创作方式上要以情动人、寓教于乐,发挥形象思维的伟大创造力,给人以美的熏陶和感染,给人以快乐和享受,在潜移默化中使人的性情得到冶炼、心灵受到安抚、意志获得激励,避免概念化、政治化、教条化的弊端。

第三,在文艺形式上要百家争鸣、百花齐放,从文学(诗词、小说等)到艺术(音乐、舞蹈、戏曲、曲艺、雕塑、绘画、影视、建筑艺术等)以及网络文艺,都要竞相争妍,有国粹,有洋品,有土洋结合,有高雅,也有通俗和流行,充分满足各类人群的审美需求。

第四,在民族特色上要包容和展现由56个民族组成的中华民族文化共同体的文艺多样性、丰富性,把各民族文化生命的悠久历史和蓬勃生气谱写成壮丽的文艺乐章,响彻中华大地,并走向世界,尤其要关爱和保护边疆少数民族的非物质文化遗产,包括他们的宗教文化,让它们成为中华民族文化大发展、大繁荣的强大动力和重要资源。

第五,处理好文艺与市场经济的关系,既要运用市场机制推动文化产业的兴盛,促进经济社会发展,又要避免文艺成为纯粹的商品,失去善美的追求,扭曲人性的发育,因此要把社会效益与经济效益结合起来,并且要把社会效益放在首位,努力使文艺放射出人性的光辉。

现实生活是有缺陷和局限的,人们需要幻想和梦想,用以满足情感的多样需求并寄托对美好生活的向往。没有深沉的大爱,文艺不会触及人们的灵魂;没有超凡的想象,文艺也不会创造高迈的意境。幸福的人生不仅要有仁爱和平与富裕的资源,还要充满诗情画意,把生活变成美丽的故事。

孔子说:"《诗》三百,一言以蔽之,曰思无邪。"(《论语·为政》)《诗经》的作家是高尚的,当时民风是淳朴的,因此无论风、雅、颂,都具有感人的魅力,使得《诗经》远远超出文学的地位而成为全民族的思想文化经典。《离骚》开创了中国浪漫主义抒情诗的传统,其悲世悯人的情怀感人至深,为世人所传颂,究其实,它乃是屈原高尚人格和热切爱心的表达,诗如其人、人诗一体。历史证明,只有伟大的作家,才会有伟大的作品,而伟大的作家产生于伟大的文化。人们有理由相信,在中华文化复兴的过程中,必将涌现出成批的文艺天才,产生出传世的精品佳作,使我们的精神生命更加斑斓多姿。

第 六 章

新仁学与当代新人文主义的兴起

在国际上,引导世界潮流的是西方文化,主要是社会达尔文主义、一神宗教原教旨主义、科学主义和自由主义。而四大主义在度过其辉煌年代之后已经弊病丛生,陷世界于灾难之中。社会达尔文主义带来的政治强权和军事霸权,造成连年战争、民族冲突、暴力恐怖,大量无辜百姓死于非命。一神宗教原教旨主义容易导致极端主义和宗教冲突,博爱的宗教会变质为仇杀的宗教。科学主义使工具理性的科学取代了价值理性的信仰,智能主宰人性,开发出的核能量威胁到人类的生存。自由主义在推动市场竞争的同时,也制造出垄断资本、金融大鳄,加剧社会两极分化,并使人欲泛滥,道德衰败。东西方有识之士已经觉悟到现有的思想学说不能引导世界走向和平与发展,必须建设体现当代文明的新人文主义,并使之成为主流思潮,世界的未来才有希望。人们看到儒学的精华正适合新人文主义的要求,于是把眼光投向了孔子和儒家。

在国内,经历了"文革"浩劫的国人,告别了以阶级斗争为纲的"苏式社会主义"和以"批孔"为口号的反传统文化的激进主义,走上了以中华文化为深厚基础的中国特色社会主义道路。但是,由于"文革"造成人们巨大精神创伤的后遗症尚在,由于市场经济必然带来拜金主义的流行,同时,由于长期反传统所形成的道德真空,在中国大地上出现了物质文明突飞猛进和精神文明滞后失落的局面,中华民族的文化生命未能顺畅发育流行,思想领域呈现混乱迷失的状态,严重影响到各项社会事业的发展。这就使得思想文化的建设成为关系社会精神方向、关乎现代化事业全局的重大任务,而理想、信仰、高尚人生的树立,又是思想文化建设的重中之重,因为它是重铸民族之魂的伟大工作。一个没有精神追求的民族是无法振兴的,一个没有自强不息、厚德载物精神的民族也称不上是中华民族。因此,当代越来越多的中国人认识到,中华的崛起和文化的重建必须依托优秀的中华文化,它是我们的精神家园和智慧源泉,而其中对儒家文化资源的发掘和运用应是首要的工作。

当代新人文主义必须具备以下几项基本特质才能引导世界潮流。首先,它能真正体现以人为本,把人的生命、幸福、尊严、全面发展(包括个体的与群体的)放在至上的位置,成为最高的价值取向,其他则"无以尚之",因此它既不是物学,也不是神学,而是具有信仰高度的人学。其次,它能超越当代各种信仰的局限性,尤其能打破物质主义、极端主义、民族歧视的偏执与迷误,给"地球村"提供普遍伦理和新文明规则,使其逐渐成为 21 世纪人类的共识。最后,它能打通各种文明、各种信仰之间的联系渠道,彼此不再敌对而能和解,找到更多的共同语言,促成多元并举、和谐共生,因此它具有中和、理性的精神。以这三条标准衡量,新仁学是符合的,它应该也能够为新人文主义的兴起作出重要贡献。

一、新仁学与当代人生困境的出路

当代社会生活的市场化、网络化、竞争化,使得人性中德性与欲求、德性与才智之间失衡,欲求与才智膨胀,德性萎缩,人际关系以利害为纽带,造就了越来越多的经济人、智能人、孤独人、野性人、两面人。与此同时,道德人、性情人、自在人、文明人大大减少。一些人拥有了更多的财富,精神上却觉得空虚,没有人生方向,幸福指数反而下降。一些人把心力才智用在争地位、争家产、争虚誉,却弄得关系紧张、亲情消失、怨声载道,受到舆论谴责,未必自我感觉良好。一些人把生活当作战场,把身边的人当作敌人,算尽机关,明争暗斗,巧扮各种身份应对人事关系,不择手段,以图升迁显扬,结果往往事与愿违,白白忙活一场,到头来为他人作了嫁衣裳。这些都是由于没有健康人生观而导致的迷失。

新仁学向人们提供一种情理兼俱的人生信仰,其核心是成己成物(成就个人价值与社会事业),在成物中成己。做一个充满爱心的人,那么你也就生活在爱之中;做一个对社会有用的人,那么你的价值也扩大了。这种人生追求既难也容易:说它很难是说爱心的范围是无限拓展的,要做到大爱非圣贤莫属,社会事业宏阔壮丽,只有大英雄才能成就大事业;说它容易是说每个人都可从身边和眼前做起,从小事情上做起,力尽而止。要坚信"爱人者人恒爱之"的真理,在相互关爱中生活的人是最幸福的,他生活得心安理得、愉悦自在。也要坚信"害人者人恒害之"的真理,在相互损害中生活的人是最凄惨的,他生活在仇恨、防范、不宁之中。自爱与爱他、自利与利他在本质上是统一的,人的本性里就包含着他者的要素,排除他者的人性是残缺的、畸形的。为什么损人者往往以害己告终?因为他为自己增加了对手、创造了受惩罚的条件。因此,荀子说:"仁义德行,常安之术也","污僈突盗,常危之术也"(《荀子·荣辱》)。

新仁学还要求人们摆正主体的人与身外之物的关系,荀子说:"传曰:君子役物,小人役于物。"(《荀子·修身》)他提出了"己"(人)与"物"(权位、名利、财宝等)之间谁为主谁为辅的关系问题,他的结论是要"重己役物"(《荀子·正名》),学君子,役使身外之物为人(包括自己和他人)服务,而不是相反,不能让自己成为外物役使的工具或者用外物役使他人。外物并非不重要,在正常情况下,它们既是人生奋斗的成果,又是充实人生的因素,但绝对不是人生的目的,人的幸福才是最终目标。我们常见到"人为财死"的现象,那是财迷心窍、利令智昏造成的。老子说:

"名与身孰亲？身与货孰多？"很明显，与名誉、财富相比，身体的安全与健康更重要，它是实现人生价值的基础。但对于这样一个简单的道理，许多人就是不明白，宁要虚名不要活命，宁要钱财不要脑袋。重要原因之一是人性中私心太重、欲望太盛、道德太弱，缺乏理性自制力。所以老子提出人要"见素抱朴，少私寡欲"，私不能去而要少，欲不能无而要寡，这样在物质层面上人就可以做到"知足之足，常足矣"。否则不仅对个人有害，发生"甚爱必大费，多藏必厚亡"的后果；对于有权有势的人和集团来说，私欲膨胀、野心激荡，还能促其发动侵略战争，造成千万人的死亡，故老子严厉声讨贪欲的罪行："罪莫大于可欲，祸莫大于不知足，咎莫大于欲得。"我们从德日法西斯的罪恶、霸权主义的劣迹、金融寡头的贪婪中，都可以印证老子话语的真理性。新仁学认为，在人性发育与人格养成中，理想状态是以养德为主，兼养情欲、才智与勇力，德性足以制约情欲使之适度，德性能够主导才智与勇力使之发挥正功能，这是摆脱人生困境、发展文明人性唯一的出路。人类若不在人性养德上下大功夫，现代高度文明是难以实现的。

当然，仁人仅有德性是不够的，还需有常情、智勇加以辅佐，才能践行仁德。有常情则合群兼善，有智勇则仁德切实。有人说：做好人难，做老实人吃亏。新仁学认为，应然与实然不是一回事，该做好人和老实人，不该做坏人和虚假人，这是做人之道，立志如此，不论难易、不计得失，皆当为之。然而仁人又不满足于良好动机，他还要思虑实际效果，把动机与效果统一起来。因此它提倡做一个有智慧、善于克服困难的好人。古人强调"仁且智"、"仁兼勇"是对的。仁者要有洞察力，不被假象迷惑；要有丰富的知识和专业能力，做好自身的事业；要不怕挫折，勇于担当，身体力行。可知做高标准的好人确实不易。从社会常态看，只要存有一点恻隐之心，遵守底线道德，不去害人，即是好人，故好人易为。而谋划损人、巧取豪夺、铤而走险，即使暂时得手，亦担心东窗事发，惶惶不可终日，此为坏人，故坏人难当。天底下好人居多，坏人少见，理所当然。至于老实人在个人利益上吃亏，甚至受委屈，在所难免，未必就是坏事，只要有益于他人，无须斤斤计较，这乃是一种修养。

二、新仁学与当代民主政治的进步

西方当代民主制度比起欧洲中世纪封建领主制度和中国君主专制制度来说,是一种巨大的进步,它超越了数千年来少数人对多数人政治专制的局面,开出了体现宪政民治的新政治制度。民主政治有四大原则:其一,少数服从多数;其二,按程序办事;其三,保护少数;其四,权力监督。为体现多数人决定政治,领导人必须由民主选举产生,一人一票,保证公民有选举权和被选举权。为了体现程序原则,必须制定法律和公共管理规则,使之具有神圣性,权力交接和重大事项一律按程序办理。为了保护少数,宪法与法律要规定公民的权利和义务并加以保护,在法律面前人人平等。为了体现权力监督,实行立法、司法、行政三权分立,保证新闻自由、政党互监、行政公开、官员问责。这一套制度有效避免了个人专制独裁和长期垄断权力及政权世袭制,使更多的民众能够参政,对于官场贪腐有较强对治功能。这都是需要我们认真学习的。

但是,这一套政治制度在西方和其他一些地区实践的结果,有成功也有失败,有正面功效也有负面弊病,并没有达到真正意义上的"民主"。"人民群众当家做主"在这个世界上仍然是一个理想的有待争取的目标。西方的法治至上、选举制度、多党轮替、议会民主暴露出以下诸多问题:第一,资本操纵选举。美国总统选举要花费大笔竞选经费,有才能而无大企业支持的精英没有执政的机会,更不必说平民阶层了。第二,政党竞选以互相攻讦诋毁为能事,不能客观公正言说,置道德良知于不顾,败坏政治文化,形成"政治无诚实可言"的风气。第三,政党或候选人以拉选票争取胜出为目的,煽惑民众一时偏激情绪,造成民间严重对立,埋下社会长期分裂的祸根;操控媒体制造各种舆论,诱导民众追随其后,使选民无法认清真相。第四,政客大选时慷慨承诺,上台后则屡屡食言,大众无奈,政客得利。民众虽有言论自由,却改变不了平时无权的现实,政治仍然是少数人的专利。第五,垄断资本和金融大鳄背后掌控法律和议会政治,尤其掌控国家对外政治,在国际事务中实行强权主义,与其他国家相处不仅毫无民主平等可言,而且进行军事威胁和侵略。美国总统由美国人按美国规则选举产生,却要管全世界的事情,并不需要取得各国民众的认可,这对美国民主是一种讽刺。

社会主义民主理论是在继承、批判和超越资本主义民主中诞生的,其主要特征:一是实行真正的人民群众当家做主;二是实现社会成员在政治、经济、文化权利上的一律平等;三是实行普选制、轮流制和去特权化(巴黎公社经验)。然而苏联没有给我们提供成功的范例。中国经历了曲折的历程,终于确立了社会主义民主的方向,在实践上也积累一定的经验。然而政治体制改革仍然面临艰巨的任务。如何借鉴西方民主,取其优而避其劣;如何深刻总结苏联模式的教训;如何继承中华政治文化,取其精华弃其糟粕;如何在民主法制建设上综合创新,都是对我们的严峻挑战。

新仁学认为,政治文明建设是我国今后继续进行物质文明与精神文明建设的保证和关键,必须大力予以推动。第一,明确认同"民主与法制"是现代文明国家的基本特征,肃清君主专制主义的遗毒,确立人民权力至上、神圣不可侵犯的原则,消除官员独断专行的现象,对行政权力实行严格监督。第二,坚持人民代表大会制度,落实宪法关于全国人民代表大会是全国最高权力机关的规定,解决人民代表与民众脱节、人民代表大会不能充分行使法定权力的问题。第三,把普选制和协商制与精英参政结合起来,在实行普遍的定期的各级选举制的同时,建立各政党、各阶层、各领域代表人士的协商制度,并使之有效化、常态化。第四,阶级对抗可以消灭,但管理者与民众的差异、矛盾与协调是永远存在的,这就是官民关系。可以借鉴儒家关于社会公共管理的经验和智慧,一是顺民心,兴民利,"民惟邦本,本固邦宁";二是不朝令夕改,不言行脱离,取信于民,"民无信不立";三是把依法治国与以德治国结合起来,在社会行为上严格依法办事,在治国方略上则是德主法辅,致力于道德教化;四是"选贤与能",为官清廉,拒斥贪腐,建立弹劾制度;五是设立谏官和智库,广开言路,集思广益;六是"政通人和",民情上达,鼓励官员与媒体经常进行民间采风,倾听基层民众和弱势群体的心声,不使社会有被遗忘的角落。第五,在社会管理上,吸取老子道家"无为而治"的智慧,上位者要"因而不为",按照客观规律办事,充分发挥众智、众力、众勇的作用,使各得其所、各守其职、各尽所能,以期达到民众"自化"、"自正"、"自富"、"自朴"的目的,这才是真正的大仁大爱。道家"无为"的社会管理思想与社会主义"群众是历史的主人"的群众观是一致的。中国人有能力在融合中西的基础上创造出最先进的民主政治模式。

三、新仁学与当代市场经济的健全

市场经济通过市场这只"无形的手"调节生产、交换、消费之间的关系,调动人们参与经济活动的积极性,经由利己主义的行为和自由竞争达到快速创造和积累社会财富的客观效果。因此,发展市场经济是现代化事业的必由之路。发达的市场经济产生巨大的社会财富,为提高人们的物质和文化生活提供雄厚的物质基础,而这也正是新仁学追求的目标。中国由自然经济型农业文明转向市场经济型工商文明乃是历史的进步和必然,不如此不能实现国富民殷,仁爱便是一句空话。改革开放四十多年证明,实行社会主义市场经济是正确和有效的,中国由此而初步改变了百余年来贫困落后的面貌,已经全面建成小康社会,正向第二个百年奋斗目标迈进。但是,市场不是万能的,若加以放纵而无制约,会给社会造成重大伤害。例如,资本垄断和贪婪导致经济危机,贫富两极分化加剧社会矛盾,见利忘义泛滥破坏道德风尚,金钱崇拜扭曲人的品性。其结果不仅使社会各界受损,市场经济自身也不能正常运转而成社会病害。对于市场经济的负面作用,我们以往估计严重不足,今后要深刻总结经验,在取其利而避其害上下大功夫。一是用社会管理宏观调控这只"有形的手"把市场纳入社会发展整体格局之中,使其在适当范围内发挥作用。二是用国际、国内相关法律、法规管理市场,体现公平竞争的原则,因此市场经济应是法制经济。三是用普遍伦理建设企业文化,培养有道德心的企业团队,因此市场经济应是道德经济。

儒学史上出现过董仲舒"正其谊而不谋其利,明其道而不计其功"的超功利主义思潮,也产生过宋明理学家"去人欲,存天理"的理欲对立论,但它并不是孔孟正统。孔子主张"博施济众"和富贵有义,"百工居肆,以成其事"。孟子主张行"制民之产"的仁政和"与百工交易"的市场。荀子认为"好利恶害,是君子小人之所同也,若其所以求之之道则异矣",又提出"节其流,开其源"(《荀子·富国》)之说。清初颜元明确主张"正其谊以谋其利,明其道而计其功"①。儒家的主流传统是"以义导利"、义利统一的思想,但长期被理学所遮蔽,应使之重新显扬。谭嗣同的仁学主张开放国门、发展工商、改善民生,正是孔孟真精神的新体现。贺麟先生指出,后期儒学(理学)讲义利之辨,而义利又以公私为界,这样的进路不能适应现代工商社会的发展。他引进西方合理的利己主义,确认个人应有的权利与幸福,主张义利、群己统一论,"趋向于一方面求人欲与天理的调和、求公与私的共济;而另一方面又更进一步去设法假人欲以行天理,假自私以济大公"②,因此他主张中国当代道德建设要依据合情、合理、合时的"三合"原则来进行。

中国自古就有"扶商惠工"之说,以士、农、工、商为"四民"。《国语·周语》说:"庶人工商,各守其业"。《春秋左传》说:"务材训农,通商惠工"。管仲管理齐国,工商发达。子产经营郑国,鼓励和保护商业活动,智退秦师的弦高即是郑国大商人。中华民族很早就形成儒商文化传统,陶朱公范蠡和孔子的弟子子贡就是早期的儒商。后来的徽商、晋商,都能把文化与商业相结合而两得之。近代儒商张謇、胡雪岩,当代儒商陈嘉庚、李嘉诚、荣毅仁、王光英、汤恩佳、杨钊、蒋震等,能够把西方企业管理文化与儒家智慧结合起来,并获得成功。儒商各有特色,而其共同点在于:第一,以义取利、诚信为本,企业享誉社会,创出知名品牌,由此而能长

---

① 《颜元集》,中华书局 1987 年版,第 163 页。
② 贺麟:《文化与人生》,商务印书馆 1988 年版,第 66 页。

远发展;第二,敬业乐群、内部和谐,员工爱企如家,形成合力;第三,领导人有文化理想和社会责任,取之于社会用之于社会,热心于民族振兴、社会公益慈善事业。当前中国市场经济的各种弊病的缘由在于市场大发展于"文革"之后,中华传统美德遭受重创,市场经济未能接续儒商传统,走上唯利是图的道路。但中华文化的根基还在,人们在实现初步富裕之后不满足于停留在物质生活层面而普遍出现对精神文化的追求,正在进行中华文化回归。企业界人士对儒学和中华经典学习有强烈渴求,儒商队伍的重建是有希望的。香港旭日集团董事长杨钊先生是著名"裤王",他将西方严格科学的企业管理与中国儒、佛、道文化结合起来,成功创造出东方企业文化模式。其特点是:将企业发展的最终目标从单纯追逐利润的最大化改变为把剩余的财富用于服务社会、利益大众的各项事业;将以物为中心的管理转变为以人为中心的管理,关爱职工生活与家庭,努力提高职工文化素养和增强职工主人意识,形成企业内部人际和谐关系;将企业之间生死竞争关系转变为互促共荣关系,竞争是温和的,包含着彼此扶助、共同繁荣的内涵。显然,旭日集团的发展体现了儒学仁爱、人本、中和的精神,它打破了韦伯"儒学阻碍市场经济"的偏见,证明中华传统与现代化事业、与西方先进经验可以相结合,而且能够走出一条发展现代市场经济的新路。现在中国大陆工商界成功人士中有越来越多的人关注中华文化的人文精神,用以确立人生价值,建设新型企业文化,努力实现达则兼善天下的目标,他们代表着中国市场经济的方向。在这个过程中,新仁学可以发挥积极作用。

四、新仁学与当代公民道德的重建

在社会转型时期,我国公民道德在局部有所进步(如平等意识、生态伦理等),而总体上是在滑坡,与20世纪50年代相比是在退步,这是不争的事实,如诚信严重缺失,见利忘义普遍存在,食品安全受到侵害等。为什么国家经济社会发展在取得巨大成就的同时会出现公民道德的急速下滑呢？究其原因有以下几项：第一，中华传统美德在数十年中被作为"封建道德"予以批判清扫，使许多人误把精华当作糟粕加以抛弃，以儒家伦理为支撑的传统美德的深厚根基遭到严重损害，社会道德的维系力量十分脆弱；第二，20世纪50年代形成的在革命理想鼓舞下的社会主义新道德，包括"为人民服务"、"无私奉献"、"助人光荣"、"同志友爱"等，经过"文化大革命"的破坏，受到重创，不再具有当初的强大感染力，越来越被"口号化"；第三，市场经济带来的拜金主义负面作用在缺乏信仰和传统美德的制约下对社会道德形成巨大冲击力，人们在长期贫困中被压抑的求利致富愿望得到充分释放，造成矫枉过正、功利主义泛滥的状态。

中国台湾和韩国在经济起飞中并未出现严重道德危机，重要原因是它们保存了以儒家为主、以佛道为辅的道德传统，与社会转型、经济发展形成良性互动，大大弱化了金钱挂帅的冲击。这样的对比可以促使我们反思社会道德建设中的经验教训。一是道德具有民族性、连续性和民间性，是自古及今长期积累的精神传统，是社会最强有力的稳定器，它与政治、经济的变革并不同步，只宜改良不宜革命。二是社会变革所引起的实际矛盾和心理失衡，正需要社会基本道德的习惯力量加以缓冲，以保证变动中的社会能正常运行。三是道德的除旧布新主要靠渐进式的移风易俗来实现，既有社会改革提供的理性导向，又有来自民间群众的自觉创新，上下结合，才有实效。经验证明，简单粗暴的政治运动式的"大破大立"，只会断裂中华道德传统，使新道德无法树立，其破坏性是巨大的。

新仁学认为，以仁爱为核心的儒家伦理是中华民族文化生命的底色，是新道德建设的主要资源，必须重新评价、解释和广泛加以运用，使其成为新时期道德重建的深厚基石。

第一，"三纲"不能留，"五常"不能丢，"八德"都要有。"三纲"不仅体现历史上宗法等级制度的时代局限性，为当代公民社会所不容，而且违背仁爱忠恕之道的互尊精神，故不能留。"五常"（仁、义、礼、智、信）乃人生常道、文明基则，不可须臾脱离，只需不断作创新性解释，使之与时俱进。"八德"主要有三种表述：其一，孝悌忠信、礼义廉耻；其二，忠孝仁爱、信义和平；其三，忠孝诚信、礼义廉耻。"八德"是"五常"的拓展，把忠孝与廉耻独立标列出来是十分必要的。

第二,对"五常"、"八德"要明其共相,变其殊相,使其合情、合理、合时。如忠德,去其忠君的狭义,存其尽职尽责的广义,提倡忠于人民、忠于正义事业、忠于职守。孝德,去其愚孝,存其敬养之义,并特别强调体贴之孝和落实老有所养。孝道是代代传递的,孝顺父母的人必有孝顺的儿女,因为他给下一代作出了榜样。廉德乃是为官者第一位德性,清官必有爱心,贪官必然黑心,历来如此。今日我们不必唱为官者乃人民公仆的高调,官员可以享受制度规定的权利,但不能贪腐,还要为民众做功德。耻德,知耻是保持起码天良的必要条件,知道悔过,有错能改;而无耻者其道德堕落不可救治,往往成为害群之马。

第三,切实加强廉政建设,是改善社会道德风尚的关键。孔子强调"政者,正也"(《论语·颜渊》),"其身正,不令而行;其身不正,虽令不从"(《论语·子路》)。领导者人数虽少,却具有导向作用。官场混浊,邪气必然弥漫;领导带头践德,民风随之诚信。社会管理团队,除选拔德才兼备、口碑良好者外,还要加大全民对权力的严格监督,把领导者置于众目睽睽之下,使之有"如履薄冰"之感。

第四,加强地方和社区道德建设,形成一大批道德高地。各地领导素质、民风朴浇千差万别,道德建设不可能整齐划一、同步进行,必须有先行者作出模范,同时向四周辐射,比学赶帮,事在人为。基层社区是社会生活基本单位,规模有限,联系密切,只要有一批品质优秀的骨干队伍并苦心经营,就能使社区形成良风美俗。这样的社区多起来,整个社会道德风尚就容易变好。再加上全社会的法制建设与教育发展,新的礼义之邦是能够实现的。

第五,用新道德理念与规范不断充实中华传统美德,使道德建设更好地体现时代精神。我国已经颁布的公民基本道德二十字规范:爱国守法、明礼诚信、团结友善、勤俭自强、敬业奉献,包含了传统美德和新时期道德(如守法、团结)。现在是公民社会,人际关系远远超出宗法血缘的范围,因此,人们必须加强公民意识,包括参与公权力运行的主人意识、监督意识、法律意识,遵守公共生活规则、各种职业道德和国际交往通则,尊重社会、集体、他人的生活,加强生态观念保护环境、动植物和资源。公民意识的培育既要靠法制的健全,也要靠新道德的教育。

第六,发挥各种宗教的"神道设教"、劝善抑恶的优良传统和道德功能,运用信仰的力量,共同致力于爱心的推广、民风的改良,使寺院和教堂成为所在地区的道德模范,使神职人员和出家人具有较高道德素质,多出现一些高僧大德,以便引导宗教健康发展,也造福于社会大众。宗教团体要依据相关的法规,大力开展公益慈善事业,在抗震救灾、养老恤孤、济贫救危、助学助医等活动中发挥其公信力较高、启动灵活、及时应急等优长,使宗教组织所聚积的财富用之于民众最急需的地方。中国各大宗教受儒家仁和思想影响,都把行善积德放在教义和活动的首位,形成道德宗教的深厚传统。佛教以慈悲为怀,讲"无缘大慈,同体大悲"。道教讲"苦己利人"、"积善成仙"。中国伊斯兰教讲"仁厚"、"慈爱"、"和平"。中国基督教讲"上帝是爱",创建"博爱神学"、"伦理神学"、"和好神学"、"生生神学"等。一神教在中国,终将会把爱神与爱人高度统一起来,取代以爱神的名义损害爱人的义理。爱人为至善的教义代表着各大宗教共同的前进方向,凝聚成重要的道德力量。

五、新仁学与当代国民教育的改革

古代儒家的"教育"是大概念,超出当代国民教育的范围,包括道德教化和学习修身,而且教育是终身的,不为行业和年龄所限,其目的:一是"化民成俗"(《礼记·学记》),改善社会风气。二是使人的社会品性如仁、义、礼、智、信等能得到健康发育,养成君子人格。孔子办私学,有教无类,不分行业阶层;以人文传习为主,"子以四教:文、行、忠、信";没有固定学制,学而优则仕,仕而优则学;学思并重,启发教学;听其言观其行,"言忠信,行笃敬";因材施教,鼓励各种人才成长;教学相长,师生对谈讲论。这些教育思想和实践符合人性发育、文明生长的规律,是中华民族文明昌盛、人才众多的重要保证。以儒学为指导的中华教育在两千多年时间里是发达的和成功的,它使孔子的教育思想通过家族系统,到达村社和家庭,使一个个家庭成为一个个学校;又创办众多家族和村社私塾,使更多的少年儿童接受中华经典熏陶;还致力于兴办地区性的民间书院,与官方学府相配合,传承中华主流文化,活跃当地的文化生活,培养更高级的人才,推动学术文化的发展。传统教育的不足是在一定程度上与科举考试挂钩,增加了功利主义的成分,出现了唐代"贴经"、清代"八股"等弊病,在向政界输送有文化素养官员的同时,也使"读书做官"论广为流行,扭曲了教育"成己成物"的目标。

中国当代学校教育模式主要采自西方,其特点是大、中、小学相衔接,按现代学科门类分专业和设置课程,采用以课堂教学为主的教学方式,有确定学年制、毕业和升学制及学位授予制,教师资格要取得教育部门统一认可。百年大计,教育为先。当代学校教育培养了大批现代建设事业专门人才,系统传承世界上各国科学家积累的科技知识成果,在城乡有力普及国民教育,其覆盖率空前广大,对提高国民素质、使中国由落后国家变为先进国家,作出了巨大贡献。然而它对西方教育的精华未能充分吸收,自身存在很多弊端,并且日益凸显其负面影响。其一,中小学教育更深地陷于应试教育泥潭,严重摧残青少年的身心健康;大学教育日益变成职业训练,由市场指挥,只重知识技能传授,忽略道德人格培养,学生丧失人生理想,学习只为求取功利。其二,重科学教学,轻中华经典陶冶,重英语水平提高,轻母语读写运用,多数学生对中华文化无知,对祖国缺乏深厚感情和责任心,一心向往出国学习和生活。其三,大学参照类似工业工程监管方式实行以行政为主导的统一量化管理,用项目课题控制教学科研,教师处于"项目化生存状态",学生按统一模式塑造,漠视自主性发挥,扼杀个性化发展,在教师队伍里既出不了大师,在学生群体中也出不了各种偏才和特异之士。其结果是培养出相当数量的学生,一无道德魂,二无中国心,三无创造力。其四,社会教育尚在起步,家庭教育严重畸形,加以独生子女居多,只养不教,溺爱娇纵,几成普遍现象,遂使青少年以个人为中心,不能吃苦任怨,心理脆弱,独立生活和创业能力低下。青少年是祖国的未来,民族的希望,教育不进行重大改革,青少年的健康成长是没有保障的。

当代国民教育改革的重要工作,是在借鉴西方成功经验(如重视博雅和人文教育)的同时,认真继承和发扬中华教育优良传统,大力吸纳儒学元素,参照新仁学的理念,使教育回归到生命培植这个总根上来,把生命的健硕成长、全面发展放在首位,扭转教育市场化的趋势,使教育真正成为生命教育。

第一,把中华经典特别是儒道经典正式纳入教学核心课程,让大中小学生接受经典系统训练,从中吸取哲学、伦理、历史、语言、文学的智慧,传承中华文化的基因,养成独立健全的人格,促进文化生命的健康成长。经典的范围要适当扩大,除"六经"(《周易》、《尚书》、《诗经》、"春秋三传"、"三礼"、《孝经》)、"四书"(《论语》、《孟子》、《大学》、《中庸》)、"四子"(《老子》、《庄子》、《墨子》、《荀子》)外,还应包括《史记》、《唐诗三百首》、《古文观止》等。为了确保教学质量,必须大力加强国学师资培养,让教育者先受教育。在中考与高考中,中华经典的题目应占较大比重。从儿童到大学生和研究生,经典阅读应成为风气,逐级加深对经典内涵的理解,并使之与学生修身待人结合起来。大学必须承担起传承中华文化的责任。同时,要适当阅读世界各大文明的经典代表作,使学生具有跨文化的国际视野。

第二,教育的重心由围绕着升学就业转变为围绕着德智体全面发展,把专业知识技能训练放在重要但非首要的位置上。为此,一要增加人文学科课程的比重,提高通识教育的地位。二要使教学活动走出课堂,走上社会和社区,要求小学生在家里关心父母亲人,为他们做好事;让中学、大学的学生多参加校内外志愿者活动,在公益慈善事业中培养和扩展爱心。考核学生成绩不唯答卷分数,而把平时品德表现列入其中,中考、高考皆须把统一考试与平时成绩表现结合起来,真正择优录取,不再宣扬所谓"高考状元"。研究生录取更要全面考察其品格、学识和能力,在读研中重点培养他们的志向、独立思考力和创新能力。用人机构也要全面考察高校毕业生的社会责任心、文化素养及专业能力,不应唯名校是优、唯高分是取。总之,要使应试指挥棒不灵,市场指挥棒不灵,素质教育才能落实。而品德好、素质高、能力强的全面发展,敬业乐群的人才的增多,恰恰最能适应社会发展和市场经济的需要,推动文明的进步。

第三,教育事业要官办与民办相结合,两条腿走路,多种形式兼备,发挥全社会办教育的积极性,这样才有利于生命教育的发展。现代发达国家的一条先进经验,就是私立大学多于国立大学而且名校也多,如美国的哈佛大学、英国的剑桥大学与牛津大学、日本的早稻田大学等。民间办学较少受到政府统一规则约束,可以更自主地发挥民间资源的优势和民间人士的创造性,形成特色名校。我国古代的民间书院重视中华文化的传授和人文精神的培养,既有推动学术文化传布的功能,又有普及教育于民间、与地方文化相结合的特点,应加以借鉴。现在各地众多新式书院正在兴起,有的成为教育体制内的特区,有的运行于现行体制边缘,有的独立运作于民间社会,多姿多彩,展现了中华文化的活力和民间文化的创造力,成为现今中国国民教育的重要补充。它们可以率先把生命仁学落实为生命教育,为教育革新作出示范。中国香港民间团体法住学会推行"喜耀生命教育",已在中国广东、香港及新加坡开花结果。北京"四海孔子书院"在冯哲院长带领下,在民间探索新的青少年教育之路,以中外经典为核心课程,全面兼顾人格培养、智能开发、礼仪德育、才艺训练,提升学生生命内涵,强调立志、尊师、求学、践行,重建以中国文化为主体的教育体系,取得很大成功。

第四,运用仁学精神重建家庭教育。当代中国,家族体制已经过时,但家庭将继续存在。家庭是人生的起点和儿童第一学校,父母是儿童第一教师,人的性格与习惯往往取决于童年时代。孝悌为仁之本,爱人起始于爱亲。培养孩子的爱心是家庭教育的第一要务,并要从孝道做起。孝悌为仁之本,孝道是传统美德的基础,儿童懂得爱双亲才可能进而爱他人;懂得事双亲才可能进而事社会;懂得承双亲才可能进而承大业。然而当下家庭教育已经变形,青年父母只养不教,甘为"孝子",造成孩子自我中心意识;父母期望过度,强迫训练,窒息孩子活泼生机;校家一线,作息监督,断绝孩子社交往来。如此家教,不啻"揠苗助长"、"牢笼天性",欲求儿童身心健康,其何能得!新仁学主张:父母与子女在平等互爱中共同成长,儿童在感受父母深爱的同时,也能爱父母并学会用行动感恩;父母对孩子的关注点从全是生活周全转变为身心兼顾、性情发育;儿童爱心从小事做起,帮父母做点家务,给来访亲友让座倒茶,为穷困之人捐款捐物,为社区老、弱、病、残服务,爱护动物、花木等,都应受到鼓励;保护儿童的一片天然纯真,尊重他们的兴趣、感受和交往,给他们自由成长的空间;父母想要孩子成为文明君子,自己首先做文明君子,身教重于言教,处处都是表率;家庭和谐温馨,孩子便舒畅快乐,家庭争吵破裂,孩子便痛楚抑郁,父母之责大矣,能不慎乎!现在社会上培训班很多,只培训学生,不培训家长,是一大缺失。为了下一代的健康成长,社会应建立许多家长学校,请儿童教育专家讲课,请优秀家庭示范,帮助青年父母学习家教。如果千千万万个家庭都能成为小的学校,儿童教育就有了根基,社会的未来就充满了希望。

六、新仁学与当代文明对话的开展

在"地球村"时代,文明对话是化解民族宗教冲突、实现世界和平与发展的重要途径。然而自有识之士提倡文明对话数十年来,文明对话却步履维艰、阻力重重、收效甚微,它对国际政治生活中连续不断的争斗、对抗、流血,似乎发挥不了多少化解的作用。于是,有人认为还是亨廷顿的"文明冲突论"比较现实,而"文明对话论"不过是一种难以实现的空想而已。然而,现实的未必是合理的,合理的早晚会成为现实的。民族、国家、集团、文化之间的激烈纷争已有数千年的历史,形成强大惯性。而"地球村"的真正形成,若从两大阵营对峙消失算起,不过二十余年,多数人尚未能清醒意识到"天下一家"、"同舟共济"的时代已经来临,人类事实上已经成为利益共同体。

"文明冲突论"从远处说是"优胜劣汰"社会达尔文主义的延伸,从近处说是冷战思维的继续,都已经落后于时代的步伐。可是,代表少数人利益的强权政治集团在有意加剧文明冲突,它所激起的民族宗教极端主义的报复又在火上浇油,多数人的不觉悟和被蒙蔽、被煽惑,又使得强权主义和极端主义有一定市场,不愿退出历史舞台。不过时势胜于顽劣,第二次世界大战的惨烈、冷战时期核战争边缘的危险、多次局部战争的两败俱伤、"9·11"恐怖袭击的猛烈震撼、金融危机的全面冲击、地球生态的频频告急,都在不断敲打着有理性的人类的神经,向人们发出警报,提醒各国掌权者,赶快联合,消弭仇杀,否则大家都将陷于困境和灾难。所谓"国家利益高于一切",是一种顽固的偏见和极端的意识,因为它无视别国的利益,其危害性在于以国家利益为借口去损害他国,最终不能不损害自身。强权国家迷信实力,以为"强力无敌"。然而以力服人,压而不服,反遭抗击,陷于泥潭。其明智者约瑟夫·奈提出"软实力"的概念,开始重视道义的力量,其骨子里仍保留着"实力"的影子,很难消除。孟子提出"仁者无敌",其真理性长期得不到认可。然而事实已经并将继续证明,以德行仁者才可以服天下,因为有德者多助,强暴者寡助,孟子的理念必将成为新世纪人类的共识。

新仁学认为,人类共同利益是高于一切的,只有在谋取人类共同繁荣发展和相互协调中才能真正体现各个国家的根本利益;时代不再允许零和单赢,只可能互利共赢。在这方面孔子和儒学的"天下一家"的人类观与中和之道最能体现"地球村"时代的需要,并成为一种先进的新人文主义旗帜。文明对话的最大障碍是极端主义的流行,它包括国家强权主义、民族宗教极端主义、种族排外主义、意识形态的冷战思维。它们的共同特点是好勇斗狠,强调对立面的你死我活、不可调和,并采取各种非人道的残酷手段置对手于死地,宁可伤害大批无辜善良的平民而在所不惜。事实证明,各国利益之间存在的差异、矛盾和摩擦,只有通过协商、合作来解决,而互补搭配是最好的途径。相反,若被极端主义所绑架,便会走上邪路。极端主义是真正的魔鬼,只要它掌控了政权、族权、教权,便会把民众拖入厮杀相残的深渊。因此要实现文明对话,必须抵制极端主义的传染,增强各界对它的免疫力,使它不能兴风作浪。

新仁学能够在对治极端主义和推动文明对话中发挥积极作用。

第一，它的"天下一家"的情怀使它容易超出民族国家的界域，而在世界各地流传，并受到欢迎，孔子学院迅速走向世界便是明证。

第二，它向各种文明展示的不是某种特定的信仰，而是不同信仰之间相互协调、和谐共生的智慧，即"和而不同"的文明原则，而这正是各种信仰最缺乏的能力。儒家仁学是一种社会德教，它有教（道德教化）而无会（教会组织），没有通常教会那样严密的组织系统，它不以发展教徒而以传布仁和思想为己任，容易为各教所接受。

第三，它把"爱人"作为文明最高价值取向，既可以与各种宗教包含的博爱教义相沟通，又可以避免宗教原教旨主义把爱神与爱人割裂的消极作用。

第四，它的中和之道是一种最合乎情理的温和主义，不偏不党，无过无不及，善于折中、妥协、兼顾、包容，在它的影响下能使各种主义都温和起来，从而彼此渐行渐近。我们可以设想，如果儒家温和主义不断向外辐射，逐渐使资本主义温和起来（不再走帝国主义老路），使有神论温和起来（不再唯我独尊），使无神论温和起来（不以反宗教为宗旨），各国政权、族权、教权都能掌握在奉行温和主义的稳健派手里，文明对话便可顺利进行，太平世界就能逐步实现，极端主义纵然想兴风作浪，也由于越来越孤立而影响不了大局。让温和主义在世界上流行起来，那么文明的多样性和差异性便不会造成人类的分裂，只会使人类的文化百花争艳，多姿多彩。

中国自古就是一个多民族多宗教的统一的大型国家，它的文化发展之路与西方不同，走的是多元起源、渐行渐近、和而不同的道路，形成"多元通和"模式。其特点是：信仰具有多样性、多层次性；多元文化之间，和谐是主旋律，没有宗教战争和迫害"异端"；人文主义与宗教神道并存互补，相互吸收；民众信仰具有"混血"的特色，可以数教兼信，并习以为常；关注现实人生，致力于道德教化，使神道服务于人道。多元通和模式的结构是：以儒学为支柱和基石，以儒道互补为主脉和底色，以儒、佛、道三教鼎立互动为核心，以其他多种宗教包括外来一神教为翼羽，形成有民族主体又对外开放的格局。儒家在历史上与佛道教对话并进而会通,实现了三教合流,积累了丰富的经验。三教之同,同在劝善,北周道安《二教论》说:"三教虽殊,劝善义一"①。这是一条重要的共识。在儒家仁和思想影响下,陆续进入中国的基督教和伊斯兰教也不断减弱其先天的排他性,增强其包容性,学会做信仰他者的好邻居,在没有政治权力和外来力量干预的情况下,教际和教内矛盾一般不会发展为对抗性冲突,却可以使社会信仰文化充分体现人类精神领域的多姿多彩,提供给不同民族、不同阶层、不同地区的人们自主选择,满足他们各自的心理需求。

中国的经验乃是仁学在历史上的践行,它证明,今日世界的多元信仰完全可以不走对抗的老路。只要以善为念,以生为本,平等互尊,求同存异,多元信仰都可以走到一起,形成正义力量的联合,共同致力于世界和平事业。

七、新仁学与当代生态文明的建设

农业文明的生产力低下,但它与自然环境的关系是温情友好的,它是一种自发的循环经济,它的轻微污染可以随时被自然界消纳。西方工业文明在创造巨大物质财富和推动科技飞速发展的同时,也带来自然资源的过度开发和自然生态的严重破坏等问题,已形成全球性危机,并且危机还在日益加剧。森林在消失,物种在速减,大气、土地、河流、海洋在污染,淡水在枯竭,气候在变暖,冰山在融化,自然灾害在递增。古人随时可以享受的蓝天白云、青山绿水,对于今天人类已是一种被追逐的高级奢侈品。还有核污染时刻在威胁着人们的健康。美丽的地球已经变得千疮百孔。西方有识之士为此而忧虑,于20世纪中叶提出生态学理论,强调维护自然生态对人类生存的重要性、迫切性,可以说这是一种被迫的觉醒。中国是

---

① 弘学选编:《中国佛教高僧名著精选》,巴蜀书社 2006 年版,第 32 页。

发展中的大国,经济社会的连续快速发展是以资源的过度损耗和环境的巨大破坏为代价的,可持续发展面临严峻的挑战。为了使发展与环境相协调,我们提出建设"资源节约型"和"环境友好型"社会,转变发展方式,大力发展绿色经济,建设生态文明。科学家指出,地球已进入"人类纪"时代,人类的活动正在成为影响和改变地球的主导力量,做得不好会使地球生态发生灾变甚至溃变,不可逆转;做得好可以通过有效治理逐步恢复生态平衡,但地球留给人类的时间已经不多了,人类必须猛醒。

新仁学可以为生态文明建设提供宝贵的思想资源。它的生态观称之为"天人之学","天"代表自然环境,"人"代表社会人生。天人之学的基本理念是"天人一体",其可贵之处在于它不是生态危机下被迫的应对,而是发自人性内部的真情和体认,具有人类童年率性之美德。

第一,它主张人对天要有敬畏之心。孔子说:"畏天命","唯天为大,唯尧则之"。大自然是人类的慈母,同时也是严父,它爱养人类,又能惩罚人类的过错,它的力量是无与伦比的,作为大自然的儿女的渺小人类,能不对之敬畏吗? 人与自然的关系有三变:工业革命以来的口号是"人要做自然的主人";20 世纪中叶以来新的口号是"人要做自然的朋友";现在儒家更新的口号是"人要做自然的儿女"。

第二,它主张人对天要有报恩之情。《礼记·郊特牲》说:"万物本乎天,人本乎祖,此所以配上帝也,郊之祭也,大报本返始也。"古人祭天祀祖,其用意在报天祖之恩,使人不忘本初。今日之报恩,除了纪念活动,便是爱护自然、美化环境、育养生命。如植树造林、保护物种,滋养水土、改良沙漠,减少排放、低碳生活等。

第三,它主张一种大生命观。宇宙是一个大生命,人是宇宙生命的组成部分,迷失者人为阻断了人与天地万物的有机联系,而仁者感受到与物同体,万物不在身外,"莫非己也",因此爱心自然而然地传递到动植物乃至草木瓦石上,而不忍其遭到损害。有此同体之爱才能从根本上端正人类对自然的态度,它不是功利性的,而是天性的真诚流露,是本当如此。

第四,它主张人在自然面前应当有所作为,其作为不是"胜天",而是"补天"。中国上古有女娲补天的故事。老子讲"辅万物之自然而不敢为"，提出一个"辅"字，《中庸》讲"赞天地之化育"，提出一个"赞"字，都是助天之义。自然界不是完美的，人有责任改良它，使之正常运转。张载进而提出"为天地立心"，自然界本来无心，人就是它的心，要自觉承担起对宇宙的责任，就是按自然规律办事，使自然界保持生态多元平衡，能够健康发育流行，这也就是《中庸》所说的"致中和，天地位焉，万物育焉"。

第五，它把"天人一体"的生态观落实到人与自然交往的行为上，提出许多切实可行的生态文明规则。例如，孔子说："天何言哉，四时行焉，百物生焉"，主张"钓而不纲，弋不射宿"；孟子说："亲亲而仁民，仁民而爱物"，主张"数罟不入洿池"、"斧斤以时入山林"（《孟子·梁惠王上》），皆反对杀鸡取卵、竭泽而渔，体现对生态和资源的保护。源自《吕氏春秋》十二纪纪首的《礼记·月令》，乃是一篇根据儒家天人一体思想从实践中总结出来的政令与月令相结合的古代农事活动和保护生态的管理守则。如孟春之月，"天地和同，草木萌动"，"禁止伐木"，"毋杀孩虫、胎夭飞鸟"，"不可以称兵"；仲春之月，"毋竭川泽，毋漉陂池，毋焚山林"；季春之月，"命野虞无伐桑柘"；孟夏之月，"毋起土功，毋发大众，毋伐大树"；季秋之月，"草木黄落，乃伐薪为炭"；孟冬之月，"乃命水虞渔师，收水泉池泽之赋，毋或敢侵削众庶兆民"；季冬之月，"乃毕山川之祀"，"命农计耦耕事，修末耜，具田器"。古代政府机构专设"虞人"一职，掌管山泽、草木、鸟兽，禁止乱捕滥伐。上述具体规则有时代的局限性，但其强烈的生态意识与环境关怀是值得我们学习的。

生态文明建设是全社会的事，我们应当在会通中西生态哲学观的基础上，逐步建设生态经济学（论述经济发展与环境的关系）、生态政治学（论述国家管理、国际政治与生态的关系）、生态伦理学（论述道德向生态的拓展）、生态美学（论述审美与生态的关系）、生态教育学（论述国民生态意识和生态学人才的培养）等。新仁学认为，在工业文明之后兴起的更高级的文明将是生态文明，它将借助并超越现有文明的成果，向大自然回归，其基本特征是经济社会发展与人性的提升及环境的优化同步进行，并形成良性互动。这真正是人类的福音！

附　　录

一、重建诚的哲学

儒家哲学在当代之转换与新发展,应视为它的陈旧成分的剥离清理,和它的有生命力之内涵的重新发现、有效应用和创造性开展,这对现代社会和人性的健康发育产生了深刻的积极的影响。诚的哲学便是一种极有价值的儒学内涵,它既能体现儒学固有的学派历史特色,又能为现代社会补偏救弊,提供一种伟大的精神动力,故应加以发掘和阐扬。

(一)诚学发展的历史回顾

儒家哲学是推崇阳刚之性的生命哲学,视宇宙为生生不息之大生命体,视社会为宇宙生命体之有机组成部分,阴阳相推,大化流行,天人一体,相感共生。人道来源于天道,又赞助天道之化育万物,促进宇宙与社会的和谐和蓬勃发展。诚学便是这种生命哲学的精华所在。

孔子未明言诚,但"诚"这一概念内含的忠信、笃敬、正直等品格,却常为孔子所称道。《论语》有云:"言忠信,行笃敬"、"主忠信"、"笃信好学,守死善道"、"人而无信,不知其可也"、"举直错诸枉"、"刚毅木讷近仁"等,都与诚有直接关联。孔子将它们作为优良道德品质予以褒扬,未曾上升到哲学本体的高度。

　　孟子始正式言"诚",并兼天人之道而言之。《孟子·离娄上》云:"诚者,天之道也;思诚者,人之道也。至诚而不动者,未之有也;不诚,未有能动者也。"孟子之前后,"诚"字较早见于《左传·文公十八年》:"明允笃诚",疏:"诚者,实也。"又《易·文言》云:"修辞立其诚",疏云:"诚谓诚实"。又《礼记·乐记》云:"著诚去伪",疏云:"诚,谓诚信也。"以信释诚,以伪对诚。《说文》云:"诚,信也,从言成声","信"字从人言,由此可知,"诚"的概念最早起于人际交往,特指人言之实在不欺。孟子的创新在于将"诚"扩大到天道,强调大自然的存在与变化是真实无妄的,没有作伪的地方,此即"诚者,天之道"的含义。由此形成儒学的一个传统,即肯定现存世界的客观实在性,从而肯定社会人生。儒学常常怀疑鬼神,但绝不怀疑天道的真实性,在这个根本点上与佛家截然不同;佛家以山河大地为虚妄幻觉,故要破法执。但儒家又与西方唯物论不同,并不以天人相分的方式从认识论的角度强调客观世界与主观意识的区别,而是在天人一体思维模式支配下,从道德论的角度强调人道对天道的效法和复归,具有情感色彩,故孟子有人道思诚之说的提出。

　　天道以其诚而能化生成物,人道必须思诚才能产生真正的道德行为,感动他人,成就事业,合于天道,与之一体。不仅如此,孟子对人道之诚作出两条规定,一是要"反身而诚",二是要"明乎善"。"反身而诚"强调道德的主体性与内在性,道德行为依靠高度的自觉自愿,发自内心深处,反复省察,真挚无伪,从而打动别人。故云:"悦亲有道,反身不诚,不悦于亲矣!"(《孟子·离娄上》)"明乎善"则谓诚身要以知善、求善为前提,只能诚于善,即诚于仁、义、礼、智,不能诚于恶,故云:"诚身有道,不明乎善,不诚其身矣!"(《孟子·离娄上》)孟子有一句名言:"万物皆备于我矣。反身而诚,乐莫大焉。强恕而行,求仁莫近焉。"意谓:物我一体,物性通于我身,故应自觉培养仁民爱物之心,精神之乐莫过于是;将仁民爱物之心奋力向外扩展,变为仁民爱物之行,便可求仁而得仁。可知孔孟仁学,其理论和方法都离不开诚学,有诚才有真仁真义,无诚只是假仁假义。

诚就是仁德的真情实感,故刚毅木讷近仁,巧言令色鲜矣仁。孔孟都极力指斥乡愿,厌恶之情甚于厌恶桀纣,就是因为乡愿是伪善的,其骨子里是大奸大猾,而表面上不然,"居之似忠信,行之似廉洁",外仁而内诈,容易使人上当受骗,故称之为"德之贼"。乡愿是最不诚之人。可知孔孟诚学的提出,正是为了解决伪之乱德的问题。伪善是人类的一种劣根性,其害人害事不可胜言。不善者犹可导之使知善为善,伪善者知善而不为,假善而为恶,往往难以救药。

《中庸》之作,难遽断其作者年代,最像是孟子后学所为,其"天命之谓性,率性之谓道,修道之谓教",正是发挥孟子尽心知性知天之说。而其论诚,多有创新:

第一,提出"不诚无物"、"至诚不息"。物自成,道自道,事物的产生、存在、发展无一时一处不实,否则便无其物,事物的变化运动从不停止,"不息则久",因此天道不仅真实无妄,而且恒常不灭。

第二,指出人道之诚有两种情况:圣人之诚,天性圆满,"不勉而中,不思而得,从容中道",自然合于天道,自然明于人道,这就是"自诚明,谓之性";一般人虽有善性而不能尽,需修道以教之,明善以导之,这就是"自明诚,谓之教"。从学的角度说便是"择善而固执","博学之,审问之,慎思之,明辨之",皆择善的工夫。"笃行之"是固执的工夫,最后达到诚明合一的地步,就与圣人一致了。"择善固执"的提法扩展了诚的内涵,在其真善品格中加入了力行不懈的要求。如果说诚之纯真在于破伪,那么诚之实现则在于破怠,皆为体仁达道所不可缺少。

第三,指出诚的目标在于成己成物。"诚者,非自成己而已也,所以成物也。成己仁也,成物知也"。成己是尽性之善而为圣贤,故仁;成物必知周乎万物而道济天下,故知。其公式是:至诚──尽己之性──尽人之性──尽物之性──赞天地之化育。这是一个由内向外、由近及远的开展过程,也是由人道复归于天道的过程。至诚者知善达于极致,求善达于极笃,故能充分了知和发展己身之仁智本性,进而了知和发挥他人的善性,又进而了知和发挥万物之本性,化物而无息,博厚以载之,高明以覆之,悠久以成之,顺助天地之生化养育,故能与天地相配,而成天、地、人三才之和谐。尽己之性是儒家的修身理想,尽人之性是儒家的社会理想,尽物之性乃是儒家的宇宙理想。"赞天地之化育"是一个伟大的口号,表现出儒家关心大自然,协调大自然与人的关系的博大胸怀,已经超出了社会道德,具有了生态道德的普遍性品格。在儒家看来,人的使命是极崇高的,不仅在于效法天道建设人道,还在于辅助天道,推动宇宙的健康发展。

第四,指出至诚的地位和作用。"唯天下至诚,为能经纶天下之大经,立天下之大本,知天地之化育"。按朱子的说法,圣人之德极诚无妄,可以为天下后世法,天下之道皆由此出,而默契于天地之化育。这样,诚便被提到制约人道、通于天道的本根的位置。又有"至诚如神"的命题,认为至诚之道可以前知,虽含有神秘成分,但究其意在于强调诚信之人,不受私心杂念的干扰,能够察微知著,察始知终,观化知远,有比一般人更强的预见性。

《大学》有"三纲领"、"八条目",正式提出格物、致知、诚意、正心、修身、齐家、治国、平天下的儒家人学公式。八条目分为两部分,前五者总为修身,后三者总为济世,济世以修身为本,修身以诚意为要,故诚意是《大学》的枢要。王阳明云:"《大学》之要,诚意而已矣。"①这是不错的。格物致知是为了诚意,诚意之后,自然心正身修,所以朱子云:"诚其意者,自修之首也。"《大学》特重慎独,"慎独"者,独处而能不逾善矩,不仅不欺于人,亦不欺于己,即不昧于本心。慎独必由意诚,意诚自可慎独,这就是道德的自律性。好善必如好好色,嫌恶必如恶恶臭,非但理智能明辨善恶,还要感情能乐为善,厌为恶,如此方可谓意诚,方能慎独,无处而不为善。

荀子论诚,概括《孟子》、《大学》、《中庸》而为之总结,谓天地以诚化万物,圣人以诚化万民,父子、君臣以诚成人伦,君子以诚养其心。诚的内容是诚心守仁、诚心行义,故"诚者,君子之所守也,而政事之本也"(《荀子·不苟》)。荀子论诚虽无全新内容,而能将诚学凝练以言之,使人更知诚学实为儒家天人之学的根本,儒家种种主张和实践皆是诚的发用

---

① 《王阳明全集》,上海古籍出版社 1992 年版,第 1197 页。

流行。

李翱以佛说诚,将圣人之性的至诚心态理解为"本无有思,动静皆离,寂然不动者",以为性善情恶,将欲复性必先息情。李翱推崇《中庸》,但《中庸》以情之未发谓之中,发而皆中节谓之和,主节情说,李翱受佛家影响以情为邪妄,这是不同的。

周敦颐以《易》说诚。其要有五:第一,诚之源。引《乾卦·彖辞》,谓:"大哉乾元,万物资始,诚之源也。"乾为天,万物本乎天,万物之真实无妄源于天之真实无妄。第二,诚之立。"乾道变化,各正性命,诚斯立焉。"天道生生不息,"分于道谓之命,形于一谓之性",万物因之而有各自确定的属性。第三,诚之质。"纯粹至善者也",万物各有其性命之正,是谓纯粹至善,人性能正而合于天命,亦是纯粹至善。第四,诚之用。"寂然不动者诚也,感而遂通者神也",引《系辞》说明诚体是静是明,诚用是动是行,能通感天下事物,具有神妙的作用。第五,诚之位。"诚者,圣人之本"、"诚,五常之本,百行之源也",成圣成贤以诚为基,道德行为因诚而立。周子以至诚为圣人之道,有体有用,初步建立起诚的形上学体系。

邵雍将诚与直联系起来。《观物外篇》说:"为学养心,患在不由直道。去利欲,由直道,任至诚,则无所不通。天地之道,直而已,当以直求之。"[1]治学修身不计个人利害,唯以求真为善为准则,就是至诚直道。直就是无所顾忌,不绕弯子,它是诚的内涵之一。

宋明道学家认为最高的精神境界是物我一体,泯灭天人之间的隔阂,充分理解自己的思、言、行与社会、宇宙的发育流行息息相关,从而使人生具有一种圆满的无限的意义。欲到达此境界,进路不外尊德性与道问学,或谓诚意正心与格物致知,从道问学或格物致知入手而达于圣贤,便是自明诚;从尊德性或诚意正心入手而达于圣贤,便是自诚明。由此而形成理学与心学之间的争执。程颢重诚敬,《识仁篇》认为识得仁者浑然与物同体,须以"诚敬存之"。程颐重致知,以诚为实理,谓"未致知,便欲诚意,

---

[1] 《邵雍集》,中华书局 2010 年版,第 173 页。

是躐等也”①。二程已开启心学与理学分途之端。朱子着重发挥小程之学,将诚分为实理之诚与诚悫之诚,并认为“知至而后意诚,须是真知了方能诚意”,故其《大学补传》强调即物穷理,用力之久,达于豁然贯通,便会明于己心之全体大用。阳明心学在大学工夫的次序上与朱子不同,主张以诚意为主,径从诚意入手,方能抓住根本,免于支离。他说:“若诚意之说,自是圣门教人用功第一义”②。又说:“君子之学,以诚意为主”③,他把格物看成是诚意的工夫,认为道问学是尊德性的工夫,主张以诚统明,诚意就是致良知。

李贽以自然纯真论诚,别开一途,更具道家特色。他说:“故诚者,其道自然,足谓至善,是以谓之天地。诚之者,之其所自然,是谓择善,是以谓之人也。”④这近于庄子学说。李贽认为自然之性乃真道学,讲道学者皆假道学。他继而提出绝假纯真之“童心说”,提倡有真心做真人,反对假人、假事、假言、假文,而关键在人之真假,其人既假,满场皆假。李贽是历史上继老、庄、嵇、阮之后,对社会虚假现象的最尖锐之抨击者。道学本来在求真而变为假,正在于丢失了诚的精神,于是转为伪学。李贽重真伪之辨,乃是挽救诚学的功臣。但他所说的童心、真心,虽标以自然之性,具体内容并不同于以往道家,主要在以私心为人心,说:“夫私者,人之心也。人必有私,而后其心乃见;若无私,则无心矣。”⑤这是石破天惊之论,与以往传统儒学义利、公私之辨大相径庭。李贽所谓之“私”当然不是损人利己之私,而是指个体对自身利益的关心,就是人要生存发展和幸福的正当欲求,抹杀这种欲求必失本真而陷于伪善。以往道学家过于强调道德心而忽视贬低正当的感情欲望,远人情以论天理,很难保持诚的精神,反容易培养伪君子,这是值得反思的。

近代哲学家中,论诚最意味深长者当推贺麟先生。他在《儒家思想

---

①　《二程集》,第 17 页。

②　《王阳明全集》,第 41 页。

③　《王阳明全集》,第 163 页。

④　《李贽文集》,社会科学文献出版社 2000 年版,第 382 页。

⑤　李贽:《德业儒臣后论》,《藏书》卷三十二,中华书局 1959 年版,第 544 页。

之开展》一文中指出,儒家思想里,"诚亦不仅是诚恳、诚实、诚信的道德意义",而且有哲学意义,"诚的主要意思,乃指真实无妄之理或道而言。所谓诚,即是指实理、实体、实在或本体而言,《中庸》所谓'不诚无物',孟子所谓'万物皆备我矣,反身而诚',皆寓极深的哲学义蕴。诚不仅是说话不欺,复包含有真实无妄、行健不息之意"。同时,"诚亦是儒家思想中最富于宗教意味的字眼,诚即宗教上的信仰。所谓至诚可以动天地,泣鬼神。精诚所至,金石亦开。至诚可以通神,至诚可以前知"。另外,"诚亦即是诚挚纯真的感情,艺术天才无他长,即能保持其诚,发挥其诚而已。艺术家之忠于艺术而不外骛,亦是诚"。① 经过贺麟先生的重新解释,诚学远远超出了一般道德学的范围,而具有了哲学、宗教和艺术的广泛意义。

经过一番简要回顾,我们可以将儒家诚学概括如下:诚是本体之学,诚是天道、人道之本,天道真实无妄,物性、人性得于天道而守其正,亦真实无妄;诚是德性之学,人性至善在于诚实无欺、纯真无伪,在于扩充仁德,成己成物;诚是践行之学,无论成仁行义,还是格致敬业,皆须精诚无懈、专注、笃行、坚韧不拔、百折不挠。德性之诚来源于本体之诚,并完成于践行之诚;人道之诚本于天道之诚,又通于天道,赞助生化,合内外,一物我。故诚是贯通天人、物我的链条,诚学最能体现儒家本体与工夫的合一,体现儒学赞美生命、肯定人生,提倡崇德广业,追求互爱不欺的传统思想。仁而无诚则伪,义而无诚则欺,礼而无诚则虚,智而无诚则殆。诚的精神实在是儒学的精髓和灵魂。诚的精神的高扬和丧失同儒学的兴旺和衰颓同步,我们可以用诚与伪来判断何为真儒何为俗儒,何为实学何为俗学,这是历史昭示给我们的真理。

(二)新诚学的构想

今天我们应对儒家诚学加以分析整理,充实它的内容,扩大它的范

---

① 以上引文均见贺麟:《文化与人生》,第10页。

围,加强它的价值,赋予它更多新的时代精神,使它成为一种可以为人们普遍接受的哲学信念,为受诸多社会人生问题困扰的当代人类,提供一份有积极意义的精神食粮。

1."诚者天之道"这个命题可以继承下来,成为我们肯定大自然客观实在性的中国化的表述方式。

它的内含至少有以下几点:首先,大自然的存在是真实无疑的,它既非上帝所造,亦非由心所生,它的存在不以任何人的意志而改变;同时,大自然是人类之母,人是大自然的派生物和一部分,没有大自然,就没有人的一切,由此我们可以排除宗教的创世说和主宰说。其次,大自然的生命是永无止息的,不舍昼夜,无有灭时,我们时刻感受到大自然的蓬勃生机,人类禀赋于它,才有了自身的生机。最后,大自然所发生的一切,都有它的由来和条件,世界上没有无缘无故的事情,自然从不会欺骗人,也不会偏私人,天道无亲,以万物为刍狗,它是"我行我素",有它自身的发展轨迹。人对许多现象感到出乎意料或惊奇、迷茫,不是自然界在开玩笑,而是人对此无知,不了解它的真象。人道之诚实本于天道之诚,不诚无物,不诚无人,不诚无事,人世间一切有价值的事物,都是实实在在的人利用实实在在的物,通过实实在在的努力创造出来的。虚假将一事无成。这就是人生诚学的本源和根据。

2."思诚者人之道"这个命题应超出儒学的一家之说,超出一般修身的规范,提升为普遍性的人生原则,我们可以称它为诚的哲学。

人的生命和生活本来是真实无妄的。但是,人类社会长期以来存在着利益的激烈冲突,智能的超常增进与德性的不良发育又形成巨大反差,纯朴的人性早已离散,发生种种扭曲变异,由此出现了真善美与假恶丑的对立和斗争,出现了在自然界没有而只在人类社会中才存在的作伪和狡诈行为,故老子说:"智慧出有大伪。"尔虞我诈、虚情假意、伪善蒙骗等丑恶现象充斥着社会生活,毒害着人的心灵,损害着人类的进步事业,痼疾难治,于今为烈。人类要想纯化人性,使社会臻于健康合理,必须下大工夫与伪善作斗争,这就需要提倡诚的哲学,培植诚的精神,把它向社会生活各个领域推广。虚伪欺骗是健康信仰的大敌,它不知损害了多少有价值的学说,破灭了多少美好的信念。但是,诚毕竟是人性的内在要求,不诚是人性的变异,不诚的行为从来得不到多数人的真心认可,也起不到长久的欺骗作用,人们斥责它、厌弃它,渴望和追求着真诚的人生。一种进步学说,在它充满着诚的精神的时候,它是有生命力的,可以影响人、号召人,一旦失去诚意,随即转假,丧失生命活力,而为人所厌弃。一种高尚的道德,当它的倡导者能够身体力行并培植出一批又一批仁人志士的时候,它是有力量的,可以感动人,可以成为风气;而当它变得伪善,迅即发生危机,为人们所鄙夷。这说明求诚厌伪是人性发展的内在需要,人同此心,心同此理,我们的信心也就建立在这上面。

作为一种人生哲学的基本概念,诚的内涵要加以科学的规定,使其层次分明,全面系统,可以分述如下。

第一,以真论诚,是谓真诚,主要破一个伪字。真诚是做人之本。一个人应当活得堂堂正正、坦诚真率,既不必隐瞒自己的观点,亦无须掩藏自己的感情,诚于中而形于外,表里如一,开诚布公,随时显示自己的本色,做一个性情中的真人,不必厚貌深情、矫揉造作,更不应虚假伪善,逢场作戏,带着各种面具生活。有一种角色论,认为人生是一个舞台,人要努力在不同场合扮演不同的角色。这是把真实的人生与艺术的再现混为一谈了。一个人在不同的人际关系中自然有不同的身份,如对父母是子女,对妻子是丈夫,对学生是老师,对上级是下级等,不同的身份当然会有不同的态度,但这是真情的自然流露与转换,不能靠装扮来应付。整天把工夫放在人生表演上,岂不是活得太累太没有意味了吗?就是在艺术舞台上,演员也要贴近人心,拿出一点真情来才能感动观众。在现实生活中没有真诚就不会有感情与心意的交流,不会建立起真正和谐的人际关系,心灵就会像一座孤岛,甚至像一座坟墓,活泼的人生就会被埋葬。儿童保持着人类天真纯洁的性情,所以他们不会说谎,率性而行,纯任自然。人在由幼稚走向成熟,由无知走向多识的过程中,极容易丧失本真,变得圆滑世故。如何保持真纯之情,不失赤子之心,是人生要解决的根本性问题。当然,真诚的人生需要有良好的、健康的社会环境。一个虚假的社会会造就一批虚假的小人,及至君子也不得不用某种假言假行作为防身之术,那就是很可悲了。

从历史上看,政治上的虚假表现是欺上瞒下,一手遮天,强奸民意,执法犯法,假人假事得宠受赏,真人真行遭斥挨罚,这是很可怕的。经济上的虚假表现是坑蒙拐骗,偷工减料,靠欺诈捞钱,不惜用伪劣商品害人。道德上的虚假表现是欺世盗名,言则圣贤,行则禽兽,满口仁义道德,一肚子男盗女娼,道德的提倡者正是道德的破坏者,道德脱离人情而甚于酷法,人被其吞噬而无怜之者。文化上的虚假表现便是假文浮词流行无阻,抄袭雷同泛滥成灾,文艺以趋时求利为标的,学术以迎合粉饰为准则。"修辞立其诚",这是一切语言文字工作者的座右铭,就是说言词文章都要表达自己的真实见解,不能违心而为虚假之言。真实性、诚挚性一旦丧失,文化的内在生命便要枯萎。可见诚伪之辩在某种意义上要重于是非之辨,事情的好坏往往不在是否弄清了是非,而在是否处之以诚:无诚意者善变为恶,正价值变为负价值;有诚意者行善而真,不明可以求明,得一分真知便有一分实效,有一分真诚,便有一分感人的力量。

第二,以信论诚,是谓诚信,主要破一个欺字。一个国家、一个团体、一个企业乃至个人,都应当忠信不欺,使人可以信赖。民无信不立,人无信不行,这是颠扑不破的真理。不诚信在政治上的表现是朝令夕改,有言无行,有法不依,有始无终,漂亮话一大堆,实际事不去干,于是上下脱节,离心离德,遂有信任危机发生。所以必须取信于民,得道多助,才有社会的稳定。在现代商品经济生活中,信誉也是第一位的,经济效益要靠产品的质量、功能和服务水平来取得,不能靠虚假的广告宣传和欺骗行为来达到。赢得信誉,事业才能成功,信用破产,必然导致失败,这是企业家都懂得的道理。人际交往,朋友相处,以信义为本。言而有信,行而可托,才算是站得住脚跟的人;轻诺寡信,自食其言,变化无常者,先自轻之,鲜能为人所重。诚信要求言行一致,从不说谎入手。古人说"一诺千金"、"君子一言既出,驷马难追"、"言之不出,耻躬之不逮",都是要人慎言重行,讲究信守。当然,信要合于义、明于理,不能是狭隘的和盲目的。自己重信,对他人也不要无缘由地怀疑猜忌,人与人之间应当有起码的信任感,交涉双方均要抱有诚意,不然什么协商也不能成功,什么集体也不能维持。宁可失之轻信,也不可失之猜忌,君子可欺以其方,不可罔以非其道。在信仰上,诚信的要求就是敬笃不二,忠诚于自己的理想,不以信仰为名行谋私之实。

第三,以直论诚,是谓诚直,主要破一个枉字。做事情要禀公方正,以义为依,不能掺杂私心邪念,更不能拿原则做交易,否则利害的考虑将压倒是非的判断,导致枉断曲行,掩盖事实的真相,损害善良,助长邪恶。

人类在长期的共同社会生活中,逐渐形成带有共性的心理结构和认知能力,对于社会行为的一般性是非,有着天机自发的判断力,照直去做,便可为善去恶。但问题往往出在个人利害的计较上,一有此念发生,便会改变初衷,由直道转入枉道,或则明哲保身,或则昧心就恶,此即古哲所说的"初念为圣贤,转念是禽兽",直与枉的分途,只在公私一念之间,是非压倒利害,便可直道而行。这并不是说只要合乎义便可蛮干妄为,灵活性要有,策略方法要讲,迫不得已还要委曲求全,但这样做归根结底是为了公正地解决问题,不是要投机取巧,捞取个人的好处。笔者赞成《淮南子》的话:"心欲小而志欲大,智欲圆而行欲方",方就是诚直,内有操守,外能屈伸。诚直待人,作风正派,办事公道,一向是中国人交友、论文、举人的重要标准,这个传统要发扬。

第四,以专精论诚,是谓精诚,主要破一个懈字。《中庸》讲诚之者"择善而固执",择善是诚的方向,固执是诚的工夫,不仅要执诚,还要固而执之,这样才能达到至诚,成己成物,感通天下。所以诚是尽力的事,是一生的事。我们常见到一种坏习性,就是"五分钟的热情","靡不有初,鲜克有终",做事敷衍马虎,点卯充数,应付差事,得过且过,好走捷径,这都是不诚的表现。世界上的事情,不论是从政行商,还是科研教学,抑或是作诗绘画,没有认真的态度、执着的精神是一件也办不好的。佛教宣扬破执,但实际上是破小执而兴大执,执于破执,执于成佛。看那高僧大德,为了解脱和救世,离家弃亲,绝于物欲,以苦为乐,孜孜于研经、传法、弘道,无懈无倦,死而后已,岂非择善而固执者乎? 冯友兰先生在《三松堂自序》中说:"凡是有传世著作的,都是呕出心肝,用他们的生命来写作的。照我的经验,作一点带有创造性的东西,最容易觉得累,无论是写一篇文章或者写一幅字,都要集中全部精神才能做得出来。"①这是深刻的经验之谈。李商隐的"春蚕到死丝方尽,蜡炬成灰泪始干",韩愈的"焚膏油以继晷,恒兀兀以穷年",王国维所引"衣带渐宽终不悔,为伊消得人憔悴",说的都是精诚。精诚是全部身心的投入,是生命之火的充分燃烧,专注不怠,如痴似醉,百折不回,愈挫愈奋,只有这样才能成就大事业。"诚则灵"、"至诚如神"如果不是用于祭拜鬼神,而作理性的解说,应指至诚可以充分开发智力,心灵眼明,产生超常的见识与行为。"精诚所至,金石为开",忍人所不堪,行人所不能,可以创造出人间奇迹。即令失败,也是伟大的失败者,执着的追求本身就具有崇高的价值。

3. 诚的哲学以挚爱为基础,以包容为品格,以创造为动力,完全符合现代社会健康化的要求,具有强大的生命力。

现代社会弊端之一是看重金钱和技术,忽视情爱和心灵,人情薄如纸,人心难以沟通。许多人处在信息社会里反倒产生强烈的孤独感,这只有用爱来消除。有爱心而后有诚心,有诚心而爱心得以发扬光大,推己及人,由人及物,达于宇宙。人是群体动物,以地球为家,有共同的利益和共生的情感,人心应当是热的,而不是冷的,热爱亲人,热爱朋友,热爱人民,热爱祖国,热爱人类,热爱大自然;用爱去温暖人间,用爱去保护自然。虚伪与冷酷共生,欺诈与仇恨相连,冰冷与权谋之心只能泯灭一己之天性,害人之性,损物之性,破坏世界的和谐。所以要有挚爱和真情,然后才能立诚推诚。

包容性是诚学的普遍性品格,它没有门户成见,绝不排斥他学而自我封闭,这与现代社会文化的多元化趋势相一致。在有利于人性完美和社会进步的大前提下,诚学赞同一切诚挚的品格和行为。以信仰而论,不论是宗教还是非宗教的学说,不论是儒道还是其他百家,只要真信笃行,都应受到尊重。忠实于自己的信仰,亦尊重别人的信仰,以诚通其情,以诚成其和。交友之道,不在观点和喜好的一致,而在真诚相待,相互理解和信任,只要有诚意,便可求同存异,友好相处。个人之间的关系是如此,团

---

① 冯友兰:《三松堂全集》,河南人民出版社 2001 年版,第 312—313 页。

体之间、国家之间的关系何尝不是如此。

创造是诚学的动力和生命。诚创造着活泼向上的人生,创造着和谐挚爱的群体,创造着各种文明事业。政治的改良、科学的发明、艺术的创作,都需要以诚为动力,激发出献身的精神、奋斗的勇气、坚韧的毅力、无穷的智慧。现代社会不是一个因循的时代,而是一个连续创新的时代,似乎一切文化领域都需要重新加以审视和整理,有多得不可胜数的领域需要探索和开拓,更需人们以诚的精神回应时代挑战,造就一大批有着强烈使命感和求实笃行的仁人志士,担当起总结过去、开创未来的历史重任。抱残守缺,按老章程打发日子的时代一去不复返了。

走出一个虚假的世界,还回一个真实的世界;超越一个虚伪的人生,成就一个真诚的人生,使人间变得更美好,这就是诚的哲学的终极目标。

(原载于《孔子研究》1991 年第 2 期)

二、儒家仁学的演变与重建

（一）

儒学是一种伦理型的人学，讲述如何做人和如何处理人际关系的学问。以人为本位，这是儒学区别于一切宗教的地方；以伦理为中心，这又是儒学区别于西方人文主义和中国道家学说的地方。儒家人学有两大支柱：一曰仁学，二曰礼学。

仁学是儒家人学的哲学，是它的内在精髓；礼学是儒家人学的管理学和行为学，是它的外在形态。仁学和礼学在历史上常常结合在一起，但两者起的作用不同，存留价值也不同，因而在近代就有了不同的命运。仁学在儒家所有学问中，代表着中华民族发展的精神方向，蕴涵着较多的人道主义和民本主义成分，它给中国知识分子提供了一种切实而又高远的人生信仰，一种独特的文化价值理想，培养了一大批道德君子、仁人志士，成为中国文化的精英。仁学由于具有较强的生命力和普遍性价值，所以在中国从中世纪向近代社会转型过程中，受到先进思想家的珍重，成为儒学中最值得继承和发扬的部分。

礼学作为一种社会管理学和行为学，也曾为中华文明的发展作出过贡献，内涵亦相当丰富，不可简单否定，但它与中世纪宗法等级制度、君主专制制度结合较为紧密，贵族性和时代性都比较强烈，所以在帝制社会坍塌的时候它必然要受到革命派的强烈批判与冲击。特别是礼学在后来的发展中渐渐失去仁的内在精神，变成僵死的教条，甚至"吃人杀人"，就更为觉醒的人们所憎恶。

五四时期先进思想家攻击孔子和儒学，其锋芒所向，实际上不是全部儒学，主要是封建礼教和官学化了的理学，而这正是儒学应该抛弃的部分，没有这种否定，儒学便不能新生。正如贺麟先生所指出的："新文化运动之最大贡献，在破坏扫除儒家的僵化部分的躯壳形式末节，和束缚个性的传统腐朽化部分。他们并没有打倒孔孟的真精神、真意思、真学术；反而因他们的洗刷扫除的工夫，使得孔孟程朱的真面目更是显露出来"①。贺麟先生在同篇文章中特别提到"仁"，认为"仁乃儒家思想之中心概念"，可以从艺术化、宗教化、哲学化三方面加以发挥，而得新的开展。贺麟先生对儒家真精神的理解和对五四运动与儒学关系之说明，是近代中国思想家中最深刻、最透彻的一位。他是在近半个世纪前发表上述见解的，真令我们这些还纠缠在尊孔与反孔的对立思维中的晚生后辈惭愧莫名。

仁学既然是儒学中精华较多的部分，今天从古为今用的角度研究儒学，就应该把关注的重点放在仁学上面，认真考察仁学生长发展的过程；认真研究人类文明的未来发展在多大程度上需要仁学，现在如何推进仁学，重建仁学，使它在新的时代放出光彩。自从孔子正式创立仁学以来，论仁的论著不可胜计，当代学界对仁的历史与理论考察亦有许多成果，仁学研究一直是儒学研究的热点之一。本文不打算对仁学作系统的历史考察，也不打算层层剥析仁的丰富内涵，而只想抓住仁学发展史上具有关键意义的三次重大理论创造活动，揭示出"仁"学在其逻辑发展中的三大阶段性，而这第三阶段正同近现代中国的社会转型相衔接，它对于儒学的现代化更具借鉴意义。

（二）

早期儒家仁学以孔子、孟子为代表。孔子最重仁德，把仁看作理想人格首要的和基本的要素，其论仁之言数量既多，提法又各有不同，揭示了仁的含义的丰富性。在众多言论中最重要的是回答樊迟问仁，曰：爱人。这句话集中说明了仁的人道主义性质，"仁"就是人类的同类之爱，一种普遍的同情心。这种爱心被社会阶级、阶层集团间的对立与斗争湮没了，孔子重新发现了它，并加以提倡，形成仁学。墨子的"兼爱"说也是一种

---

① 贺麟：《文化与人生》，第 5 页。

人道主义,但他未能找到切实的施行途径,所以仅停留在理想的层次。孔子主张爱有差等,施由亲始,在当时条件下这是合情合理的。爱心从家庭敬爱父母兄长做起,此即有子所说的"孝悌为仁之本",然后推己及人,由近及远,以至于达到"四海之内皆兄弟"的广大境地。爱人不是一句空话,从横向关系说,要表现为"己欲立而立人,己欲达而达人",此即是忠;"己所不欲,勿施于人",此即是恕。从上对下的关系说,要"恭、宽、信、敏、惠",也就是开明政治。爱人不是形式上的,它发自本心,真实朴素,故"刚、毅、木、讷近仁";但要使爱心达到高度完美的程度,还必须刻苦地修德,并矢志不移,故说:"博学而笃志,切问而近思,仁在其中矣。"仁以为己任,直到死而后已,必要时"杀身以成仁",成仁即成全了自己的人格。

孟子正是沿着孔子仁者爱人和能近取譬的思路向前推进仁学的。他把仁定义为"恻隐之心",又称为"不忍人之心",都是指人类的同情心,以爱破忍,视民如伤,使人道主义和民本主义精神更加突出。孟子对仁学的新贡献有五:一是建立"性善"说,为仁学提供人性论的理论基础;二是提出"仁,人也"(《孟子·梁惠王下》)的命题,指明仁是成人之道,不仁无以为人;三是由仁心发为仁政,建立起仁学的政治论;四是把仁爱从人推及万物,提出"亲亲而仁民,仁民而爱物"(《孟子·尽心上》),形成泛爱的思想;五是仁义连用,居仁由义,说明仁爱是有原则的。

仁以爱为主要内容,不仅是孔孟的看法,也是战国至汉唐儒者的共识,如《礼记·乐记》说:"仁以爱之。"《周礼·大司徒》说:"仁者仁爱之及物也。"扬雄《太玄·玄摛》说:"周爱天下之物,无有偏私,故谓之仁。"《白虎通·性情》说:"仁者不忍也,施生爱人也。"这一时期所有论仁之说,就其深刻性而言,均未超出仁者爱人的水平。唐中期儒者韩愈作《原道》,提出"博爱之为仁",这一说法成为仁者爱人诸说的最高概括。虽然后来有人批评韩愈此说作为孔孟仁学的解说并不准确,但不可否认博爱说乃是孔孟泛爱说的发展,在精神上是一致的。

到此为止,早期儒学建立起仁的伦理哲学,以"爱"为中心观念,把仁爱作为人伦的原则和人道的基石,虽然它不免带有家族社会的强烈色彩,但"爱"作为一种普遍性原则已经得到社会的公认。从个人成长而言,仁爱是君子的第一品性和人生的最高境界,仁爱把人同动物区别开来,也把有德之人和德性未显之人区别开来。仁与爱如此密不可分,我们可以把这一时期的仁学称为爱的哲学。

(三)

中期儒家仁学的代表人物是朱熹和王阳明。朱子上承大易之道,用生生之德充实仁学,把仁德推广到宇宙万化,建立起天人一体的仁学的宇宙观。朱子继承早期仁学的思想,对爱人的内涵有更深入的阐发,如强调仁包四德,仁是爱之理、心之德,仁为体、为性,而爱为用、为情。但朱子仁学的成就不在这里,他理论上的最大贡献是从"生"意上说仁,把"生"字引入仁学,使仁学成为一种生的哲学。他的思想受启于《周易》,如说:"天地之心别无可做,大德曰生,只是生物而已。"①又说:"发明心字,曰:一言以蔽之曰生而已。天地之大德曰生,人受天地之气而生,故此心必仁,仁则生矣。"②朱子认为《易》说生生之德即是仁,所以仁不仅是人生界之德,亦是自然界之德,而且人之仁德正来源于天地之仁德。他这方面的话很多,如:"仁者,天地生物之心。"③"仁者人也,仁字有生意,是言人之生道也。"④"仁本生意,乃恻隐之心也。苟伤着这生意,则恻隐之心便发"⑤。一般人把自然界看作是无生命的,朱子则视自然界为一巨型的大生命体,充满着活力,并不断育养出众多的生物,这是大自然爱心的体现。但是自然界既生物,亦死物,又作何种解释呢? 朱子认为万物生长固然是生命的体现,万物枯槁亦是生命的收敛固藏,为的是更生和日新,所以仁之生物不是一次性的,乃是生生不息的。朱子每每好用树木为喻,说:

① 黎靖德编:《朱子语类》卷六十九,第 1729 页。
② 黎靖德编:《朱子语类》卷五,第 85 页。
③ 黎靖德编:《朱子语类》卷五十三,第 1298 页。
④ 黎靖德编:《朱子语类》卷六十一,第 1460 页。
⑤ 黎靖德编:《朱子语类》卷六十八,第 1691 页。

"到冬时,疑若树无生意矣,不知却自收敛在下,每实各具生理,便见生生不穷之意。"①"譬如谷种,生之性便是仁。"②宋代学者喜欢用植物果实比喻仁,而且影响所及,植物果实的命名亦取仁字,如桃之种称桃仁,杏之种称杏仁,皆因其中包含着生命再造的能力。当时学者还喜欢用生命体气血流通比喻仁。如程颢说:"医书言手足痿痹为不仁,此言最善名状。仁者以天地万物为一体,莫非己也","如手足不仁,气已不贯,皆不属己"。③他教导学者须先识仁,仁者浑然与物同体,既已同体,则品物万形为四肢百体,彼此之间痛痒相关,由此可知仁就是生命体的活力与通畅。朱子肯定程颢的说法:"明道言学者须先识仁一段说话极好。"④总之,以"生"意论仁,一指宇宙生生之德;二指人类怜生之心;三指天人一体之爱。

理学家天地生物之仁的宇宙观与老子不同。老子说:"天地不仁,以万物为刍狗",天地自然无为,对万物无所偏爱,顺任其自生自成而已。这种天地不仁之说固然消除了人类投射到自然界上的感情色彩,有助于消除神秘主义和鬼神之说,但这种"冷处理"的态度也容易使人对自然界的感情麻木起来,导致"无情"的哲学,其后果往往是很可怕的。朱子坚持天地有心说,反对以无为本的玄学贵无论,他说:"或举王辅嗣说,'寂然至无,乃见天地之心'。曰:他说无,是胡说。"又说:"无便死了,无复生成之意,如何见其心?"⑤朱子对道家不够了解,无并非死寂,按老子的说法,虚无包含着生机,"虚而不屈,动而愈出","天地万物生于有,有生于无"。无形之道生天地,天地生万物,只是不有意于生物,所以道家也是一种生命哲学。不过儒家是人伦型的生命哲学,以人道涵盖天道;道家是自然型的生命哲学,以天道涵盖人道,最后都要达到同天合道的目的。朱子称赞老子的柔弱胜刚强之说,因为柔弱是有生命力的表现,故说:"仁是个温和柔软底物事。老子说:'柔弱者生之徒,坚强者死之徒。'……看

---

① 黎靖德编:《朱子语类》卷六十九,第 1729 页。
② 黎靖德编:《朱子语类》卷九十五,第 2418 页。
③ 《二程集》,第 15 页。
④ 黎靖德编:《朱子语类》卷九十七,第 2484 页。
⑤ 黎靖德编:《朱子语类》卷七十一,第 1792、1793 页。

石头上如何种物事出!"①又说:"牝,是有所受而能生物者也。至妙之理,有生生之意焉,程子所取老氏之说也。"②

朱子用生的仁学把人道与天道打成一片,这是他的特色,钱穆先生评论说:"朱子专就心之生处、心之仁处着眼,至是而宇宙万物乃得通为一体。当知从来儒家发挥仁字到此境界者,正惟朱子一人。"③但朱子更重理学,而且不在仁学的基础上讲"理",却分别什么"天命之性"与"气质之性",高性理而贬性情,埋下了后来远人情以言天理的种子。阳明说:"礼学即理学"。戴震亦说:"荀子之所谓礼义,即宋儒之所谓理。"④表面上,程朱理学承接孟子谈心性,实际上,程朱理学是承接荀子,将礼义升华为天理,使理学主要成为礼学的哲学形态。一旦脱离爱和人情,"理"便会成为冷冰冰的东西,反不如阳明心学更接近仁学的真精神。

阳明接着程颢的《识仁篇》,讲"天地万物一体之仁",这种仁也就是人心之良知,它是发自本性的,活泼自在的。阳明论仁不喜欢从冷静的理上说,而喜欢从热切的情上说,以自己的生命体验表述仁者与天地万物痛痒相关的真情实感。他说:"盖其天地万物一体之仁,疾痛迫切,虽欲已之而自有所不容已。"⑤见到同类危难而有恻隐之心,见到鸟兽哀鸣而有不忍之心,见到草木摧折而有悯恤之心,见到瓦石毁坏而有顾惜之心,这都是由于人与天地万物原本一体,同此一气,故能相通。⑥ 由此可知,阳明的仁爱即是爱惜生命,突出生的主题。阳明的哲学主旨是造就生命主体的超脱自得,性情真挚生动,生机盎然,故其用活泼的生物喻道:"潜鱼水底传心诀,栖鸟枝头说道真。"⑦可知阳明的心学即是一种重生的新仁学。

中期儒家仁学可称为"生"的哲学,它用"生"深化了爱的内涵,突出

---

① 黎靖德编:《朱子语类》卷六,第115页。
② 黎靖德编:《朱子语类》卷一二五,第2995页。
③ 钱穆:《朱子新学案》,第40页。
④ 戴震:《孟子字义疏证》,中华书局1982年版,"绪言"。
⑤ 王阳明:《答聂文蔚》,《王阳明全集》,第81页。
⑥ 参见王阳明:《传习录》(下),《王阳明全集》卷三。
⑦ 王阳明:《碧霞池夜坐》,《王阳明全集》,第786页。

了生命的价值和意义,强调了对生命的热爱和保护。它还使人道之仁扩展为天道之仁,突破了道德范围,使仁具有了超道德的生态哲学的普遍意义,把早期儒学的仁的伦理哲学大大提升了。

（四）

晚近儒家的仁学以谭嗣同为代表,康有为、梁启超、孙中山等人辅论之。他们吸收西学,综合诸家,别开生面,形成近代仁学的新特点。谭嗣同是推动维新变法、冲决旧传统的一员猛将,但他不是横扫一切的文化虚无主义者;他在激烈批判封建纲常礼教的同时,改造并创建儒家的新仁学,取仁学而弃礼学,态度十分鲜明。

他著《仁学》一书,开宗明义:"仁以通为第一义。"这使传统仁学发生了质的飞跃,开出一个崭新的境界。从理论渊源上说,"通"的观念古已有之。谭氏引《周易》:"《易》首言元,即继言亨。元,仁也;亨,通也","仁者寂然不动,感而遂通天下之故"。他又引《庄子》"道通为一",认为以此语明通之义最为浑括。他亦引墨子的兼爱、佛家的无相与唯心、耶稣教的爱人如己,欲综合中外诸说而推出"通"的仁学。

然而仅有上述诸说的思想资料,尚不足以建立新的体系。谭氏新仁学的创建,真正起推动作用的是近代西方文明的传入和西学的影响,其中特别是西方民主制度、发达的商品经济和近代的自然科学知识。谭氏眼界由此大开,观察问题的坐标发生根本变化,不再是忠孝之道、夷夏之防、以农为本等所谓传统常道,而能够站在近代社会的高度去批判传统社会的专制主义、宗法制度、闭塞守旧等过时的事物,故突出仁学中"通"的内涵,以通破窒,正切中传统社会的要害,这大有益于观念的现代化变革。谭嗣同说:"通之象为平等。"这是"通"的根本义,纯粹属近代观念。分而言之,"通有四义":一曰"中外通",破"闭关绝市"、"重申海禁",通学、通政、通教、通商;二曰"上下通";三曰"男女通",破"三纲五伦之惨祸烈毒"、"死节之说";四曰"人我通",破"妄分彼此,妄见畛域,但求利己,不恤其他"。谭嗣同用"以太"、"电"、"脑气筋"等形容"仁",都是为了揭示仁的贯通四达、自由自流的性质。博爱固然为仁,不通则不能博爱,故"仁不仁之辨,于其通与塞"。有爱心而陋塞,则欲爱之反害之,如"墨子尚俭非乐,自足与其兼爱相消",道家绝对地"黜奢崇俭",则"凡开物成务,利用前民,励材奖能,通商惠工,一切制度文为,经营区画,皆当废绝"。他认为"源日开而日亨,流日节而日困,始之以困人,终必困乎己","惟静故惰,惰则愚;惟俭故陋,陋又愚;兼此两愚,固将杀尽含生之类而无不足"。通商乃通人我之一端,"相仁之道也","为今之策,上焉者,奖工艺,惠商贾,速制造,蓄货物,而尤扼重于开矿。庶彼仁我而我亦有以仁彼,能仁人,斯财均而己亦不困矣"。① 谭氏把仁学同发展近代工商业和国际经贸事业联系起来,认为只有这样才能富国富民并有利于人类,以实现博爱济生的理想。

谭氏的仁学以"通"为特色,具有了政治民主化、经济现代化、人格自由平等和社会开放、国际交流的新思想,使得仁学从一种伦理哲学和生命哲学跃进为一种概括了政治学、经济学和外交学的有直接现实意义的实学,同时又不丧失传统仁学爱人利生的真精神,更是这种真精神的发扬与落实。有鉴于上述特色,笔者把谭氏仁学称为仁的社会哲学,它是中西文化冲撞融合的产物。

康有为的哲学亦以仁学为核心,他解释孔子的思想时说:"'推己及人'乃孔子立教之本;'与民同之',自主平等,乃孔子立治之本。"又说:"仁者在天为生生之理,在人为博爱之德。"②他理想中的大同世界是"至平、至公、至仁、治之至"的世界③,其中没有臣、妾、奴隶和君主统领,没有欺夺和压制,没有私产,男女平等,至于众生平等。可知他的仁学既保留了传统仁学的爱人、崇生的精神,又注入了近代自由、平等、博爱乃至空想社会主义的思想。

梁启超提出道德的新民说,主张自省、独立、利群爱国,他的重要贡献

① 谭嗣同:《仁学》,《谭嗣同集》,岳麓书社 2012 年版,第 333、317、345、347、350 页。

② 康有为:《中庸注》,姜义华、张荣华编:《康有为全集》第五集,中国人民大学出版社 1998 年版,第 374 页。

③ 康有为:《大同书》,姜义华、张荣华编:《康有为全集》第七集,第 6—7 页。

在于把爱他与利己统一起来,肯定合理的利己主义,说:"真能爱己者,不得不推此心以爱家爱国,不得不推此心以爱家人、爱国人,于是乎爱他之义生焉。"①这是从西方引进的伦理学思想。

孙中山反对君主专制制度,但主张继承中国固有道德而加以改造,如变忠君为忠国,充仁爱为博爱,而博爱与民生主义相通,"为四万万人谋幸福就是博爱"。他又提倡"仁、智、勇"的精神,激励革命者的士气。

可以看出,康有为、梁启超、孙中山皆接纳仁学,并赋予时代新意,然而皆不如谭嗣同的通之仁学理论价值高、现实意义大。可惜后来世人没有在"通"字上做大文章,没有把谭氏"通"的精神从学理上加以弘扬,致使甚为符合时代需要的"通"的哲学得不到流传,这是令人遗憾的!

（五）

当今世界,西方文明领导着潮流,但已弊病丛生。东方文明在度过它艰困岁月之后,正处在将兴未兴的时刻。随着科技的进步、交往的加深和信息的发达,世界正在越变越小;在世界性生态危机、核战争危险、人口爆炸和国际间犯罪的威胁面前,全人类从未有如此强烈的同命运、共呼吸的感受。但人类并未因此而通为一体、亲如一家。有识之士已经认识到,单靠科技的进步和经济的增长,人类还不能摆脱危机,走向和平和幸福。这个世界还缺少许多东西,也许最缺少的是能为国际社会普遍接受的明智的信仰和人道主义哲学。世界迫切需要一种新的仁学。当此之时,儒家仁学的再生可以说是恰逢其时。儒家仁学所倡导的爱、生、通三大人道主义原则,可以成为医治当代社会痼疾的一剂良方佳药。当今世界彼此依赖已达到密不可分的程度,爱则共存,仇则两亡;通则两利,闭则两伤。凡是多少实行了爱的哲学、生的哲学和通的哲学的地方,那里就出现了生机、光明和希望;凡是实行斗争哲学、独断主义和关门主义的地方,那里就

---

① 梁启超:《十种德性相反相成义》,转引自牟钟鉴:《涵泳儒学》,中央民族大学出版社2011年版,第159页。

有较多的悲苦、穷困和破坏。以中国为例，十年"文革"，用仇恨反对爱，用迫害反对生，用闭塞反对通，结果造成大混乱、大悲剧、大灾难。改革开放之后，重新有了爱，有了生机，有了交流，社会面貌便焕然一新。

笔者以为仁学的重建可以将爱、生、通三大原则综合起来，再加上诚的原则，并在内容上加以增补，可以形成新仁学的体系。这个新仁学以爱为基调，以生为目标，以通为方法，以诚为保证。在"仁者爱人"的原则下，要增加墨子"兼相爱，交相利"的思想，把爱人与惠人结合起来，以免爱人成为空论；爱人不能停留在同情、恻隐的层次，还要表现为对他人人格与权利的尊重。在"仁者生物之心"的原则下，要提倡两点：一是解决争端不诉诸武力，最大限度地保护人民的生命财产；二是保护生态与环境，树立做自然界朋友的观念，提倡人与自然的协调发展。在"仁以通为第一义"的原则下，以"人我通"为总纲，实现人际间的广泛沟通。除了中外通、上下通、男女通，还要特别强调民族通、心灵通、信仰通。民族与种族的冲突是引起当今世界动荡与战祸的主要原因，民族不能和解，世界便无宁日，所以要提倡民族通。心灵的闭塞与孤寂是现代社会生活过度物质化和外向化的结果，金钱与权力冲淡了亲情、友情和爱情，彼此不能理解，所以要提倡心灵通。因宗教信仰不同而起纠纷，是常见的现象，解决它的唯一途径是彼此尊重，互容互谅，进而在不同信仰之间提倡平等对话，这样天下便会省却许多麻烦。新仁学还必须以诚作为保证，诚是仁学的生命。诚而后才有真仁真义，不诚只能是假仁假义；诚而后才能躬行实践，感人感物，不诚则遇难而退，有始无终。所以，诚存则仁存，诚亡则仁亡，新仁学应是诚仁之学，期待着众多的仁人志士信仰它、推行它。

（原载于《哲学研究》1993 年第 10 期）

三、儒家天人之学与生态哲学

地球的整体是什么样子？长期以来人类并没有直接的感受，只能感知它局部的美，因为人类生活在地球表面上，贴得太近，不能作全方位观察。只有离开地球，才能形成视角，离开到相当的距离，才能形成涵盖全球的视角，这一点一般飞行器做不到。如今到九霄去巡天俯地的美好愿望不再是神话，由于载人飞船的出现，飞行员直接看到了整个的地球，拍摄到它的整体形象。地球是湛蓝的、美丽的，云团和云流在它表层缓缓移动，按着天籁的韵律，就像一位漂亮的仙女，披戴着素纱，漫步起舞，纱裙飘逸，回旋迷人，在纱罩的后面，时隐时现着倾世的绝色。地球与其他已知的星球相比，是真正的天界仙境。人类在地球上用肉眼看到的星辰，没有哪一个能与地球媲美。在目前可测察的广袤太空里和星团中，它是已知的唯一有高级生命的星体，是大自然的造化之力在数十亿年的漫长岁月中逐渐成就的无与伦比的杰作。

地球孕育出众多生物，生物进化出人类，形成生机盎然、异彩纷呈的世界。然而大自然的杰作中的杰作——人类，自从具有了高度的灵性以后，渐渐地从地球可爱的儿女变成地球的异化物，他肆无忌惮地消灭着异类生物，在地球母亲的身上施暴破坏，为的是追求一种畸形的眼前的幸福。地球已经变得有些灰暗，自然之母的润泽肌肤已经变得粗糙难看，到处都是千疮百孔。无怪乎格雷格说："世界生了癌，这癌就是人。"人类确实成为地球生态的最大破坏者，这是人类的悲剧。美丽的地球将要被她最有灵性的儿女摧残而变成没有生气的死星呢，还是地球母亲在忍无可忍的时候毅然抛弃这群不可救药的孽子而重新恢复自己的青春呢，抑还是人类赶快醒悟，医治他们给地球造成的创伤，重新得到地球大家庭的欢乐呢？这很难预料，在很大程度上取决于人类的觉悟。

（一）生态危机威胁着人类的命运

据古人类学的研究成果，人类已有三百余万年的历史，其中绝大部分时间是在自然生态正常循环之中度过的。从进入文明史以来的数千年中，人类改造自然的速度显著加快，并且接连不断地发生各种战争，对自然环境时有破坏。但是，直到17世纪为止，人类的文明还属于农业文明的范畴，人类的不良活动尚未对生态平衡造成明显的损害，亦未对环境造成难以自然消纳的污染，所有发生的消极后果，对于地球这个大生命来说都是局部的、可以忍受的和容易化除的。人类依赖自然，接受它的恩赐，对它怀抱着崇敬、感激和畏惧，不敢有超越的非分之想。无论东圣还是西哲，都在一面赞美人类的灵秀和智慧，一面歌颂自然界的奇妙与伟大，主张人对自然的顺适和协调。古雅典哲学家就认为水、火、土、气是由于大自然的偶然性造成的，艺术必须与自然相协调，政治与立法也要与自然协调合作。

自从西方工业文明兴起以后，情况便发生了根本性的变化，人类生存的环境开始受到大范围的侵害。据日本国立极地研究所分析北极冰层成分的结果表明，1800年前后，pH（氢离子浓度）平均值为5.35，已明显呈酸性。地球大气污染的起始时间，与欧洲工业革命的时间基本吻合。培根提出靠科学技术建立人类对万物统治的帝国，实行对自然的支配。从此，在"征服自然"的响亮口号下，工业文明迅猛发展，取得了令人眼花缭乱的巨大成就，创造出无与伦比的发达生产力和物质财富。于是从自然统治人类的时代一跃而进入人类统治自然的时代。人类拥有了超出以往千百倍的各种能量和科学技术手段，贪得无厌地掠夺自然资源，疯狂地向自然界索取，将实现经济的高速增长作为社会发展的主要目标，为此不惜任何代价地破坏生态的平衡。在最近这二三百年中，人对自然的破坏以加速度的趋势发展，而最近一个世纪更是日甚一日，其严重性终于使有识之士在20世纪中叶猛然醒悟，发现工业文明的成果是以自然环境的巨大破坏为代价的，已经构成对人类健康生存的威胁，这种畸形文明若不赶快设法补救，人类将跨向自我毁灭之途。罗马俱乐部的成立和活动，便是这种觉醒的一个显著标志。于是人类的发展史又来到一个新的交叉路口上。我们这一代人对人与自然的关系作如何的反省，对以往的文明作如何的总结，对社会发展方向作如何的调整，对于我们的子孙后代的幸福将具有关键性的意义。

半个多世纪以来，治理环境成为普遍的呼声，因为生态危机太严重了。生态危机最新的特点是：由缓慢的破坏发展到高速度的破坏，如今一天的环境污染的加重超过以往的几十年；由地区性的危机发展到全球性的危机，无一国可以保持洁净；由一般生存条件的破坏发展到基本生存条件受到威胁，如水、空气、土地、阳光、森林这些古人可以充分享受的生存基本要素已经变得珍贵而劣质；自然界自我调节机制由局部的、暂时的紊乱发展到主要环节上失灵，人类活动打乱了地球的生命节奏，使自然界的再生能力不能补救人类造成的损害。更为严重的是，地球生态的恶化趋势，除局部得到遏止和改善外，从整体上说，不仅不见停止，而且仍在加重。世界的森林，正以每分钟 50 公顷的速度消失。世界上约有 500 万到 1000 万物种，其中的 50 万至 100 万种为 20 世纪人类所毁灭。由于氟利昂的过量排放，保护人类的臭氧层开始遭到破坏，南极上空出现空洞。工业废气的排放急剧增加，引起的温室效应和气候异常，将导致更多的自然灾害。海洋经常遭到大面积石油等人为的污染，工业污水的排放、核废料与垃圾的弃置，以及超量的捕捞，已经使海洋生物大受其害。在陆地上，农药与化肥的大量使用，不仅使土壤质量下降，而且严重污染河流及地下水源，加上工业废水、废渣的大量排放，全球淡水系统的污染十分严重。草原的退化与土地沙漠化亦是世界范围内的严重问题，它影响到农业、畜牧业和气候。

总之，一方面是物质和能量的过度消耗，导致资源的危机和生态的变劣；另一方面是过量废弃物排向环境，摧毁自然净化结构，造成环境污染。此外，还有数量很多的核武器这样一个巨大的潜在污染源，一旦被战争疯人释放出来，将毁灭地球的生类；即使能达成禁止和销毁的协议，并真正实行，核武器废品也将长期污染局部环境。

中国的情况更不容乐观:人口太多,使得农业资源过重超载;可采伐利用的森林资源将面临枯竭,大部分林场无林可采;水资源短缺的矛盾日益突出;近海资源减少,海洋污染逐年增加;以煤为主的能源结构使大气污染加重;工业污染由于乡镇企业的猛烈发展而日益严重;城市生态系统逐步恶化;水土流失每年50亿吨,长江正变成第二条黄河;草原退化与土地沙化的势头未能遏止;到2000年,全国有70%的淡水资源因受污染不能直接使用。由于环境恶化而造成的直接经济损失每年达860亿元,环境恶化也是造成各种恶性疾病的重要原因之一。当然,由于这些年的努力,局部地区和系统有所改善,但整体仍在继续恶化,前途令人担忧。

可以说生态危机已经成为全人类面临的最大的共同性危机,生态危机也是中华民族生存与发展的主要危机之一。每一个有社会责任感和对子孙后代关心的人,不能不对这一严峻的形势作深刻的反省和认真的思考,不能不对迄今仍在一片赞扬声中的工业文明的利弊重新作出评价,不能不在人与自然关系上作哲学高度的探究,并因此而常常回到东方古圣哲那里寻找智慧。如果再不清醒过来,那可真是愚不可及了。

(二)与自然界敌对还是做自然界的朋友

要改变现状,必须先改变人们的行为;要改变人们的行为,必须先改变人们的观念;要改变人们的观念,必须先改变人们的指导思想。这里有认识的问题也有价值取向的问题。在人与自然的关系上,中国古代哲学是天人一体相关论,西方工业社会的哲学是天人二元对立论,现在似乎应当建立起一种新的天人相互共荣论,即生态哲学,用以促进世界的健康发展。

我们必须在指导思想上作痛心的检讨和根本性的转变,至少对以下问题要重新作出抉择。

1. 人类要成为自然的征服者、统治者,还是与自然界共存共荣、协调发展?

人类来源于大自然,又是大自然的一部分,离不开自然,所以人类应视大自然为自己的母亲,视其他生物为自己的伴侣。当然,自然界并不天然就适合人类的生存和发展,还时常给人类带来灾害和麻烦,所以人要改造自然、改善环境,利用天然质料制造各种产品以满足自己的需要,因而有文明的出现和发展。这种情况助长了人们的幻觉,以为自然界只是任人践踏的、被动性的对象,人的意志可以随意强加在自然界身上,使自然界成为被驯服的奴仆。其实,大自然既给人类创造了最适宜的生存环境,又是活生生的有无限潜力的存在。所谓"适宜"是指地球在几十亿年的演化中形成了包括大气、海洋、生物、森林、土壤等在内的特殊生态系统,有了这个系统才产生了人类,所以从根本上说,从人类生存所需要的基本物质要素:阳光、空气、一定比例的氧气、温度、淡水、土地这些大环境条件来说,地球是最适宜人类居住的地方;而"不适宜"只发生在小环境、小气候上,只发生在不能现成提供人类不断增长的各种需求的产品上。

"改造自然",严格地说只是"改善自然",改良局部的不协调,绝不是改变人类生存的基本条件。至于"征服自然",那是根本不可能的事,只能表现人类的狂妄自大。"人定胜天"的口号在一定程度上起鼓舞作用,推动人们去建设、去创造,但从根本上说它是非科学的,有限的人力怎么能战胜无穷的自然造化之功呢!人不能"胜天",只能"补天",假若非要与自然为敌,对自然实行征服和掠夺,其结果必然遭到自然界的无情报复和惩罚。人类破坏自然的程度与遭到惩罚的程度适成正比,只是有早有迟,到忍无可忍的时候,便是人类大难临头的时候,恐怕后悔也来不及了。实际上并非自然界有意识与人类作对,而是人类自作自受,咎由自取。人类是自然界整体的一个小局部,整体被破坏了,局部焉能独存?当我们看到鱼缸中的金鱼时,觉得金鱼很可怜,生活的天地那么狭小,温度、水质稍有变化,金鱼就不能正常生存。其实人类对环境的依赖要求比金鱼更复杂多端。大气就是大自然给人类创造的"大鱼缸",大地是其承托,人类只能在其中生存,只是微观的调节能力比金鱼强。我们坐在10000米高度的飞机上俯视大地,便会有人命如蚁的感受,只要那薄薄的一层大气成分发生大的改变,或者撕裂消散,只要气温发生太大的变化(例如,太热到100℃,太冷到零下100℃),人类将顷刻全部死亡。蚂蚁夸大,蚍蜉撼树,人间作为笑话;人类妄图统治大自然,岂非五十步笑百步乎？诚为不自量也。

人类的生存对环境条件的要求极为精细严格,甚至达到了苛刻的程度,温度、氧气、阳光、营养、空间都有大致固定的要求,可以称之为"生命场",人类必须仔细地保护这个"生命场",因为人力可以破坏它,但不能再造它。英国地球生理学家洛弗劳克提出"加伊尔假说",认为生物与环境的控制交相感应才使地球保持有生命、能生存的平衡状态,地球是一个"超生命体",不仅有岩石、海洋、大气,也需有动植物及微生物的参与,才使地球形成巨大的自我调节系统。以大气与温度为例,数百万年能保持出奇的稳定,就是因为有自我调节机制。人、动物和火焰,制造二氧化碳,造成温室效应,而绿色植物吸收二氧化碳,又使温度下降。海洋有一种浮游生物能释放乙烷硫化物,将水蒸气压缩成微滴形成云层,云层越多,透过的太阳的光热越少,地球温度下降;低气温则使这种浮游生物数量衰减,因而云层减少,阳光充足,温度便又上升。加伊尔假说虽然尚未完全证实,但地球存在着精微而有效的自我调节系统却是毋庸置疑的,人类所破坏的环境条件和绝灭的动植物,究竟在多大程度上参与了这种调节,起着什么作用,许多尚不甚清楚,因而其后果存在着一系列的未知数。洛弗劳克警告说,这个自我调节系统若被过于倾斜,就会发生突然变化,加伊尔会加以调节,但那是一个渐进而漫长的过程,人类可能等不及,虽不致被毁灭,但可能成为零星散居的地球上的少数生物类。这已经是一幅很可怕的前景了。

当然,人类也不能做自然界的奴仆,消极被动地听任大自然的摆布。大自然本来就是不完美的,它在生育人类的同时,也不断给人类带来各种痛苦。所以人类不能坐等自然界的恩赐,要通过劳动和科学改善环境质量和生活条件。但生活条件的改善必须在保护环境的前提下进行,否则生活条件也不能得到根本的、长远的改善。爱护自然与爱护人类是一致的,为了人与自然的和谐而改造自然,改造自然以达到人与自然的更高一层的和谐。老子说:"辅万物之自然而不敢为。"(《老子》第六十四章)人的活动从根本上说必须顺乎自然,起辅助的作用。"征服自然"的口号是不科学的、有害的,必须用另一个口号——"做自然的朋友"来取代。

2. 自然资源是可以无限开发使用的,还是很有限度、必须节约的?

中世纪以前的人类社会,人口不多,生产能力低下,使用的自然资源有限,所以人们认为天然资源是取之不尽、用之不竭的,不必列入成本计算。这种观念直到现在还有影响。可是今天工业的高度发达和人口的迅速膨胀,使地球上一切重要资源都处在紧张状态,照目前的开发速度,不用太久,便会有一大部分资源陆续枯竭。不要说煤炭、石油、森林等资源储量有限又分布不均,面临供不应求、成本增高、开采难久的问题,就是古人认为最不值钱的清新的空气、充足的阳光、清洁的淡水,在今天也已经不能随时可得,必须付出越来越高昂的代价。这里存在三个问题:一是掠夺式开采,毫不顾及子孙后代;二是污染环境,得到了一些资源的益处,却损害了另一些资源的性能;三是使用上的浪费,用中国人的话说就是暴殄天物。特别是一些发达国家,实行畸形的高消费,从不发达地区掠取资源,在本国挥霍无度,水、电、煤气、木材的消耗大大超出正常生活的需要,以满足一部分人的骄奢淫逸。只要有钱就不会受到限制。

然而,自然资源除部分可以有限再造外,相当一部分都是在自然进化演变的漫长岁月中逐渐形成的,如煤、石油等各种地下矿藏,用掉之后不能人为再生。要看到空气、淡水、森林、土地的特殊价值和不可替代性,及其对整个人类的普遍相关性,对它们的大规模滥用和破坏就是对人类的犯罪。所以,从现在起就必须提倡文明开发、节约使用,不断开发无污染的新能源如太阳能、风能,逐步改变人类现有的生产和生活方式。

3. 理想的现代化模式是以经济高速增长为主要指标,还是协调健康发展包括改善生态环境,使人与自然达到高度和谐?

西方工业文明的成果是有目共睹的,迄今我们享用的第一流生产技术与物质生活用品都是它的产物。但从生态哲学的最新眼光看,西方现代化的传统模式不应给予太高的评价,因为它是引起今天全球性生态危机和资源危机的主要缘由所在,它给予人类的好处远没有它给人类留下的祸害大,这种祸害的严重后果尚难以完全预料和有效消除。由于科学技术的发展和财富的大量增加,人类的确享受到前所未有的幸福。生活过得舒服多了,方便多了,少数富有者甚至达到无欲不足、无所不至的程度。然而这样的幸福充其量也只是一种畸形的、暂短的幸福,并且付出了太大的代价,包括资源的提前支付、环境质量的明显下降和精神生命的严重萎缩。现代富贵者幸福吗?他们拥有财富和权势,开心自在,但他们常常是金钱的奴隶和权力的牺牲品。他们的欢乐主要靠外在的感官刺激,身心迷乱;他们往往得不到人间珍贵的亲情、爱情和友情;他们拥有最值钱的金银珠宝和昂贵的用具,但无法拥有清洁无害、优雅适宜的空间环境。一般人更是挤在狭小的空间里享受物质文明成果,不能生活在青山绿水的环绕之中,随时享受大自然的良辰美景,须待远足旅游才能暂时躲开嘈杂污浊的生活小区,获得喘息舒展的机会,这不是很可怜吗?就算生活在十分美丽的小屋中,而周围一片垃圾,会有多少生活情趣?这是现代人的悲哀。所以幸福应是一个综合的指标,除了财富和现代设施的拥有,还必须拥有丰富的、健康的精神文化生活和赏心悦目有利健康的环境。理想的现代化不应走西方工业化的老路,社会发展必须由单纯追求经济高速增长转变为追求物质文明与精神文明、社会经济与生态环境互相协调的发展。宁可慢些,但要好些,把环境与发展统一起来。

4. 改善生态环境是只扫自家门前雪,还是全球人类休戚与共,齐心协力克服危机,走出困境?

西方发达国家是全球性环境恶化的主要污染源和责任者,但它们率先发现问题,加以治理,并取得明显效果,其有识之士更关注全球性的环境治理和保护。可是一些发达国家仍然存在只顾美化自己家园却不惜污染和破坏别国家园的自私短见行为。例如,把有毒工业废料弃置公海或他国,把污染较重的工业输出到发展中国家,继续掠夺性地开采别国的矿产、森林和猎杀珍贵动物,而又不愿意出钱、出技术帮助不发达国家治理环境,被世人称为生态帝国主义。他们这样做,不仅严重损害了不发达国家和地区的利益,而且也不可能使发达国家自身的生态环境得到根本改善。当前的生态破坏和环境污染是全球性的,它不受国界、社会制度和意识形态限制。江河湖海的变质、大气的混浊、气候的异常、地下水的渗污,对所有的人都构成同样的威胁,可以说是一视同恶的。地球只有一个,几十亿人口挤住在宇宙太空这颗小星球上,风雨同舟,共存共亡。只要全球性的大气候一天得不到改善,小气候、小环境的改善绝难持久和真正有效,所以要联合全世界的国家和地区,动员全世界的人力和财力,来从事全球规模的生态保护工程。由于不发达国家面临着社会发展的紧迫任务,资金短缺,科技力量不足,保护环境的困难比发达国家要大得多。而发达国家力量较强又责任较多,理应在全球生态工程中作出更多的贡献。所以在生态问题上必须建立全球一家的意识,狭隘的国家或地区观念是有害的。美国哲学家里夫舍认为人类正在"挣扎着保全自己",如果在这种挣扎中人类还要在内部互相算计,以邻为壑,那么人类就将是自甘堕毁、不可救药的一群动物了。

看来,人类要救自己必须建立一个崭新的生态哲学,它立足于全球,着眼于未来。在人与自然和谐的基础上重新确立价值取向,使社会和人生走上健康合理的发展道路。而这样的生态哲学在中国儒家天人之学中早就已经培育萌芽,并且具有了相当丰富深刻的内涵。

（三）儒家天人之学给我们的启迪

儒家的天人之学从孔孟建立,到程朱陆王发展到高峰,内容上十分丰富,思路上与西方近代哲学很不相同,其基本特征是强调天人一体。其中关于人在宇宙中的地位和人对自然的态度与生态哲学的关系最为密切,应是我们发掘思想资源的重点。儒家的"天"或"天地"的概念,大体上相当于"自然界"的概念,当然也包括自然界的神秘性和超越性;其"人"的概念,大体相当于"社会人生",群体与个体都在其中了。因此,天人关系基本上同于人与自然的关系。

孔子主张敬天、法天,故有"畏天命"和"唯天为大,唯尧则之"之说,但对天人关系语焉未详。《易传》提出天、地、人"三才"的思想,将人与天地并提,把人的地位看得很高。不过人要仰观俯察,与天地变化相协调,绝不是战天斗地,故云:"夫大人者,与天地合其德,与日月合其明,与四时合其序","裁成天地之道,辅相天地之宜",其基本思路是顺自然之性而促进之。这一思路至《中庸》发展成为天人相通、以人补天的系统理论。《中庸》认为人性本于天道,教化基于人性,故云"天命之谓性,率性之谓道,修道之谓教";人的作用在于使天地正常运转,万物健康发育,故云"致中和,天地位焉,万物育焉";人性最完美的境地是通过成己成物,达到"赞天地之化育"、"与天地参"的水平。"赞天地之化育"是一种宇宙境界,它充分估价了人在宇宙进化中的伟大作用,避免了"蔽于天而不知人"的偏向,又不同于人类中心主义,将人的作用引向辅天、补天之路,形成天人一体的思想,把宇宙万物发育运行同人类社会的健康发展结合起来,并予以关切。

孟子有"万物皆备于我"和"尽其心者知其性也,知其性则知天"(《孟子·尽心上》)的说法,认为天道与人道、人性是相通的,存其心、养其性是为了更好地"事天",亦是把天看成第一位,把人看成第二位。孟子按孔子的思维模式,把仁爱之心向外推去,由己及人、及物,故云"亲亲而仁民,仁民而爱物",热爱亲人也热爱民众,热爱社会的生命也热爱自然的生命,表现出一种泛爱主义倾向。

先秦儒家都把天看成本源,认为人是天的派生物,所以从根本上说,人也是天的一部分。不过人与一般事物不同,天生出人,给了人以特殊的禀性和特殊的使命,从而使人成为天的精华之所在和自觉的代表。如《礼运》所说,人乃"天地之德,阴阳之交,鬼神之会,五行之秀气",故而认为"人者天地之心"。① 天地本无心,以人为心,人是天地的明觉,天地是人的躯体,所以人要为天地着想,绝无以心毁身的道理。荀子虽然明于天人之分,提出"制天命而用之"的主张,但他的本意绝不如当代一些学者解释的那样是"人定胜天"的思想,而是顺应天道为人类造福,故云"天地者,生之本也",人要"备其天养,顺其天政",以与天地相应相和,又云"天有其时,地有其财,人有其治,夫是之谓能参",人的作用是"治",顺天时、地财而治之,不是乱治,其基本思路仍未脱离天人一致的轨道,只是更看重人的特殊性和能动性罢了。

---

① 杨天宇:《礼记译注》,上海古籍出版社 2004 年版,第 276 页。

董仲舒的天人感应和人副天数之说有神秘成分,但他仍十分推崇人的地位和作用,肯定了"天地之性人为贵"的观点,并在《春秋繁露·立元神》中云"天生之,地养之,人成之"。天地是生命之本源,而人的作用在于使天地所生所养的万物臻于成熟和完美,人的可贵处只在于此。

儒家的天人之学至宋明有一大提升,其重要特点是充分揭示仁学中生命哲学的内涵,天人一体不仅仅是一种认识,也是一种感受,在这里宇宙观与道德心是合一的。周敦颐认为我与天地之同在于皆有生意,其道德表现即是仁。从他开始,以生意解说仁的含义。程颢提出著名的命题是"仁者浑然与物同体"[1]。他用一种很形象的说法来说明这种同体之感,云:"医书言手足痿痹为不仁,此言最善名状。仁者以天地万物为一体,莫非己也。"[2]人与天地万物本来就是有生命的整体,血脉相连,痛痒相关,如同头脑、心肺、四肢之间的关系一样。仁人对于自然界受到损害,如己身受到损害一样,应有切肤之痛。不关心天地万物的生命者,是由于他与天地一体这个大生命之间的命脉不畅,处在麻痹的病态之中。所以仁者与物同体不单是一种知识,也是一种境界,一种爱心,故"识得此理"还要"以敬诚存之"。[3]

张载的《西铭》是道学中具纲领性的作品,直认宇宙为一大家庭,其中天地为父母,人类为儿女,故有"民吾同胞,物吾与也"[4]的深切感受。人的生命活动不仅有道德意义(调整人与人之间的关系),而且有超道德意义(调整人与自然界之间的关系),故人生最高理想应是双重的:"为天地立心,为生民立命,为往圣继绝学,为万世开太平"[5],包括了人与宇宙、人与人的两重和谐。我们可以把张载的人生理想称为宇宙理想。

朱熹的天人之学有以下几点引人注意:一曰"人是天地中最灵之

① 《二程集》,中华书局 2004 年版,第 16 页。
② 《二程集》,第 15 页。
③ 《二程集》,第 16 页。
④ 《张载集》,中华书局 1978 年版,第 62 页。
⑤ 《张载集》,第 320 页。原文为"为天地立志,为生民立道,为去圣继绝学,为万世开太平"。

物"①,俗语所谓人为万物之灵。不过人类参差不齐,只有圣人才是灵性之最,堪为天地万物的杰出代表,故云"天地不会说话,请他圣人出来说"②,"圣人独能裁成辅相之"③。圣人是宇宙明妙之所钟,他的伟大不在凌驾于天地万物之上,恰在于替天行道,辅天育物,使人真正成为天地之心。二曰"天是一个大底人,人便是一个小底天"④,用人体推想天地,用天地推想人体,关键在于两者具有内在生命结构的有机体,故相通相应,只是规模大小有别而已。"一身之中,凡所思虑运动,无非是天"⑤,所以人身具有宇宙的全息。三曰"仁是天地之生气"⑥,"仁者天地生物之心"⑦,仁爱的深层本质是爱护生命,人的爱心源于天地生物、育物之心。这样,"仁"不仅是人的道德心,也是宇宙本身所固有的普遍性品格,否则哪里会有万物的孕育生成呢? 在朱子眼中,宇宙是一片生机,促进生命发育流行便是仁,摧残扼杀生命便是不仁。对待生命的态度成为区别仁与不仁的根本标准,这无疑把仁学深化和拓宽了。

阳明亦云:"大人者,以天地万物为一体者也。"⑧他又进一步说明,"盖天地万物与人原是一体,其发窍之最精处是人心一点灵明。风雨露雷,日月星辰,禽兽草木土石,与人原只一体","只为同此一气,故能相通耳"。⑨ 从张载起,即用"一气所化"来讲人与天地万物何以能为一体。阳明继之而言气,当然是指"生气"。一体之仁从爱惜自家生命推到爱惜他人生命,再推到爱惜动植物的生命,最后推到爱惜无生物的成型,形成一种泛爱万物的情感。他主张,一体之仁见之于政治,便是治国之道要兼治人事与天时,不单要富国安民,还要治灾消异,使之风调雨顺,

① 黎靖德编:《朱子语类》卷一百一十,第 2709 页。
② 黎靖德编:《朱子语类》卷六十五,第 1612 页。
③ 黎靖德编:《朱子语类》,卷一百一十第 2709 页。
④ 黎靖德编:《朱子语类》卷六十,第 1426 页。
⑤ 黎靖德编:《朱子语类》卷九十,第 2292 页。
⑥ 黎靖德编:《朱子语类》卷六,第 107 页。
⑦ 黎靖德编:《朱子语类》卷五十三,第 1298 页。
⑧ 施邦曜辑评:《阳明先生集要》,中华书局 2008 年版,第 148 页。
⑨ 施邦曜辑评:《阳明先生集要》,第 119 页。

这是最明确不过的将生态调适纳入政治范畴之中，不单单是道德修身的事项了。

总起来说，儒家的天人观是整体性的大生命观，它把宇宙看成一个超型生命体，人类是其中不可分割的独立的组成部分；人类是宇宙中最灵秀、万物之最贵者，其贵在于有心善思，能自觉意识到自身的价值，人类的伟大和尊贵不是表现为对天地万物的凌辱和征服，恰恰在于他能自觉地为整个大自然着想，善于事天、补天，真正起到"天地之心"的作用；人要懂得与天地万物为一体的道理，还要有热爱自然，与之心心相印、同气相感的深厚感情，这就是对自然的爱心，还要在行动上促使各种生命健康蓬勃的发展，果能如此，人类的幸福也就在其中了。儒家的天人之学在方向上很自然地与现代生态学说吻合，若能很好地加以发掘和阐扬，对于推动我国生态与环境的教育普及工作是十分有利的。

中国的道家也主天人一体论，甚至道家比儒家更主张顺应天道，更热爱山水之美，更重视生态的保护，其哲学和美学带有自然主义的浓郁气味。

儒道两家对于资源开发与动植物保护还提出一系列颇有价值的意见，所以一般意义上的生态学和生态哲学，确实是古已有之。

不过，中国古代的天人之学所包含的生态哲学及种种保护生物与环境的见解，都具有朴素的性质，表现出人类童年时期纯真美好的情感，缺乏严格的论证和成熟的体系，在具体内容上无法与近现代生态学的细密严谨相比。可是古代的天人之学，具体到儒家的天人一体论，又具当代西方生态学和生态哲学所缺少的内在优势，主要是重视人与天地万物之间的感情心理因素。可以说，西方近代生态理论和环境保护主义的兴起，在很大程度上是全球性生态危机所造成的震慑和恐惧，而儒家的天人一体之学，主要不是受到自然惩罚的结果，而是建立在本然的情感与深刻的体认之上。如不从认识上和感情上同时解决问题，就很难扭转人类中心主义和功利主义的心态，所以必须在建立生态哲学的基础上建立生态伦理学，从根本上改造人们的环境意识和道德观念，使之适应生态文明的需要。

（四）努力建设新的生态哲学

关于生态哲学,目前在西方尚无成熟的著作问世,但作为自然科学的生态学早已建立,类似于生态哲学问题的探讨已经开始。罗马俱乐部的若干报告,如梅萨罗维克、佩斯特尔的《人类处于转折点》,佩西的《未来的一百页》,拉兹洛等人的《人类的新目标》,都具有生态哲学的性质,即都想在人与自然的关系上,作出根本性的反省与调整。拉兹洛在1985年创立"一般进化论研究小组",在自然科学和系统科学新成就的基础上探讨宇宙、生物、社会、文化进化的一般规律。尤其注意解决人类自身的社会、经济、文化的价值观念的转变,以便为人类的生存和未来命运开辟出新的途径。在国内,有中国科学院国情分析研究小组于1989年完成的国情研究报告《生存与发展》,是我国第一份公开的关于生态、资源、环境的综合性调查报告,反映了中国人在这个重大问题上的觉醒。中国社会科学院哲学所研究员余谋昌先生已经出版《生态伦理学》、《生态哲学》两部专著,表明哲学界已经有人十分关注生态问题,并在创造性地建构生态理论体系。笔者认为建立新的生态哲学必须具有中国特色,这不仅指要紧密结合中国生态的现状,而且指要发掘和转化中国哲学中丰富的思想资源。中国哲学所表现出来的智慧太深刻,太富有启示性,没有这种智慧的帮助,人类很难走出生态的困境。

笔者认为新的生态哲学要包含以下几方面的基本内容:

1. 天人共生一体的宇宙观。

这种宇宙观主要阐述人在宇宙中的恰当地位,人与自然生态密不可分的关系:人类如何生活在一个大的"生命场"之中,如何与自然界交换物质、能量和信息,生态系统与社会系统如何保持良性循环。人不是自然的奴隶,也不是自然的主人。要确立:自然与人是母与子的关系,人与自然是头脑与躯体的关系。人为自然着想与为社会着想具有高度的统一性。所以要放弃"征服自然"的口号,代之以"与自然共存共荣、协调发展"的口号,这无疑是哲学观念上的一场革命。

2. 热爱生命、热爱自然的泛爱情怀。

生物之间存在着生态竞争,同时也存在着和平共处和互相依存的关系,特别是当地球变成人的世界以后,保护人类的生物朋友就成为一项急迫的任务。博爱情感的培养十分重要,人性的改良有赖于此。

3. 参与创造、赞助化育的使命感。

自然界适宜人类的生存和发展,但又不完善,它迫使人类在不断改善外部环境的过程中求得生存和发展,因而锻炼了人类特有的智慧。假如靠大自然现在的恩赐便可以生存繁衍,那人类只能停留在动植物本能智慧的水平上。人乃天地之心,天地生人而后具有了自我意识,因而赋予人以最特殊的使命——自觉参与大自然的造化过程,使大自然变得更加美好。人的能动性、创造性应当朝着这样的方向去发挥。

4. 天人和谐相适的价值取向。

追求幸福是人类的本性,人总是把自认为最有价值的事物作为幸福的首要因素。但对于何者最有价值可以带来最大的幸福则有极不相同的理解和选择。有两点不可不予以澄清,其一是重物轻人的为外物宰制者不会有真正的幸福,其二是掠夺自然破坏环境而求富足者不会有真正的幸福。以上两者的幸福充其量只是畸形的、暂短的幸福,其中隐藏着太多的转化为灾祸和不幸的因素。人类的价值观和幸福观必须根本改变,以天人相适作为社会发展第一位的目标。

5. 人与人的和谐同人与自然的和谐相一致的社会观。

要理顺和保持人与自然的和谐关系,至少要以社会关系的某种和谐为前提,一个四分五裂的社会是无能为力的。当生态危机成为全球性的严重危机以后,国与国之间的某种联合一致便成为克服危机的必要条件,否则任何重大的改善措施都无法实行。生态哲学的任务之一是从理论上论证地球一家,建立生态学的世界意识,这是国际新秩序的重要组成部分。为此就要改善以往种种加剧人际对立的社会学说,以求同存异和和而不同的开放心态加强国际间的关系,共同回应一系列急迫的全球性问题向人类提出的挑战。

在生态哲学的基础上,逐步建设生态经济学、生态政治学、生态伦理学、生态美学、生态教育学等学科。**生态经济学**要研究国民经济发展中生态的作用，如何正确处理社会发展与环境保护的关系，经济效益与生态效益的关系，如何建立生态农业，生态工业，生态林、牧、渔业，如何发展绿色产业，等等。总之，没有生态概念的经济学绝不是现代经济学。引入生态概念之后，经济学要发生一系列变化，形成经济学发展的一个新的阶段。**生态政治学**要研究当代政治、政府、政党与生态的关系，研究国际合作与生态的关系，研究生态保护法律、法令及政府的相应职能。当代的生态问题，没有政府的参与和各国政府的协作是无法着手解决的；同时，当代的政治家若不关心环境与生态，或者不能有效地采取措施加以改善，就不配做一个真正的政治家，他会受到国际社会和国民的同声谴责。**生态伦理学**要研究人类与自然关系中的道德问题，突破传统的社会伦理的范围，把道德观念、道德规范、道德评价、道德修养扩大起来，运用于人对动植物及对环境的态度与行为上，形成保护环境与生态的新观念、新规范，并成为习俗和风气，不仅损人利己是不道德的，损害大自然的生机和各种活泼的生物也是不道德的。**生态美学**要研究人和自然的协调美，克服片面追求人为美、豪华美而忽略自然美、纯朴美的倾向。理论美学要阐发宇宙和谐即美的思想，实用美学要在美的构思与设计上处处体现人与自然融为一体的风格，例如，城市规划与建设必须消除污染，改良环境，向花园城市的方向努力，否则就不符合当代城市的标准。**生态教育学**要研究生态学在当代教育中的地位与实施教学的途径，如何使全体民众尤其是青少年具备生态知识，养成保护环境的习惯，从教学体制、教学内容上作出调整，使生态学成为国民教育的有机组成部分，并培养相应的人才。

笔者的预测，人类果真能从以往的发展中吸取必要的经验教训，走上健康发展的道路，那么在工业文明之后兴起的必然是生态文明。它纠正了工业文明的偏向，又借用工业文明创造的财富和手段，在更高的基础上向自然回归，其基本特征是社会的发展和人性的改良及环境的优化同步进行，形成协调有序的、互相促进的良性循环。

（原载于《甘肃社会科学》1993 年第 3 期，

收录本书时标题有改动）

四、儒学继承与创新的三种途径

（一）返本开新

这是港台新儒家的提法。返什么本？为什么要返本而后才能开新？返孔孟之本，返"五经"之本，返中华文化源头之本。孔孟之后，儒学有发展有偏离，有创新有扭曲，有开展有萎缩，所以需要经常返本，重新找到源头活水，重新体认儒学的真精神，使之发扬光大。例如，儒学在宗法等级制度和君主专制主义政治操控下，挤压了它包含的仁爱忠恕精神，出现了"以理杀人"、"礼教吃人"的现象，使儒学成为一种摧残人性的东西，就需要重返儒学之本，回到孔子的"以仁为体、以礼为用"的思想上。在时代精神的观照之下，对原典重新解读，接续鲜活的智慧，找到新的亮点，使之焕发出新的生命之光。如果不返本而开新，开出的只能是无源之水，很快会干涸；只能是无本之木，不能成长。

民族文化的创新不能全盘移植外来的成果，外来文化如不适应民族文化的土壤，无法生存，硬要占领，只能造成摧残民族精神的后果，那是有为民族不能接受的。贺麟先生说："民族复兴本质上应该是民族文化的复兴，其主要的潮流、根本的成分就是儒家思想的复兴，儒家文化的复兴。假如儒家思想没有新的前途，新的开展，则中华民族与夫民族文化也就会没有新的前途，新的开展。"[1]他认为西洋文化要吸收，但要将其加以儒化和华化，"如果中华民族不能以儒家思想或民族精神为主体去儒化或华化西洋文化，则中国将失掉文化上的自主权，而陷于文化上的殖民地"[2]。守住原典精神，才能有民族主体文化。

---

[1]　贺麟：《文化与人生》，第14页。
[2]　贺麟：《文化与人生》，第16页。

所谓开新是对传统的开拓创新,历史不能割断,根基不能抛弃,否则开新无从谈起。从积极方面说,传统是开新的宝贵资源,儒学是创新文化取之不尽的智慧源泉和动力。欧洲的现代化得益于古希腊罗马的文艺复兴,得益于基督教的革新与发展,韦伯的《新教伦理与资本主义精神》已说得很明白。中国的底色是儒家文化,返本开新的首要工作是对"四书"、"五经"作出新的诠释,对儒学精要作出新的概括,既深刻准确,又富于创造性,然后结合今日之实际,加以引申发挥,有时达到吕坤所说:"发圣人所未发,而默契圣人欲言之心"①。

返本不仅是学界的事,也是大众的渴望。当代中国人在文化激进主义汹涌浪潮带动下,离开本源,随波逐流,四处彷徨,失其精神家园已经太久,现在要求"回家",向中华文化回归。做好经典普及工作,尤其推动儿童读经,是"培本固元"的大事,是基础性的战略性的文化建设事业。由儒道及百家共同铸造的中华精神,梁启超、张岱年用《易传》两句话概括:自强不息,厚德载物。笔者再加一句:刚健中正。自强不息是不甘落后、艰苦奋斗的精神,有忧患意识,有担当魄力,有乐观心态,有精诚意志,百折不挠,愈挫愈奋。厚德载物是仁爱天下,尊重差异,包容多样,立人达人,不欲勿施,利物不争,海纳百川。刚健中正是顺时利民,和而不流,中立不倚,不偏不党,不卑不亢,无过不及,择善固执,从容中道,守经用权,合情合理,温良坦荡。中华精神,常驻常新,百代不易。

（二）综 合 创 新

综合创新是张岱年先生的提法。张先生于 1987 年提出文化综合创新论,为学界所普遍认同。笔者的理解,综合是指汇集古今中外文明成果,包括借鉴前贤研究成果,以便集思广益。在综合的基础上创新,会使创新的动力加强、创新的智慧丰富、创新的内容深广。只综合而不创新,不过是建起个文化陈列馆,供人观赏而已,不能实现自我创造价值。只创

---

① 吕坤:《呻吟语》,《吕坤全集》(中),中华书局 2008 年版,第 642 页。

新而不综合,则孤陋寡闻,单薄贫乏,创新乏力,只能是闭门造车,没有实效。匡亚明提出研究古代思想家要把握"三义":本义、他义、我义。本义即思想家文本的精确内涵,研究者首先要考订清楚;他义是此前学界研究成果,至少是有代表性的成果,研究者要广泛收集,认真参考;我义是研究者独特的见解,要比前人有所突破,有所进步,有所提升。这就是综合创新。

在当代的历史条件下,综合创新的重要方面是如何在文化上推动中西融合、实现相摄互补。儒学在古代成功地接受了佛教进入的挑战,吸收它、改革它,使它成为中国化的佛教,同时儒学也开出一个新的局面,如陈寅恪所说:"佛教经典言:'佛为一大事因缘出现于世',中国自秦以后,迄于今日,其思想之演变历程,至繁至久。要之,只为一大事因缘,即新儒学之产生,及其传衍而已。"①儒学在当代既受到社会主义思想的冲击,也受到欧美西洋文化的挑战,儒学一度衰微和沉寂,一些人预言它行将过时。然而它经历了磨炼和洗礼,除去了僵化陈腐的部分,生机显露,起死回生,焕发出新的光彩。它在吸收社会主义的平等、公正理念和西方文化民主、自由、科学、人权思想之后,正在进入新一期的发展,其前途是光明的。人们正在推动儒学转型,建设符合时代需要的新儒学,包括新仁学、新礼学、新心学、新理学、新气学。港台已有当代新儒家,大陆也必将有新的儒家学派出现。在民间则有新五常、新八德逐渐流行。在与西方文明对话中,儒学非但没有被边缘化,反而以其"天人合一"、"天下一家"、"和而不同"、"忠恕之道"等为西方文明所缺乏的理念,从而为西方所看重,孔子正在以新的精神形象周游列国,为人类摆脱各种危机、实现和平发展和文明转型作出新的贡献。

贯通古今,融会中西,综合创新,必须有批判精神,选择智慧。能够识其长短,纳优弃劣。西方文化特长在于尊重个性,倡导自由,开启民智,倾力法治,故而发展出当代的民主与科学;其短处在于崇尚斗争,弱肉强食,

---

① 陈寅恪:《冯友兰中国哲学史审查报告三》,载冯友兰:《中国哲学史》,中华书局 1947年版。

唯我独尊,重利轻义,一神排他,以力服人。中国文化特长在于尊德崇礼,爱好和平,天人一体,中道不偏,重人轻神;其短处在于智性不彰,个性不显,法治不明,竞进不足。如何在中西互动中采两者之精华而熔为一炉,弃两者之糟粕而引为借鉴,是实现综合创新的关键所在。

（三）推 陈 出 新

推陈出新是 20 世纪 50 年代文艺界的口号,适应于文艺渐进式的发展,如京剧以旧形式唱新内容。可以扩而大之,使其适用于整个中华传统文化的新发展。推陈出新可从形式与内容两方面说:从形式上说,现代的内容、民族的形式,永远是需要的,尤其在文艺上,民族的形式如中国样式的戏曲、诗歌、音乐、舞蹈、绘画、文字、语言等,为中国人所喜闻乐见,再适当引进外国的文艺,为中国文艺增添色彩。这样的推陈出新,容易形成共识。若从内容上说,把推陈出新拓展到政治、道德、哲学等领域,就会有争论发生,而且做起来实非易事,因为要做研究、辨析、筛选、提炼和转化等大量艰苦工作。推陈的"陈",指过去的传统,包括精华和糟粕。例如五常之德:仁、义、礼、智、信,是中国的普遍伦理规范,不会过时。但以往的解释和实践,有许多旧时代的烙印,需要剔除,重加阐释,增入新义,方能适应新的时代,这就是推陈出新。仁,强调其爱、生、通的内涵,去其回复旧礼的成分。义,强调其社会正义、公平的内涵,去其忠于个人或小集团的狭隘性。礼,强调其社会公共生活规则性,去其束缚个性自由的旧礼。智,强调其知识才能的内涵,避免其归智入仁的偏窄性。信,强调其诚直不欺的品格,开拓诚信制度层面的建设。传统的孝道是中华民族的美德,要大力继承和发扬,但也要推陈出新,去其愚孝的成分,增强其敬养的内涵,还要依据时代的进步建立敬老、养老的社会教育与保障体系,使孝道落到实处。

精华与糟粕的区分是相对的,有其时代动态性,不可只据一时的评判标准裁决数千年文明之是非。在斗争哲学盛行的年代,孔子的中庸之道被认为是糟粕而遭到全盘否定。现在和平与发展成为时代的主题,中央提出以人为本、构建和谐社会与和谐世界的治世方略,而其重要思想渊源便是孔子和儒学的中和哲学。中庸之道所倡导的中正之道、和而不同等理念及其温和主义品格,日益显露其促进人类文明的作用。再者,即便是当时的糟粕,也可以转化为精华,即所谓化腐朽为神奇,关键在于人是否具有超凡的智慧、必要的知识与途径。人类生活中的垃圾与废料,可以变废为宝。人们曾把麦谷的秕糠用作饲料,人不屑食用,现在才知道,它们比精米精面更有营养价值。宋明理学家提倡"存天理、灭人欲",被封建王朝后期统治者用来扼杀民生需求和个性解放,五四时代启蒙运动先驱直斥其为封建糟粕,自有其合理性。如今时代改变了,市场经济激发了生产力的快速发展,同时也充分释放了人们的物质欲望,造成人欲横流、道德滑坡的文明危机。"存天理、灭人欲"获得了某种真理性,有了转化为精华的可能性。至少在"天理"、"国法"、"人情"之间要形成一定的平衡关系,天理还是要讲的。从目前看,"存天理"很难,"灭人欲"(灭过度的物欲)更难。"人欲"正像脱缰野马,狂奔不止,信仰、道德乃至法律在它面前都是苍白无力的,以前人们低估了"人欲"爆发的力量。人欲不可滥,又不可灭,可否将理学家的命题调整为"存天理、制人欲"? 许多古代的理念皆如此类。

谷牧同志提出,孔子的学说可古为今用,有的"可以直取而用之",有的"可以剖取而用之",有的"可以借取而用之"。[1] 儒家文化对于中国未来文化建设来说是极珍贵的思想资源,随着时代的发展和人们理念的演变、视野的扩大,儒学资源的发掘利用将不断有新的高度。最好的做法不是简单化一分为二,武断决定弃取,而是在推陈出新上下功夫,不人为预设模式,则这份遗产是取之不尽、用之不竭的宝藏。

以上继承与创新的"三新"之说,其同皆在于主张从儒家传统中开拓出新形态、新局面。其异在于:返本开新注重正本清源,以保证中华真精神得到发扬光大;综合创新注重包纳多样,以保证儒学的生命活泼多姿;推陈出新注重转化传统,以保证儒学的资源不断为现代文明输送营养。

---

[1]　参见《谷牧回忆录》,中央文献出版社 2009 年版。

"三新"之说又彼此关联,不可分割。不返本开新,不接续源头活水,综合创新便会食多不化,推陈出新就会迷失方向;不综合创新,不引进众家异说和外来文明,返本开新便会泥古不化,推陈出新就会乏力苍白;不推陈出新,不致力于内部创造,返本开新就会徒说空话,综合创新也会主体不明。因此,"三新"之说相辅相成、相得益彰,如此儒学的继承与创新庶几可以顺利进行。

儒学是中华文化的主干和底色,是人类各种文明大系中人本色彩浓重、包容精神强烈的文化体系,中国的文明建设需要儒学,世界的文明转型需要儒学。儒学的继承与创新之最终目的,一是为了重建中华民族的主体文明,完成中华民族复兴的大业;二是为了推动人类文明的对话,探讨全球伦理,建设和谐世界。这是我们这一代学人的历史责任。

(原载于《人民政协报》2010 年 11 月 22 日"学术家园")

五、儒学在近现代面临的挑战与复兴之路

（一）儒学面临的新挑战空前严峻

中国历史上有两次外来文化的大规模进入：一次是印度佛教的进入，另一次是近现代西方文化的全面进入。佛教的进入并未使中国佛教化，却成功实现了佛教中国化，在很大程度上是佛教的儒学化、道学化。而西方文化的进入，情形有很大的不同，不仅未能顺利实现西方文化的中国化，还一度使中国文化西方化或边缘化，差一点中断了中华文化的血脉。而其中儒学的命运最为悲惨，作为中华文化主干的儒学在一段时间内被中国主流社会所否定、所抛弃，几乎失掉了存身之所。这种差异的发生既有社会历史条件变迁的原因，也有文化自身发展起伏的缘故。

佛教在两汉之际传入中国，至隋唐逐步中国化。其时中华帝国出现汉唐盛世，国强民富，经济发达，政治安定，文化繁荣，在世界上是一流大国，对周边国家有很大的辐射力和吸引力。与此同时，作为汉唐意识形态和主流文化的儒学也地位牢固，为外国所敬慕。儒学本身正处在上升兴旺时期，对于统一国家的治理、社会道德的维持、文化教育的发展，发挥了主导、促进的作用，中国人充满了自信心。虽然其间有魏晋南北朝的分裂动荡以及儒学自身弊端的产生（如烦琐化、形式化），但不足以抵消其辉煌，其正宗地位并未动摇。中国人依托博厚的中华文化，迎接佛教的进入，少数人有担忧甚至反佛，主流社会则积极接纳，一大批精英认真取经、译经、研经、释经，致力于儒、道、佛的融合，唐代执政者则确立三教并奖的文化政策，把佛教有效纳入社会调控和道德教化体系。中国并未因佛教的进入而改变其儒道互补的文化底色，却因吸收佛教而增大了文化的丰富性，儒学在佛教的激励下也在推陈出新，至宋代形成新儒家形态。

近现代中国的情形很糟。鸦片战争以后中国沦为西方列强的半殖民

地,国力日衰。清帝国后期,制度僵化、政治腐败、闭关自守、经济落后、民生凋敝,而统治者不思改革,民族危机与社会矛盾日趋尖锐。理学与礼教则由于丧失仁爱精神和过度政治化,成为统治者禁锢人心、扼杀生机的工具,有识者斥之为"以理杀人"①,整个社会呈现"万马齐喑"②的局面。鲁迅批判"礼教吃人"也是针对后期僵死的无仁之礼,它没有人性的关怀,只有片面的等级服从,其余毒长期流传不绝。与此相反,西方工业文明蓬勃发展,工商业经济创造出自然经济不可比拟的巨大生产力,科学技术日新月异,极大地改善了人类物质生活条件;它所创建的民主与法治社会管理模式及自由、平等、人权、理性等价值理念,使人的自由度和创造力获得很大的解放。由于这些优越性,西方文化以不可阻挡之势席卷全球,引领世界潮流数百年。当它大规模进入中国之时,在中国人面前全方位显示了它的先进性,也凸显了中国社会和中华文化的陈旧落后,使得一批中国的精英猛然惊醒,在感受西方列强侵略欺凌的切肤之痛的同时,不得不承认,要使中国由落后变先进,能自立于世界民族之林,必须向西方文化学习,实现"以夷制夷"的强国目标。他们也由此反省中华文化的不足,包括儒学的弊端,甚至出现矫枉过正的"全盘西化"的论调,出现为了救中华必须毁灭中华文化的偏激主义。从社会进化论的观点看中西文化差异,是人类文明不同发展阶段的差异,即农业文明与工业文明的差异。从文化相对论的观点看中西文化差异,是知性为主的文化与德性为主的文化的差异,是贵斗哲学为主的文化与贵和哲学为主的文化的差异。西方讲实力强国,中国讲礼让为国。表现在对外关系上,如孙中山所说:"东方的文化是王道,西方的文化是霸道。讲王道是主张仁义道德,讲霸道是主张功利强权。讲仁义道德,是用正义公理来感化人;讲功利强权,是用洋枪大炮来压迫人。"③西方近现代文化具有刚健进取的特点,能量释放迅猛,对中国的冲击力很大。中华文化则具有柔和保守的特点,底蕴深厚但能量不会短期爆发,在西方文化咄咄逼人之势面前,只能采取守势,节

---

① 《戴震全集》第一册,清华大学出版社1991年版,第161页。
② 龚自珍:《己亥杂诗》,载刘逸生注:《龚自珍己亥杂诗注》,中华书局1980年版。
③ 孙中山:《对神户商业会议所等团体的演说》,《孙中山全集》第11册,第407页。

节后退。

由此可见,儒学面临的挑战是空前严峻的,完全不同于佛教进入时的态势,可以说是一场生死考验。诚如贺麟所说:"西洋文化之输入,给儒家思想一个试验,一个生死存亡的大试验、大关头。假如儒家思想能够把握、吸收、融会、转化西洋文化,以充实自身、发展自身,则儒家思想便生存、复活,而有新的开展。如不能经过此试验,渡过此关头,就会死亡、消灭、沉沦,永不能翻身。"①在这场文化考验面前,弘毅之士不乏其人,但也有一些人丧失了民族文化自信心,并预言儒学将退出历史舞台。

（二）西方文化对儒学冲击的两重性

1. 儒学作为中华主流文化传承两千多年,为了适应宗法等级社会与多民族国家不同时期的发展,它自身作过多次调整,不断有新学派产生。但它在农业文明和家族社会土壤里扎根太深,积淀起深厚的传统,它如何在一个对于古老的中国而言是全新的时代里继续生存,要做哪些大的改革,才能适应商品经济和公民社会的需要,单靠儒家开明派运用传统资源是很难完成这一艰巨历史任务的。西方文化的介入是儒学起死回生的外部关键因素。它把儒学逼到不革新就灭亡的关头,促使儒学界不能不作深刻反省,在西方民主自由观的参照下,检讨在帝制政治扭曲中"三纲"说之陈腐与危害,破除等级观念与封建家长制,改变闭塞守旧心理,从儒学中拯救其仁学所展现的博爱、平等、兼通等合理内核及五常之德所包含的东方普遍伦理,以便于儒学与现代社会相衔接;同时吸收西方文化的营养,创建儒学新的理论形态。

康有为、谭嗣同、孙中山是儒学革新的代表,是具有国际视野的当代儒学改革的先驱思想家。谭嗣同兼学中西,究心西洋政治、科学、历史、宗教,看重耶稣教,向往工商繁荣;对于儒学,则扬孟子而贬荀学,又推崇佛家与庄、墨之学,以开阔的视野观照儒学及其现实形态,故能看透礼教弊

---

① 贺麟:《文化与人生》,第16页。

端,选取仁学精华。他集中攻击专制主义和"三纲"说,认为其残害百姓,毫无人理,故要冲决君主、伦常之网罗,争取人性之解放。他运用西方平等自由的理念提倡孔子的仁学,首标"仁"之新义:"仁以通为第一义",把仁学引入现代文明的境界。"通之象为平等",有四义:一曰"中外通","破闭关绝市",通学、通政、通教、通商;二曰"上下通";三曰"男女通",皆用以破"三纲五伦之惨祸烈毒";四曰"人我通",破己与他的畛域。他认为打破闭塞,通商惠工、富国富民乃"相仁之道"。[①] 谭嗣同是中国改革开放的最早的先驱思想家,他的贡献不仅在揭露为专制政治扭曲化的儒学的腐朽危害,而且活用西方先进思想重新发现儒家仁学的核心价值,将其提升,并与中国走出中世纪、迈向现代社会的变革联系起来,从而同时避免了国粹派的保守顽愚和西化派的民族虚无主义。

2.西方文化的蓬勃生发的超强势态和中华文化背负因袭重担的固陋成鲜明对比。辛亥革命推翻帝制的成功和五四新文化运动的兴起,使中国文化生态发生质变,西方文化包括欧美文化和后来进入的苏联社会主义思想逐渐成为主流文化,支配了思想界、政治界人士;中华传统文化核心儒、佛、道三家被边缘化,至少在精英文化层面上被视为旧的保守的文化,退出中心舞台。其中儒学被进一步妖魔化,成为封建文化的同义语,成为"文化革命"的对象,"打倒孔家店"是先进青年中最时兴的口号。引领中国进步潮流的前沿思想家,大都主张以欧美为师,或者以俄为师,决心放弃儒学,扯下孔子这面文化大旗,在文化建设上另起炉灶。这种在社会革命中打倒古典人物、铲除古典文化的现象在人类历史上尚无先例。欧洲近代文艺复兴运动虽然猛烈批判基督教,但集中批判教会与保守神学,并不否定《圣经》,对于古希腊罗马文化则以复兴其思想为己任,苏格拉底、柏拉图、亚里士多德始终被推崇。英国没有人要打倒莎士比亚,俄国没有人要打倒托尔斯泰。即使近代最激进的人物也没有把当时社会的黑暗归咎于古典思想家。

独有中国不反思当代人做得如何,动不动把斗争矛头指向孔子,要他

---

① 谭嗣同:《仁学》,《谭嗣同全集》下册,第291页。

为两千多年后的中国的衰落负责,千方百计要把中华民族文化象征人物孔子加以丑化,使之丧失神圣性,不再有凝聚力。这等于丑化了中华文化,剪断了维系民族共同体的文化纽带,使中华民族遭遇空前严重的文化危机。胡适提倡全盘西化论,鲁迅把中华文明归结为"吃人"文化,陈独秀认为要提倡民主与科学便要反对孔教和旧伦理。各派代表人物都把矛头指向儒学,不加分析地全盘否定。此外,蔡元培在教育改革中废除读经,使新时代学子不再接受经典的熏陶,从而数典忘祖。一批颇有影响力的文化界进步人士提出汉字落后论、汉字取消论,推动汉字拉丁化运动。假如这场运动成功,中华古典文化包括儒学的传承必将因汉字载体的消失而断裂,汉族有可能由此而分崩离析。他们所做的已经超出文化改良的范围,在漂亮的革命口号之下,实际上是在挖掘中华文化的根系,扼杀中华民族文化的生机,虽然他们主观上是为了救中国,但恰好在客观上适应了西方帝国奴化中国、推行文化殖民的需要,其害莫大焉。

新中国成立以后,从未停止过对儒学的讨伐,孔子成为反面教员。"文革"批孔达到极致,中国陷于浩劫,人们才开始觉醒,发现身处文化荒漠之中,已经满目疮痍了。幸亏中华文化在民众中根基深厚,生命力顽强,已融入中华民族血脉之中,未被文化激进主义摧毁,在新时代条件下,犹如凤凰涅槃,浴火重生。若其潜力稍弱,便被冲垮了。中华文化虽然根系不死,但遭到重创,在自觉的层面上被几代人冷落疏远,传统美德气息微弱,道德中国不复存在,人们不懂自己的文化经典而不以为耻,盲目崇洋风气盛行,其负面后果至今还在发生作用,而反传统的传统已形成巨大惯性,有些学人以现代化为理由继续热衷于反传统而不能自拔。

（三）西方话语下的儒学研究

现代儒学研究超越传统经学以经解经的训诂之学、义理之学的窠臼而有新的格局,也要归功于西学的传入,它使中国学人转换了新的眼界和使用了新的方法,故而产生了新的学术。但是,西学的理论方法亦有其局限性,自觉不自觉地表现出欧洲中心论的态度,不理解或曲解儒学。当西方话语笼罩中国、为中国学人采用而又不能中西融会贯通时,儒学重现在人们眼前的形象如同哈哈镜中的人物是可笑的、丑陋的。

1. 在单线进化论话语下,儒学被认为是比西方近现代思想低一级的、过时的学说,中华文化被认为是属于历史不属于现代的文化。早有严复译赫胥黎《天演论》,引进达尔文进化论,把"物竞天择"与社会进化联系起来,产生极大影响。后来胡适大力推崇达尔文与赫胥黎,认为社会的进步要靠生存竞争,赞美"适者生存"的所谓天演公例,而"适与不适"则要用实验主义的方法加以检验,其结论是:中华传统文化导致中国落后,"要肯认错,要大彻大悟地承认我们自己百不如人"①,因此必须全盘西化。在宗教文化上,西方宗教学进化论学派认为从原始巫术到多神教再到一神教是宗教进化的规律,因此中国各种多神宗教都比基督教低级,儒学没有脱离巫术色彩,也不高级。影响所及,民国年间的中国学界,一方面看好基督教,另一方面提出各种"宗教取代论"②,认为儒、道、佛在未来文化建设中皆没有继续存在的必要。

2. 在科学主义话语下,儒学研究从探究生命智慧之学蜕变为属于工具理性的专业性学问,被认为不应发挥教化作用,只可成为纯知识系统。20世纪20年代有"科学与玄学"之争,张君劢认为科学研究客观规律,人生观则是主观的生活态度。丁文江则认为科学万能,那些不能辨别事实真伪的、主观的、自以为玄妙的各种人生观,包括儒学,都是应当扫除的玄学。胡适引进美国实验主义,认为科学就能解决人生观问题,他的整理国故,只是要按照西方科学研究模式把国学知识化、工具化,将其纳入西方近现代社会科学专业系列,不再视之为生命的学问,使其丧失养成人格、化民成俗的道德功能。

3. 在自由主义话语下,儒学整个地被认为是阻碍民主、反对自由、维护专制的封建礼教。陈独秀倡言:"要拥护那德先生(民主),便不得不反对孔教。"他认为儒者"三纲"之说是"奴隶道德",所谓礼教乃是别尊卑、

---

① 胡适:《请大家来照镜子》,《胡适文存》第四卷,北京大学出版社1998年版,第28页。
② 参见王芳恒:《冯友兰社会文化观研究》,贵州民族出版社2003年版,第295—355页。

明贵贱制度者,与民主共和绝不相容。① 鲁迅认为:"孔夫子曾经计划过出色的治国的方法,但那都是为了治民众者,即权势者设想的方法,为民众本身的,却一点也没有。"②他的《狂人日记》说,中国历史每页都写着"仁义道德"几个字,从字缝里看出,原来满本写的两个字:"吃人"③。鲁迅反对儒学中庸之德,认为仁恕、宽容等说法,表面上调和、公允,实际上是姑息坏事、纵恶养奸,因此他主张痛打落水狗,直至临终也不讲宽恕别人的话,他留给亲属的话有"主张宽容的人,万勿和他接近"④之言。20世纪80年代的《河殇》⑤把儒学视作保守的内陆黄色文明的代表,是窒息民族生命的文化,反之代表海洋蓝色文明的西学则是值得中国人向往和学习的。还有人把儒学为主的中华文化的核心归结为专制主义。这是全盘西化论在当代的新说法。

4. 在基督信仰话语下,儒学被认为是顺世的俗人伦理,缺乏宗教超越意识,不能为现代化提供动力。最典型的是马克斯·韦伯的观点,认为儒教否定彼岸,没有一神教外在超越的宗教精神,因而也缺少救世宗教用神圣性对世界进行理性的制约的功能。儒学是一种秩序的理性主义,意味着理性地适应世界,不能像新教伦理那样理性地把握世界,后者经由经济理性主义成为资本主义精神。韦伯的结论是:儒教阻碍中国资本主义的发展。⑥ 美国哈佛学派学者列文森著有《儒教中国及其现代命运》⑦,认为儒学最本质的特征是"中庸",它能成就社会的长期稳定,但缺乏与现实的张力,因而也没有活力,不能导致真正的社会变革。而中国现代性的社会大变革是在西方文化全面冲击下发生的。在中国现代化过程中儒

---

① 参见陈独秀:《新青年罪案之答辩书》,《独秀文存选》卷一,贵州教育出版社 2005 年版。

② 鲁迅:《在现代中国的孔夫子》,《鲁迅杂文选集》,外文出版社 1976 年版,第 664 页。

③ 参见鲁迅:《狂人日记》,《鲁迅全集》,人民文学出版社 2005 年版。

④ 鲁迅:《死》,《鲁迅杂文选集》,第 776 页。

⑤ 苏晓康等:《河殇》,现代出版社 1988 年版。

⑥ 参见马克斯·韦伯:《中国的宗教:儒教和道教》,简惠美译,(台北)远流出版公司 1989 年版。

⑦ [美]约瑟夫·列文森:《儒教中国及其现代命运》,郑大华、任菁译,广西师范大学出版社 2009 年版。

教成为历史,不再有新的发展前景,中国传统文化将走进历史博物馆。上述观点在中国学界都颇有影响,甚至成为一种学术潮流,如20世纪80年代金观涛用以抨击儒学的"超稳定结构"说就来自列文森。

5. 在苏联式哲学话语下,儒学被肢解,大部分学派成为唯心论。苏联日丹诺夫把哲学史简单化地归结为唯物主义与唯心主义斗争并在斗争中不断发展壮大的历史,一段时间内它成为金科玉律,成为研究中国哲学史的指导思想。用这种理论眼光考察儒学史,孔子的天命论和仁学、孟子的"尽心知天"说和"养气"说,都是唯心主义;董仲舒的"天人感应"说是神学目的论;程朱理学是客观唯心论;陆王心学是主观唯心论。总之,儒家哲学主脉都属于错误思想路线。只有荀子、张载、王廷相、王夫之等人的哲学才是唯物主义正确思想路线,不过都不彻底,有唯心主义杂质。这样一来,儒学在中国哲学史上的地位和正功能大部分都被否定掉了。更为重要的是,儒学最有价值的人生哲学被日丹诺夫的理论框架给剔除在外。用西方哲学的模式剪裁中国哲学的历史,不仅抹杀了中国哲学的特色,而且降低了中国哲学在世界哲学中的地位。即使找到一些唯物主义和辩证法因素,也只能算是朴素的、发育不成熟的,无法与西方近现代哲学相比。更有甚者,列维·布留尔在《原始思维》中将中国人的主客统一的整体性思维称为服从互渗律的"原始思维",处在很低的水平上。① 近有楚渔作《中国人的思维批判》②一书,认为中国人的思维模式落后,缺陷是模糊、混乱、僵化,导致中国人素质不高,造成近代落伍。书一出,一些人便加以吹捧。可是思维模式很难改造,中国的现代化简直就没有希望了。此论不仅是布留尔的翻版,又有过之,其自虐竟到如此程度。

6. 在源自苏联的极左政治话语下,儒学成为反动倒退的思想。在以阶级斗争为纲的路线指导下的"文化大革命"中,"四人帮"把苏式阶级斗争学说与法家专制主义相结合,掀起疯狂的反孔批儒运动,吹捧法家是进步的主张革新的,指责儒家是保守的主张倒退的,认为反孔与尊孔是各个

---

① 参见[法]列维-布留尔:《原始思维》,丁由译,商务印书馆1981年版,第212页。
② 楚渔:《中国人的思维批判》,人民出版社2010年版。

历史时期两个阶级、两条路线斗争的重要组成部分,贯穿于两千多年的历史过程,儒家始终是社会进步的阻力,孔子是历代反动派的思想代表,是千古罪人。这场运动把反孔批儒的反传统思潮推向了顶点,也推向了极端,从而为物极必反、结束极端主义创造了条件。人们已经在承受"文化大革命"造成的痛苦,又从反孔批儒运动中看到四人帮的不良用心和反人性的危害,接触到儒学"仁者爱人"、"和为贵"、"中庸之道"的思想,对儒学产生了亲近、认同之感,新的文化觉醒在逐渐出现。

7. 在西方文化话语下,出现了许多讨论儒学性质的话题,难以形成共识。例如,儒学是否是哲学,是否是宗教,一直在争论,其背后是西方哲学与宗教的概念在支配讨论,概念理解不同,持论也就不同。从西方发达的宇宙论和知识论看儒学,儒学便不像哲学,只是一种伦理学说而已,只有老子和道家略为接近哲学。从西方基督教的"上帝观"与"救赎论"看儒学,儒学便不是宗教;但从有的西方学者提出的"宗教性"①与"终极关怀"②作为衡量宗教的标准来看,则儒学便可视为宗教。如果儒学是宗教,那么其性能又如何评价? 从基督教的超越主义看,"儒学是宗教"便意味着它同样具有超越精神,是一种高层次的思想文化。从苏联的"宗教鸦片基石论"看,"儒学是宗教"便意味着它是麻痹人民斗争意志的工具,是坏的需要否定的学说。出现这种情况,是简单套用西方话语和观点造成的。对于将西方文化的概念套用于东方和中国思想文化,早有人提出异议,并试图加以突破。如欧阳竟无提出"佛法非宗教非哲学"③,汤用彤则说"佛法亦宗教亦哲学"④,二先生不拒绝使用西方概念,又不受其限制。笔者曾写过一篇文章:《儒学非哲学非宗教,有哲学有宗教》⑤,讨论儒学是什么样的学问,指出:在西方话语笼罩之下,当代中国人起初只能通过西方的理念重新解释自己的文化,不得不把本来是包含社会人生多

①　参见[加]史密斯:《宗教的意义与终结》,董江阳译,中国人民大学出版社 2005 年版。

②　参见蒂利希:《文化神学》,载孙亦平主编:《西方宗教学名著提要》,江西人民出版社 2002 年版。

③　参见徐清祥:《欧阳竟无评传》,百华洲文艺出版社 2010 年版。

④　参见汤用彤:《汉魏两晋南北朝佛教史跋》,《汤用彤论著集》,中华书局 1983 年版。

⑤　此文发表时标题改为《儒学是什么样的学问》,《光明日报》2007 年 1 月 25 日。

方面内涵、具有综合性思想体系的儒学及佛学、道学纳入"中国哲学史"范围加以说明,结果是削足适履,写出来的书,儒不像儒,佛不像佛,道不像道。西方话语有一部分已成为普适性主流话语,我们应当接纳和使用,使其成为现代汉语文化的组成部分,这是儒学现代转型所必需的。但使用时不能抹杀中国文化的特点,否则将扭曲中华思想包括儒学。

（四）儒学复兴有了转机

儒学衰落的命运到 20 世纪 80 年代以后出现了新的转机,因为时代条件已经发生巨大变化。

1. 中国结束"文化大革命",打破自我封闭,实行改革开放,在经济层面引进世界市场机制,在政治层面确立走中国特色社会主义道路,在文化层面弘扬中华文化、建设中华民族共有精神家园,中国的现代化事业与民族复兴融为一体。三十多年的发展,成就巨大,世人瞩目;尤其在当前全球金融危机中,中国比西方国家能够更好地应对危机,继续保持经济高速增长,又成为美元最大持有国,帮助西方走出危机,令世界震惊。同时,中华文化地位上升,孔子恢复正面形象、重新受到尊敬。中国人在走向世界的同时民族自信和文化自觉也在增强。事实证明,经济发展与文化复兴可以同步进行,学习外国与发扬传统能够互相结合,文化激进主义把传统与现代化对立起来是错误的。儒学在中国现代化事业中成为一种文化资源,成为一种精神动力,成为一种生存土壤,成为一种民族纽带,成为一种道德保障,起到了促进作用;而儒学也在现代化进程中被重新解释和筛选,被有效发掘和提炼,被注入新鲜血液而焕发出新的生机活力,被纳入现代信息网络而加快了在中国在世界的传播。

2. 东亚群国(日本、韩国、新加坡等)的崛起,和中国港台地区的快速发展,显示了儒学文化圈的潜力和优势,破除了"韦伯偏见",用事实证明,儒学不是现代化的阻力而是助力。它的博施济众的社会关怀,己立立人、不欲勿施的人我观,见利思义、取之有道的义利观,重视教育和人格养成的人才观,强调人际和谐与生态和谐的贵和论,都与现代文明相一致,体现出博爱、平等、公平、正义、人本、和平的精神,能够促进市场经济健康发育、民主与法制不断进步,素质教育发展壮大,为现代化事业提供必要的社会和谐稳定和可持续发展的条件。诚然,东亚的崛起对学习吸收西方成熟的市场经济机制和现代管理经验,积极引进西方雄厚资金和先进科学技术起了重大作用。但东亚崛起如此之快、发展活力如此充沛、社会特色如此显著,不能不令人把它与东方文化和儒学底色联系起来,各国有识之士,纷纷把眼光投向东方,研究东方的经验,重新评估儒学的当代价值。

3. 西方文化出现了真正严重的危机。苏联解体、东欧剧变,美国学者福山发表《历史的终结》,充满自信地宣布,西方自由、民主社会模式是人类的最后选择,在这个意义上历史已经终结。可是不出十年,亚洲金融风暴来临,它是西方经济模式内在弊端在亚洲的一次暴露。2001年美国发生"9·11"恐怖袭击事件,美国在国际上的单边主义所激化的民族宗教矛盾,滋生出暴力恐怖主义,给美国本土的安全带来严重破坏。接着是伊拉克战争、阿富汗战争,造成大批平民死伤,美国在亚洲陷于泥潭不能自拔。人们也在拷问美、英等国,在强权横行下,民主、自由、人权、法治的影子在哪里?从2008年下半年起,一场大规模的金融危机席卷全球,不仅使人们对西方经济发展模式及由西方主导的世界秩序提出责难,而且连带西方的文化及价值观也遭到质疑。美国是民主国家吗?是民众当家、法律管用还是金融资本集团有超级权威?社会过度消费与借钱过日子能持续发展吗?靠美元帝国对世界的盘剥维持一国高消费的美国,已陷于空前庞大的债务危机。近期以来,希腊债务危机正在引起整个欧洲共同体深刻的经济危机与社会危机,福利国家的神话正在破产。墨西哥湾海底钻井严重漏油事件造成从未有过的海洋生态灾难,地球母亲的血管被野蛮刺穿,出血不止。资本的贪婪危害民生、破坏环境,还造就了日益功利化的社会,使人欲横流、人性堕落。个人主义和放大的自私民族主义及崇信优胜劣汰的社会达尔文主义,固然有激励个人和民族奋发向上的功能,但同时也带来蛮横和残酷,成为社会犯罪和民族压迫的思想基础,威胁社会稳定和世界和平。亨廷顿的"文明冲突论"表明,在美国长期占思想支配地位的斗争哲学仍然有很大市场,它习惯于用对抗的眼光看待各种文明之间的关系,而要改变这种思维惯性是不容易的。然而,西方文化没有管理好自己的社会,更没有引导好世界的潮流,各种全球性的危机正在加剧,人类前途堪可忧虑,因此世界上对西方主流文化批评的声音不断在增强。

由于西方文化的光环大大消退,越来越多的人转而向东方文化和儒学寻找补救的智慧,重新发现了孔子的伟大,重新发现了儒学的价值,孔子在世界上的地位空前提高,2009年秋,美国众议院通过决议纪念孔子诞辰2560周年,便是显例。

4. 话语的突破已成普遍之势。以前风行多年的话语都不再有当初的气势。单线进化论已被多线进化论和文化相对论所取代,随之而来的是欧洲文化中心论也逐渐过时。世界上不同民族的文明都有自己的发展道路、自己的特色和优势,不能彼此取代,却可以互相学习。科学是必需的,科学万能却是错误的。科学主义已遭到国际学界强烈批评,在国内的市场也大大缩小了。科学属于工具理性,不能取代体现价值理想的人文,而且要用人文为之导向。儒学是生命的学问,没有真切体认,只用科学理性,不能真正把握。自由主义只讲个体的权利,不讲社会的责任,在群己关系上有极大的片面性,也不符合人类进化的历史;如果整个民族没有自由,个人自由便无从说起,所以民主、自由与人权必须包括群体的权益,而这正是儒学的优势所在,它要把"成己"与"成物"结合起来。基督教的话语体现欧洲中心论的偏见,并不都适合东方和中国。没有基督教上帝观的儒学并非等于没有超越意识和人文理想,它的圣贤观是一种内在的超越,虽然不像基督教信仰那样能够激发人的强烈的神圣情感,却能够避免基督教原教旨主义的偏执和对异端的排斥,同时保持着人文关怀,把"极高明"(理想)与"道中庸"(现实)有机结合起来。至于苏联教科书式的哲学话语,已被中国学界大多数学者视为一种教条,纷纷加以抛弃。这些教条不能展示中国哲学的特色和光彩,却能使中国哲学变得毫无生气,甚至被肢解,因此在总体上不可取。"文化大革命"中反孔批儒的极"左"政治话语,随着"文化大革命"的结束和被彻底否定而退出历史舞台,人们从"四人帮"身上看到了货真价实的封建糟粕,反衬出儒学的真价值,打破了"反孔进步,尊孔倒退"的流行多年的成见,促使人们重新评价孔子和儒学。人们开始用实事求是的态度,用适合儒学思想特色的语言和方法来研究儒学,学术的面貌随即改观。

5. 儒学研究步入理性时代。激情澎湃的批孔时代已经成为历史,文化激进主义仍有余绪,但不再能左右社会,中国文化研究呈现开放的多元化趋势。儒学是一种综合性极强的思想文化体系,必须多学科、多视角加以研究,才可能揭示其丰富内涵,用一种理论模式就想穷其底蕴、求其定论的时代已经过去了。对于中国人而言,研究儒学不是单纯的学术工作,还是传承民族文化、使之发扬光大的一项神圣事业。在研究途径与方法上日益呈现出多样性特点,其中"返本开新"①与"综合创新"②正在成为主流学术思潮。"返本开新"是回归本源,接续民族文化的源头活水,然后开拓更新,使创新文化真正生根开花;而弃本开新所开出的新文化往往漂浮时髦,不能持久。"综合创新"是在广泛吸收人类文明成果基础上加以创造,主要是融合中西文化,建设当代文化,使之具有中国特色。就儒学研究而言,民国与港台新儒家正在走这条路,当前中国大陆学人也在走这条路,而具体途径各有不同。

经过大半个世纪的思想与政治批判,传统儒学的精华与糟粕已然大致分得清楚,持全盘肯定论和全盘否定论的人只是极少数。无论是从中国现代化事业的需要出发、还是从民族文化重建的需要出发,无论是从中华民族复兴的需要出发、还是从世界文明转型的需要出发,历史上儒学有过的"三纲五常"形态中,"三纲"确已过时,"五常"仍不可弃。从儒学丰富的思想资源里筛选、提炼具有符合今日中国社会发展的理念与智慧,寻找、阐扬具有全球意义的普适价值,乃是学者的责任。儒学的继承与创新,关键在于"推陈出新",在于转化传统,使儒学具有新的体系、新的形态。而在研究儒学的指导思想上,必须做到吸收西学又超越西学,形成概

---

① "返本开新"是港台新儒家的常用词语,见于众多的相关论著。
② "综合创新"是张岱年先生提出来的。参见刘鹗培主编:《综合创新　张岱年先生学记》,清华大学出版社 2002 年版。

念与话语的中西双向诠释与互补。

（五）儒学可以为当代人类提供什么新思想

西方文化为人类提供了自由、民主、法治、人权、理性等,这些理念和价值已为人类大多数所认可。但是,第一,这些理念和价值都建立在个人权益必须得到社会保证的基础上,出发点是个体;第二,它缺乏从社会群体出发协调人群关系的原则,例如,民族关系、国家关系相处的文明原则;第三,它重权利而轻义务和责任,因此没有底线道德要求;第四,它的具体实践形态因地因族而异,彼此不能照搬;第五,它在处理国际关系时往往出现价值的双重标准,形成自相矛盾。这些理念和价值是现代文明所必需的,又不是实现现代文明所充分的,必须加以补充。对于现代文明和现代化要有新的解说,现代化不等于西方化,除了工商业发达、科技进步、民主法制体系健全等项指标以外,一定要增加全球伦理和生态文明的指标。全球伦理用以处理民族之间、国家之间、文化之间的关系,形成最低限度的道德规则,以保证用文明的方式解决矛盾与争端,建设和谐世界,避免对抗与战争,确立经济全球化健康发展和共同市场正常运行所必需的世界新秩序。生态文明是比工业文明更高的文明形态,它要求:第一,保护自然生态,改变以往工业文明对环境的破坏、对资源的掠夺,避免发生人类毁灭的灾难,使发展与环境相协调;第二,保护文化生态,主要是保护文化的多样性与多样文化之间的和谐,避免文化趋同与文化对抗,使人类的文化有内在的活力。全球伦理与生态文明都是现代化题中应有之义,能够保证人类社会的可持续发展。这是一次人类文明的现代转型,在这次转型中儒学可以发挥重要作用。

1. 提供"天人一体"、"天下一家"、"和而不同"等儒学的核心价值,使其成为人类普遍价值的有机组成部分。"天人一体"的思想把自然界与人连为一个整体,视为一大生命,人的作用是"赞天地之化育",是"补天",不是征服自然。"天下一家"的思想把人类看作一个大家庭,血肉相连,痛痒相关,休戚与共,要像兄弟一样和谐相处,不应对抗和恶斗,这恰好符合今日地球村的要求。地球村实际上是地球家,地球是人类同居的家园,在全球化进程中人类已是如家庭般的命运共同体,相互依赖远大于彼此分歧。压迫别的民族就等于危害家庭、损害自己,没有胜者。"和而不同"的思想是承认差异、包容多样、互相尊重、和平共处,不迫人从己,不恃强凌弱,不用暴力解决矛盾,而主张和解、妥协,求同存异,交流合作。"和谐"应成为时代的主旋律,其前提是尊重他人,"己所不欲,勿施于人",抛弃社会达尔文主义,抛弃大民族主义,抛弃救世主代表心态。和则共赢,斗则俱伤。世界要和平发展,只能走"和而不同"这条路。儒学这几条价值理念要大力阐扬,使之成为国际通行话语。

2. 儒家的中和之道能够抑制极端主义,促进当代温和主义流行。儒家的中和之道又称中庸之道,主张渐进改良,反对偏激行为;主张协调关系,反对冲突排他。在崇尚斗争的时代,它是不受重视甚至遭到否定的。而在由文明冲突走向文明对话的今天,在世界被各种极端主义(包括霸权主义、极端民族主义和宗教极端主义)所折磨而纷争不宁的时候,人们呼唤理性的温和主义,认为温和主义作为一种稳健的、包容的处世态度,有益于各种信仰和主义的健康化,有益于民族、国家、宗教关系的文明化,是值得提倡的。温和主义的特点:一是合情合理,顺应民心;二是尊重他者,主张和谐。孔子是温和主义的鼻祖,儒学的中和之道铸成中华民族改良渐进、温柔敦厚的品格。在中国,极端主义只能风行一时,不能持久生根,是传统使然。由于中和之道影响深远,中国的崛起必然走和平的道路,在国际事务中承担促和、调解的角色。世界上的主义繁盛、宗教众多,它是人类文化良性生态的体现。但是,如果生长出极端主义,如同百花园中出现毒草,会危害百花的正常发育。多样性的文化只要是温和主义,世界和平就有保证。

3. 充实社会主义内涵,使之摆脱苏联模式,具有鲜明中国特色。儒学的人本思想与贵和思想已经为中国社会主义者所吸收,纳入治国方略之中,形成"以人为本"、"构建和谐社会"和重发展、重民生、重协调、重统筹兼顾的科学发展观,使中国的社会主义道路进入一个崭新的阶段,产生出巨大的创造力,得到民众的真心拥护。儒学教育已在体制内外展开,儿童读经活动在各地蓬勃进行,中华传统美德(主要是儒家八德:忠、孝、诚、信、礼、义、廉、耻)教育在民间和大中小学取得丰硕成果。儒商文化受到企业界空前关注,正在推动经济伦理建设。儒学重新全面介入中国社会生活。

4. 倡导道德社会、道德人生,抵消自我中心和物质主义,改变功利社会唯利是图、人情淡薄的畸形状态。儒学是伦理型的人学,崇尚道德理想主义,有重德治轻法治的倾向。但是,针对今天风气浇漓、道德沦丧的局面,儒家的求仁明德之学,其积极意义是主要的。以德治国和依法治国必须结合。仁、智、勇是健全人格三要素,而仁德第一,有仁德才有尊严,才能正确发挥才智和勇力。没有道德的社会是野蛮的社会,没有道德的人生是低俗的人生,都不会给人们带来真正的幸福。

(六) 儒学将在明体达用中复兴

1. 儒学逐渐进入世界主流文化,成为国际政治与思想文化交流的重要话语,在文明对话、民族和解、政治谈判中,发挥显著作用。中国人要率先在国际事务中多多使用孔子和儒学的话语,表述和平外交政策与各种主张。孔子的精神正在走向世界,孔子学院遍布世界各地,孔子的思想受到各国人民的欢迎,也比较容易为他们所理解,因此进一步打破语言障碍,将儒家经典译成各国文字,大力推动儒学跨文化普及,是一项重要的工作。儒学将在促进世界和平中复兴,成为当代文明的一面旗帜。

2. 儒学进一步与当代市场经济、民主法制相结合,一方面克服自身竞争意识和法治观念不强的弱点,另一方面弥补自由竞争和唯法主义所造成的不均、忘义、无德的弊病,促进经济伦理发育,提高社会公共关系道德化程度,使市场经济健康发展,使政治民主化的过程平稳有序。事实证明,儒学不是现代化的阻力,它是动力和助力。韩国与中国台湾的经验已经证明儒学和儒商文化在东亚现代化模式中有积极作用;中国大陆的经验还将继续证明,儒学是东亚现代化珍贵的文化资源和思想动力。扩大地说,儒学参与下的市场文化也会为世界经济克服各种危机提供借鉴。

3. 儒学在中国与社会主义不断融合,真正成为中华民族共有精神家园的中心区。在经历了风风雨雨、大起大落之后,儒学的不同层次有了变化:政治儒学已经衰落,学术儒学正在复苏,民俗儒学根基深厚,儒学仍然是中国文化的底色。中国新时期的新文化,将会是坚持社会主义方向的、具有现代性和民族性的文化,其中,社会主义文化、中华传统文化、西方优秀文化形成新的文化三角结构,彼此接近、吸收,使社会主义文化有了民族特色,使中华传统文化有了现代生气,使西方优秀文化有了中国形态,共同组成新文化核心地带。儒学将主要在道德与礼俗文化建设中发挥作用,实现社会风尚根本性好转,中国重新成为礼义之邦。

4. 儒学在中国大陆的学术层面出现新的学派、新的学说,既能够继承孔子的真精神,汇合历代大儒的深邃洞见,又能体现21世纪全球化时代的广阔视野和中华复兴的新境界、新风貌。它具有较高的理论水准和民族气派,超出民国新儒家的成就,也不同于港台新儒家,为中国学界所看重,并在国际儒学研究领域占有显著的一席之地,与西方汉学、西方哲学、西方宗教进行有效的对话和交流。在儒学理论创新过程中,涌现出一些一流学者,造就有影响力的当代儒学思想家,形成若干儒学研究重镇。

5. 儒学落实在社会、学校和家庭教育中,逐渐培养出一大批有历史使命感、有道德操守、有健全人格、有专业技能的仁人志士,呈现出当代儒者刚健中正、温良俭让、知行合一的气象,成为各行各业的中坚力量,发挥榜样的作用,并通过他们的实践行为,向世人昭示儒学仁爱通和、至诚不息的精神,以扩大儒学的正面影响。孔子说:"人能弘道,非道弘人。"(《论语·卫灵公》)儒学的复兴要靠儒家式人物具有对社会的感召力和辐射力,这样的人物要尽可能多一些,在社会政治、经济、文化各领域都有,能取得普遍的尊敬,他们对儒学的推动远大于书本的作用。儒学必须进入课堂,又走出课堂,走进社会和人生,形成一支老、中、青、少前后相续的人才队伍,把传承和实践儒学的历史责任担当起来,成为中华民族伟大复兴事业的中流砥柱。

儒学的复兴已经有了良好的社会条件和不少的实践成果。儒学正在展示它深厚的潜能,并以后工业文明的柔和方式不断放射其启迪今人的智慧之光,提升着人们的精神境界。儒学的复兴是缓慢的,却是富有后续动力的,它不依赖外部的强力推进,主要依靠自身的东方德智魅力和社会的认同,以温和的姿态进入现代生活。但目前它的复兴还处在起步阶段,前面的路还很长,困难仍很多。我们要抓住机遇,奋力开拓,少说空话,多做实事,团结更多的人,长期奋斗下去,路就会越走越宽。儒学将在造福社会过程中重生、成长、壮大,它必有光明的前途。

（原载于《探索与争鸣》2011 年第 3 期）

六、论孔子的中和之道与当代温和主义

（一）儒家哲学可以概括为仁礼中和之道

孔子之学是仁礼之学。从广义上说,仁是爱人之心,礼是社会秩序。在这个基础上发展出中和之道。中,孔子称之为中庸,程子的解释是:"不偏之谓中,不易之谓庸。中者,天下之正道;庸者,天下之定理。"①用现代语言说,"中"是以人为本,顺乎时代,合乎民心,不走极端,无过与不及之失,所以是行仁的正道;"庸"是社会人生常态常道、必然规律、普适价值、平凡正大,不诡异神秘,人人得而行之。

如何把握中道,孔子提出"执其两端,用其中于民"(《中庸》)的方法,在"为民"的目标下于矛盾对立之中寻求统一性,这就产生出"和"的理念。孔子说:"君子和而不同,小人同而不和。"(《论语·子路》)"和"就是承认事物的多样性、差异性和矛盾的普遍存在,从仁爱忠恕之道出发,互相尊重,包容多样,协调矛盾,共生共荣。社会秩序和等级差别是社会常态,但它不是僵硬的、冷酷的,而应是在仁爱的观照下表现为有度的、温和的,所以孔子提出"礼之用,和为贵"(《论语·学而》),强调秩序的人道性与和谐性。人类史上"尚中贵和"的哲学,孔子是始祖。

另一种处理矛盾的态度便是强调对立面的斗争,认为斗则强,不斗则弱;斗则进,不斗则退。因此,人们不可能统筹兼顾,只能崇尚强者。贵斗哲学的典型代表便是社会达尔文主义,它是强者的哲学。由于人性是善恶混,加以急功近利的驱使,动物性经常发作,占有欺压、损人利己成为常见现象。贵斗哲学流行,作为正道、常道的中和之道却遭到冷落,甚至被

---

① 　朱熹:《四书章句集注》,中华书局1983年版,第17页。

斥责为"折中调和、没有原则",人类也因此不断地争斗、对抗、流血,陷于连续不断的苦难灾祸而不能自拔。孔子有见于此,感慨地说:"中庸之为德也,其至矣乎! 民鲜久矣。"(《论语·雍也》)

一般人根本不了解,中庸是至德,是体仁行仁的最佳状态,是人类文明高度发展的智慧结晶,并非不分是非的"乡原",它有鲜明的原则:关爱大众,向往太平。人从生物人进步为文化人,关键是超越了自然选择,具有了道德意识,如孟子所说人之异于禽兽者在于有"恻隐之心",形成异于"丛林法则"的"社会规则"。史家曾乐观地认为,人类早已摆脱野蛮时代而进入文明时代。从迄今为止的人类历史看,人类的文明发展史充满了野蛮与残酷,由于德性发育的迟缓和智性发育的神速,人类作起恶来,对社会、自然造成的危害远远超出禽兽的本能,甚至危害到人类共同体自身的生存。如果把德性而不是智性作为衡量文明的主要标准,我们也可以说人类至今尚未真正摆脱野蛮时代,也许前脚刚刚跨入文明的门槛,后脚还站在野蛮地带。从争强好斗的哲学到仁礼中和的哲学,是从野蛮时代走向文明时代的标志,两种哲学的博弈仍在进行之中。

孔子是文明时代的先驱和最有代表性的、原创性的思想家之一,他是中和哲学的首倡者。孔子之后,《中庸》明确将"中"与"和"的理念融为"致中和"之道,说:"喜怒哀乐之未发,谓之中;发而皆中节,谓之和。中也者,天下之大本也;和也者,天下之达道也。致中和,天地位焉,万物育焉。"所谓"未发",乃本性所具,皆有善端;所谓"已发",乃表而为情事,自然中节,"节"是群己有分、义利有度、人际和谐。从天人一体的高度看,人有善性,泛爱万物,才可能赞天地之化育,故中为大本;仁民睦邻、协和万邦,才能够成己成物,为天地立心,故和为达道。人能致中和,非单社会稳定团结,生态环境亦可得到保护,故天地位、万物育,由此人不仅有社会责任,还有地球责任和宇宙责任。《中庸》还提出"时中"的理念,用以说明中和之道的动态性,它不是一成不变的教条,不是消极守旧的,而是与时俱进、不断出新的智慧,是在鱼龙混杂、泥沙俱下的社会大潮中保持刚健中正、和而不流的品格。

（二）中和之道成为一种中华精神

在中国思想史和文化史上，受孔子和儒学的影响，中和之道成为主流的、核心的意识，左右中华思想发展的方向和中华文化的生态。构成中华思想文化核心的儒、佛、道三家哲学，都是崇尚中道的哲学，而形态各有不同。儒家讲仁礼中和之道，始终高举仁爱、礼义的大旗，把修身、齐家、治国、平天下作为奋斗目标。道家与道教讲阴阳中和之道，老子主张"守中"、"知和曰常"，以中和为贵，庄子有"天和"、"人和"之说，《太平经》谓："阴阳者，要在中和"[1]，李道纯提出守中致和的丹道论，中和成为一条思想主脉。佛教哲学可称为缘起中和之道，主张离断、常二见，不执于有，不执于无，亦不执于不执，是谓中道，即俗即真，即心即佛，平常心是佛，而人间佛教就是在出世与入世之间行其中道。由此之故，在中国思想史上，原教旨主义、极端主义、诡秘主义皆无大的市场，不能成为主流意识；人文与宗教、信仰与理性能够互制互补，各种学说中形成温和主义占主导的传统，避免了大的宗教狂热和反宗教狂热。

同时，和而不同成为一种稳定的文化认知传统，已深入人心。孔子讲人道而不舍弃天命，敬鬼神而远之，重视慎终追远，他对鬼神之道是温和的。《中庸》讲"万物并育而不相害，道并行而不相悖"，《易传》提出"天下同归而殊途，一致而百虑"，华严宗提出"事事无碍"、一多互摄，宋明理学提出"理一分殊"，清末改良主义思想家提出"仁以通为第一义"，当代哲学家冯友兰提出"同无妨异，异不害同；五色交辉，相得益彰；八音合奏，终和且平"，当代民族学家费孝通提出文化自觉十六字："各美其美，美人之美，美美与共，天下大同。"这是一条贯穿古今的红线，就是文化的多样性和彼此的尊重与合作。

中和之道使中华文明形成"多元通和"模式，表现为包容性大，排他性小。它是多样的、开放的、和谐的，各种学说和各类宗教渐行渐近，相互

---

[1]　王明编：《太平经合校》，中华书局 1960 年版，第 20 页。

吸收,汇合融通,大多数中国人成为宗教和百家的"混血儿"。儒、佛、道三教合流,传统宗教与外来宗教共处,组织化宗教与民俗信仰并行,社会主义文化与中华文化、世界文化互融。文化的摩擦与冲突也时有发生,偏激主义也曾风行,但都因不符合中华文明的底色和基因而未积淀下来,终于被淘汰出局,各种信仰、学说、主义在中和之道熏习之下或迟或早地走向温和主义。

(三) 中和之道符合当今时代发展的需要

孔子和儒家的中和之道具有显著的温和与改良的特色,它与农业文明和家族社会的渐进式发展相适应,成为社会管理长治久安的方略。它可以避免极端主义,也不适合社会剧烈变革的需要,不能成为革命的旗帜。因此,在近现代世界以解放生产力和推动科学技术进步为特征的工业文明飞跃式急剧发展、社会革命风起云涌的时代里,优胜劣汰的社会进化论和阶级斗争的社会革命论大行其道。孔学不能不被边缘化,在中国它成为批判(在否定的意义上)的对象,被认为是过时的阻碍社会变革的思想。在最近大半个世纪里,中国文化界占主流的思潮是文化激进主义、科学主义和社会革命论,"打倒孔家店"成为中国思想界颇有影响的进步口号,这有其必然性与合理性存在。有压迫就有反抗,改良行不通就只有革命。中华民族的反帝国主义、反封建主义、争取民族独立解放事业的胜利不是靠孔学而是在社会主义革命理论指导下取得的。

可是时代有了天翻地覆的变化,思想潮流也改变了。经过两次世界大战,在社会革命和社会主义思想推动下,西方发达资本主义社会虽然没有被社会革命所推翻,却在进行改良和调整,逐步抛弃赤裸裸的殖民主义和法西斯主义,加强社会福利和保障事业以缓和阶级矛盾,至20世纪末,社会暴力革命转入沉寂,社会改革更多地诉诸和平手段。两大阵营的对峙由于苏联解体、东欧剧变而消失,意识形态的矛盾在世界范围内下降为次要矛盾。中国实行改革开放,不再以阶级斗争为纲,把主要精力转向社会改革(渐进式改良)和发展经济,强调在稳定中改革发展,社会主义由于吸收了中华传统文化的营养而具有了中国特色,其中特别吸收了儒家的以人为本、以和为贵的思想,致力于建设和谐社会与和谐世界。国际社会虽然还是四分五裂,但面临着许多共同性挑战。全球化在形成越来越大的共同市场,现代信息与交通把世界各国联结成网络体系。与此同时,利益摩擦也在增加,而金融危机波及全球,旧的金融与货币体制不能适应全球化的需要。生态危机是全球性的,没有一个国家和地区不受到威胁。单边主义(有时表现为国家恐怖主义)与宗教极端主义、暴力恐怖主义如一对孪生兄弟形影不离,却互斗互损,破坏和平与安宁,受到大多数国家和人民的强烈谴责。核武器的存在始终是一柄悬在人类头上的"达摩克利斯剑",时刻威胁全体人民的安全。由于全球化、信息化的高度发达,一国发生严重社会危机,必然迅速影响整个地区甚至全球。总之,人类已经真正成为地球村村民,成为命运共同体,人类的共同利益远大于彼此的差异和矛盾,不能学会共存共荣而一味争斗拼打,必然两败俱伤乃至同归于尽。于是和平与发展成为当今时代的主题,人类正在摈弃以邻为壑,学习合作共赢。联合国的作用在加强,双边与多边合作及地区性联合在发展,文明对话在进行,各种国际、族际、区际的和谈、妥协成为解决矛盾和纠纷的主要途径。

但是,特殊集团的特殊利益和习惯的力量是强大的,一时难以改变。资本的本性是贪婪,为追求最大利润往往不择手段,例如,西方军工资本集团就要控制世界能源与市场,并不断策动战争以扩大军火销路。以美国为代表的强势民族国家为维持其自身霸主的优越地位要掠夺世界各地的资源并控制战略要地,早先多用军事手段,后来改用军事政治为后盾的经济文化扩张,时而伴以武力威胁和侵略。冷战思维在继续,亨廷顿的文明冲突论颇有市场。思想文化上,社会达尔文主义的弱肉强食的族群斗争论及马基雅维利的强权政治论在事实上仍然是大国主义、霸权主义的思想基础。美国的国际政治方略背后还有很深的基督教原教旨主义情结,信奉"基督以外无拯救",以"上帝特选民族"自居,要承担起解救全人类的使命,以"爱"的名义把自己的价值观强行在各地推广,其中包括把中国福音化的战略目标。于是博爱的宗教在特殊利益集团操控下,往往变成暴力的宗教,并激出宗教激进主义的对抗。

总之,西方原有主流文化引导世界潮流的结果,使世界在冷战结束之后并未真正进入和平,反而民族和宗教冲突有加剧之势,西方文明出现了严重的危机,受到世人普遍的批评。要真正改变资本帝国的本性是极其困难的,但限制它的恶性膨胀则是可能的,这要看世界人民觉悟和团结的程度。越来越多的人认识到,强权政治完全不能适应全球化和地球村的时代需要,而且不反思调整对人类是危险的,不仅弱势国家受害,强势国家也没有出路,因为大家坐在同一条风雨飘摇中的船上,只能同舟共济,覆舟之下并无胜者。

世界文明面临一次新的大规模的转型,它要求在思想文化上由贵斗哲学为主转变为贵和哲学为主,由一元信仰主导转变为多元信仰共存,由文化激进主义转变为文化改良主义,由单线进化论和社会达尔文主义转变为文化平等论和人本理性论,由科学主义单一论转变为科学与信仰互补论,由功利主义享乐论转变为以义导利价值观,由征服自然的人类中心论转变为人与自然是一家的生态论,由欧洲中心论转变为文化多元论,等等。所有这些文明的转型,一言以蔽之,偏激主义已经过时,温和主义时代已经到来。

温和主义不是某种特定的信仰,而是指对待信仰和信仰关系的理性的、稳健的态度。各种信仰中都有温和主义存在,温和主义是信仰健康化的保障。可以毫不夸张地说,人类未来的命运决定于温和主义能否替代偏激主义而成为主流思潮。人类想要和平发展,必须举起双手迎接温和主义,使它成为新的时代精神。资本主义世界有识之士认识到,资本主义的前途不在继续走帝国主义道路,而在世界的共同繁荣;社会主义中国已经抛弃苏联封闭对抗模式,走上改革开放,建设以人为本、统筹兼顾、公平正义、富裕和谐、民主法制的小康社会之路;各种宗教的健康力量正在摆脱原教旨主义的束缚,起来反对激进主义,努力走理性稳健温和的道路。

在这样的时代条件下,孔子的中和之道会大放光彩。当今时代,并不缺乏推动经济与科技发展的智慧,缺乏的是保持社会发展健康方向和协调群际关系的智慧。中和之道恰恰在这方面拥有丰富的思想资源。中和之道主张社会进步,但要稳步推进,既不守旧,也不冒进,适合大多数人的需求,也能为大多数人所理解。中和之道承认事物的多样性和矛盾的普遍性,而主张海纳百川、彼此尊重,不赞成"仇必仇到底",主张"仇必和而解",实现四海一家、世界大同。中和之道的天人合一论、天下一家论、殊途同归论、和而不同论,正是可以对治生态危机、唯我独尊、单边主义、极端主义的佳方良药。中和之道是温和主义的哲学,孔子是温和主义的宗师。温和主义哲学的精要:一是稳步改良,避免躁进;二是合情合理,不走极端;三是兼顾各方,不偏不党;四是尊重他者,平等相处;五是善于妥协,实现共赢。儒家中和之道的温和性质,使儒学避免走上霸权道路。它发出的声音不只是传播一种思想,主要是向世界提供多样性文化和谐共处的智慧,因此它不会威胁任何其他文明,却能够促进文明对话与和解,给世界带来和平。在贵斗哲学高涨的年代,儒家中和之道的温和主义色彩被认为是缺点;在贵和哲学成为普遍需要的新时代,儒家的温和主义则展现出它超前的文明睿智和高度。

（四）儒家文明与基督教文明对话在世界文明对话中占有重要的地位

世界文明是多元的,其中影响现今人类最大的有四大文明:基督教文明、伊斯兰教文明、印度文明、中华文明。基督教在西方是主流信仰,传播于世界各地,影响人口最多,拓展之势甚猛。中华文明以儒道互补为基线,以儒家思想为主干,历史悠久,积蕴深厚,传播东亚,有辉煌的业绩,虽然在近现代有所衰落,却正在复苏,潜力巨大。这两种文明历史背景迥然不同,思想差距甚远,相遇之后发生过不少冲突,至今仍然存在着一定的隔膜和矛盾。但如能平等对话、相互理解,也会发现两者有较强的互补性,彼此若能取长补短,将对人类文明转型,构建和谐世界,发挥重大作用。

中国历史上有过儒(儒学)耶(耶稣教,即广义的基督教)对话。最成功的是四百年前利玛窦来华推动天主教与儒家文化的融合,徐光启、李之藻、杨廷筠等儒臣积极予以配合,实现了一次中西文化和平的深层次的交流。可惜这项事业后继乏人,加上殖民主义的介入、欧洲中心论的流行,儒耶平等对话难以顺利进行。鸦片战争以来,在西方列强侵华的过程中,基督教在华主要是扩张,儒学则是退却,没有文明对话的条件。当代情况有重大变化。在中华民族实现独立解放的运动中,中国出现一大批爱国的基督教神学家,如吴耀宗、吴雷川、谢扶雅、赵紫宸、丁光训、陈泽民、汪维藩等人,他们努力把基督教神学与儒家、道家思想相结合,创造了实践神学、合儒神学、辩证神学、伦理神学、博爱神学、和好神学、生生神学,都有鲜明的中国特色,在国际上也产生一定影响。但限于当时的社会条件,其影响还不够广泛。20世纪中叶以来,天主教和基督教有识之士提倡宗教对话,通过交流在各种信仰之间寻找共识,探讨全球伦理,逐渐成为潮流。这些交流活动初期,儒学还只是配角,因为儒学在中国尚未得到重视。中国摆脱"文化大革命"极"左"思潮,实行改革开放,取得和平发展巨大成就,受到世界的尊重。以儒学为底色的中华文明经历磨难和洗礼,获得新生,并正在走向世界。现在儒耶平等对话已经具有空前良好的国际、国内条件,可以在更大规模上、更深层次上进行。

中国人对基督教怀有复杂的心态,除基督教信教群众以外,多数人长期以来将其以"洋教"看待,并不感觉亲近,联想起历史上的教案,以及种种摩擦的事件,甚至有反感情绪。当然也有一些具有跨文化意识的学人,能够理性地对待基督教,看到它有益于现代文明的积极内涵。如:在上帝面前人人平等的信仰导致民主与人权的理念,爱人如己、荣神益人的信仰与儒家仁爱忠恕之道相通,上帝的归上帝、恺撒的归恺撒的信仰导致政教分离的原则,我们希望别人怎样对待我们、我们就必须怎样对待别人的观念与孔子的"己所不欲,勿施于人"的恕道有异曲同工之妙。中国当代新儒家学者贺麟认为儒学要有新的开展,在哲学上"必须以西洋的哲学发挥儒家的理学",在宗教上"吸收基督教之精华,以充实儒家之礼教",在艺术上"领略西洋之艺术,以发掘儒家之诗教"。他认为儒家要学习基督教"精诚信仰,坚贞不二之精神"、"博爱慈悲,服务人类之精神"、"襟怀旷大,超脱现世之精神",而这种品质正是儒学所不足的。①

---

① 参见贺麟:《文化与人生》,第8页。

改革开放以来,中国青年一代在学习西方先进科技、市场经济、管理模式的同时,对基督教也改变了冷漠的态度,淡化了历史的记忆,增加了同情的理解。当然至今还有相当数量的中国人对基督教仍然抱有警惕和强烈的批判态度。大约有这样几条理由:一是基督教的原教旨主义奉信"基督以外无拯救",以救世主在人间的唯一代表自居,视本教为绝对真理,视他教为谬误迷途,唯我独尊,排他性强烈,与中国人多神多教兼容的传统格格不入;二是基督教的扩张性传教,不是以劝善为宗旨,而是以扩大地盘、发展教徒为首务,有计划地向其他信仰传统活动地区伸展,引起许多纠纷;三是西方某些政治势力利用基督教对中国进行政治渗透,企图改变中国独立发展的道路,最终达到把中国纳入西方国际政治战略格局之中的目标,这迫使中国人保持高度警觉。而基督教以唯一正宗宗教自居、有责任拯救全人类的信念和心态是根深蒂固的,西方文明的主导地位和基督教在世界各地尤其在中国的较快发展,更强化了西方基督教傲慢自大的心理,要他们深刻反省并作根本性调整谈何容易。

从儒家温和主义的中和之道的观点来看,基督教的原教旨主义(又称基本教义派)是一种偏颇的文化霸权主义,又是一厢情愿、不能尊重他者的自大主义,不仅必定要碰壁、行不通,遭到抵制,而且还会从其中滋生出宗教极端主义,危害社会安宁,也会偏离基督教博爱的宗旨,损害基督教文明自身的形象,使人们疏远它、反对它。

不过中国人也应当了解,当代西方基督教界有越来越多的开明神学家出来批评基要派极端保守的信条,反思基督教的历史和它的得失,超越唯我独尊、独家拯救人类的狂妄,努力发掘和发扬基督教博爱救世的真精神,推动基督教走向开放,学会以包容的态度去理解其他宗教和无神论的学说,学会与众多的信仰与文化和平相处,并携起手来共同拯救苦难的人类。这就是当代基督教的温和主义。它已经形成新潮流,代表着基督教的未来。

比起基要派的排他论,天主教神学家拉纳倡导的宗教兼容论前进了一步,他在坚持基督教是绝对的宗教的同时,承认其他一些非基督宗教可以体现基督精神,可以看作"匿名的基督教"而予以承认。

约翰·希克提出宗教多元论,他认为各种宗教都是"终极实在"的不同表现形态,因此宗教对话应当是多元平等的。①

孔汉思提出伦理求同论,并在实践上推动各种宗教寻求全球伦理,于是形成了1993年芝加哥世界宗教议会走向全球伦理宣言,指出"没有各宗教间的和平,便没有各文明间的和平",宣言把"每个人都应受到符合人性的对待"和"己所不欲,勿施于人"作为全球伦理两项基本的要求,虽然宣言上没有儒家学者签名,但孔子的思想已被吸收。②

雷蒙·潘尼卡提出内在对话论,强调信教者不要把自己的信仰看作绝对真理,而应认为他人与自己是内在的一体关系。③

保罗·尼特在《全球责任与基督信仰》中指出,"绝对真理"多么容易成为"暴力真理",宣称耶稣是"绝对的救主"是"可怕的、危险的傲慢",人们要尊重"宗教的他者和苦难的他者",打破"基督以外无拯救"的信条,"爱他人意味着重视他们、尊敬他们、真正开放地倾听他们说话",对话是最好的传道,神学教育要从单一宗教结构转向多宗教的结构。保罗·尼特寄语中国基督教信教群众,希望他们"自行修正并改革传统基督教认为只有基督徒才拥有唯一的或者支配性的宗教真理这一宣称之时,他们才能够这样做,他们才能够更好地促进宗教和平"。他愿意看到中国基督教信教群众成为佛教、道教、儒教朋友的"好邻居"。保罗·尼特是基督教神学家中最具反省能力、最为包容开放的前沿思想家之一,他的温和性格使基督教与孔子的中和之道在精神上沟通起来。这样的温和主义能够推动基督教以平等的身份与其他宗教或信仰认真对话,彼此逐渐接近,以造福于人类。

---

① 参见王志成:《解释、理解与宗教对话》,宗教文化出版社2007年版,第47页。

② 参见[德]孔汉思、库舍尔编:《全球伦理:世界宗教议会宣言》,何光沪译,四川人民出版社1997年版,第15页。

③ 参见[西班牙]雷蒙·潘尼卡:《宗教内对话》,王志成、思竹译,宗教文化出版社2001年版,第47页。

（五）让当代温和主义流行起来

当今国际上基督教世界与伊斯兰教世界之所以冲突不断、对抗激烈，除了历史积怨情结、现实利益矛盾之外，往往是由于两大信仰族群中原教旨主义占主导地位，互仇心理和偏激情绪难以纠正，而宗教极端主义借以兴风作浪、蛊惑人心、推波助澜，实施暴力恐怖犯罪。宗教极端主义和暴力恐怖主义已成为人类一大公害，严重威胁世界和平，反对恐怖主义成为各国共同的任务。从各大宗教自身的文明进步而言，加强民族理性与宗教理性，培育温和主义思潮，壮大温和派的力量，可以改善宗教的内部结构，有效抑制宗教极端主义活动。冤冤相报，永无尽头。即使不能以德报怨，也可以实行孔子中和之道，以直报怨、以德报德，淡化怨恨，学会友善，消解猜忌，逐步建立信任。

世界上有众多的宗教文化和人文学说，就其多数而言，其经典宗旨都追求真、善、美，希望解除人间苦难，过上幸福美好的生活，因此都崇尚爱的哲学，用爱人类的情怀去恶扬善。但事实上人类却没有摆脱冲突对抗、互相残杀。有时候暴力和战争是在宗教旗帜下进行的。这背后有利益的争夺，也有信仰偏颇在起作用。往往是出发点是为了"爱人"，得到的结果却是"害人"。爱是人类一种美好的感情，但需要用正确的方式去体现，否则爱会变质。爱有两种：一种是"互尊的爱"，一种是"强迫的爱"。爱不是施舍，真爱要尊重对方，理解对方，在对方自愿的情况下接受自己的帮助，这样才能有真爱，才能使对方感受到真爱。"强迫的爱"以己度人、强人从己，不倾听，只训导，实行精神推销，这样的爱只是偏执的爱，对方感受不到温暖，而自尊心受到伤害，爱会变成恨。

孔子用忠恕之道讲仁爱，内含着平等的精神。忠道讲"己欲立而立人，己欲达而达人"，不是要别人遵从自己的模式，只是希望别人自立和发达。恕道讲"己所不欲，勿施于人"，是尊重别人，体谅别人。其必然的结果便是和而不同、百花争艳。"互尊的爱"承认真理的多样性，真理体现在人类各种文明的总和之中，没有一家能够垄断，因此要多元和谐，相互学习。不同的信仰者都把自己与他者放在平等的位置上,不以施爱者自居,而以参与者的身份与各种信仰的人们共建人类之爱,这才是博爱的最高体现。温和主义之所以为温和,就在于它在自尊的同时能够尊重他者,包括他国、他族、他教、他人,这种互尊的爱会温暖所有的人。

温和主义如同改良主义一样,在历史上往往不能成为主导社会潮流的思想,只能作为一种理想化的观念起辅助作用。如今不然,时代在呼唤温和主义,社会在推动温和主义,严酷的现实在彰显温和主义,温和主义正在从理想王国走进人们的日常生活,走进国际交往的实践活动,社会需要它,民众欢迎它。它流行得越快越广,和谐世界就越会早日到来。

信仰的多样性是人类良性文化生态的体现,如同自然和生物的多样性是良性自然生态的体现一样,人类应该加以珍重和保护。但信仰需要理性的、温和的,不能是反理性的、极端的,否则会破坏和谐。如果这个世界的有神论是温和的,无神论也是温和的;东方文明是温和的,西方文明也是温和的;国内政治是温和的,对外交往也是温和的,一切矛盾纠纷都能有效化解。信仰什么不是问题,只要是温和主义,世界就会安宁。

(原载于《孔子学刊》第一辑,上海古籍出版社 2010 年版)

七、儒学在中华文明多元通和模式形成中的地位和作用

（一）中华文明的生态是多元通和模式

其特点是:第一,多民族、多宗教、多信仰,文化自始至今都具有多样性、多层性,从未发生一教垄断文化的情况。儒学在政治意识形态上占主导,但在思想文化层面上则是儒、佛、道并存,多种宗教与文化共生。敬天法祖是中国人的基础性信仰,但它允许人们兼信别教。第二,多神主义根深蒂固。一神教进入后,受中华传统影响,也承认他教、他神的合法性、合理性,给予尊重。第三,人文思想与宗教神道同时并存,体制化宗教与民间宗教同时并存,本土信仰与外来信仰同时并存,只要爱国守法、劝善积德,皆有正常生存的空间。第四,多样性文化的关系,和谐是主旋律,没有发生宗教战争与迫害异端,冲突是支流。多样性文化的发展趋势是渐行渐近,彼此沟通吸收互渗,所以称为多元通和。中国人信仰具有"混血"的特点,在世界上是不多见的。

中华文明的多元通和模式源于农业文明、家族社会积累的向往稳定、和睦、礼尚往来、互助互利的民俗与智慧,源于中华民族多元一体,在不断迁徙、交往中汇聚,形成的内部保持差异的文化与命运的共同体,也源于孔子儒学仁爱通和与老子道家道法自然学说的长期熏陶。儒学是中华民族文化的主干和底色,是各民族结为一体的最有力量的文化纽带,是中华民族的文化精神之魂。从文化民族学和文化生态学的角度考察和评价儒学,并给世界文明转型提供中国经验,是儒学研究的一项重要任务。

（二）儒学的忠恕之道给予中华文明以高扬的
道德理性与人本精神

在儒学指导下,中华文明形成人文为主、宗教为辅的人本主义引导神本主义的格局,没有出现欧洲中世纪基督教神学主宰文化的局面。中古与近古的中国,学术繁荣,科技先进,礼义昌盛,文化多姿多彩,处在当时世界的先进行列。同时,这种人本主义学说尊重天命和大道(吸收道家),保留对宇宙万物源头和社会价值终极的敬意,摆正人在宇宙中的位置,"赞天地之化育"、"辅万物之自然",是补天的位置,其责任是"为天地立心"、"尊道而贵德"。它是积极的,但不是狂妄的。儒学是入世的,关注社会人生,博施济众,修身、齐家、治国、平天下,以天下为己任,培养出一批又一批仁人志士,成为国家民族之栋梁。佛教本来是出世的,在儒家影响下发展出中国化的禅宗和人间佛教,强调佛法在世间,不离世间觉,通过改良社会,达到普度众生。道教早期向往个人肉体长生成仙,受儒家及禅宗影响,后期全真道主张三教合一,强调内在性灵的体悟,以识心见性、苦己利人、重生贵养、仁厚爱民为宗,遂有丘祖西行一言止杀的无量功德。中国伊斯兰教讲"两世吉庆",中国基督教讲"上帝是爱",都是吸收了儒家仁和之道的结果。因此,中国的各种宗教包含的人文理性精神较多,不把神道绝对化,不视神灵为绝对权威,而把改良社会、关注民生放在第一位。

（三）儒学的中和之道给予中华文明以
温和、中庸、宽厚的品格

人们用和而不同和兼容并存的态度对待各民族、各地区、各类型的文化,包括外来文化,既刚健中正又厚德载物,形成中华文化的多样性与开放性,避免了各种极端主义的流行,也使中华文化积蕴深厚。儒家讲中和:中是以人为本,合情合理,不走极端,无冒进和保守之失;和是承认差别,包容多样,尊重他者,善于协调,统筹兼顾。中是天下之大本,和是天下之达道。致中和,则自然万物健康发育,人类社会和谐美满。受儒学影响,佛教讲缘起中和之道,道家、道教讲阴阳中和之道,皆守中致和,不陷于怪异偏邪之途。从和而不同、殊途同归,到理一分殊、美美与共,温和主义成为一条贯通古今的认知传统。在儒家中和之道引导下,各种文化包括外来宗教,经过调整、提高,温和主义成为主流,偏激主义、暴力倾向没有大的市场,即使一时流行,也不能积淀成为传统,迟早遭到历史的淘汰。中国历史上没有发生大的宗教狂热与宗教冲突。中国信仰文化种类之多样,关系之和洽,乃是大国中所仅见,人们的精神信仰有巨大的选择空间。形成如此良性的文化生态,孔子儒学中和之道的引导与海纳之功不可没。

（四）儒学的五常、八德成为中国人的普遍伦理 规范和中华文明的底色,也为各种宗教所 认同,成为中国化宗教道德的基础

由此之故,中国宗教很早就具有道德宗教的色彩,以劝善为首务,以积德为修道之基。外来宗教也必须彰显其社会道德功能,强化儒家伦理,特别是忠于国家、孝于亲族的核心道德。信神是道德的支撑,而不能用信神来破坏道德。中国人心中的神是善神,信神必须行善积德才是真信,以神的名义做损害他人之事是对神的最大亵渎。佛教说:诸恶莫做,众善奉行,自净其意,是诸佛教。其五戒:不杀、不偷、不淫、不妄语、不饮酒,与儒家仁、义、礼、信、智,恰相对应。道教讲功德成神,积善成仙,修道者要当以忠孝和顺仁信为本。在五常八德中,忠与孝是核心。忠德是对国家、民族的认同和责任,形成社会各界包括宗教界的深厚的爱国主义传统。孝道为百善之首,孝悌为仁爱之本,孝敬父母与慈爱子女乃是中华民族传统美德的根基,是各民族、各地区的共同道德认知,由此形成中国人强烈的认祖归宗意识,并将爱心扩充为爱他人、爱万物。外来宗教和各种人文学说及其信奉者,迟早会融入爱国、爱族、爱德的传统之中,使中华民族的共同体因有强固的道德文化纽带而长期延续发展。

（五）儒学温和的人文神道观，使中华文明包纳各种类型的宗教，使历代宗教政策的主流比较宽松，而且宗教被纳入社会道德教化体系，发挥劝善济世的功能

儒学是伦理型的人文学说，以人为本，以今生今世为重。它不是宗教，但绝不反对宗教。一是"敬鬼神而远之"，既不热心鬼神之事，又对他人和民众的宗教信仰采取和而不同和尊重即"敬"的态度。二是主张"神道设教"，让宗教发挥推动社会道德的作用。在儒学的主导下，历代政权都采取儒、佛、道三教并奖的政策，包容各种外来宗教，并逐步使之中国化，成为中华文化的有机组成部分。对各民族的特色宗教，包括藏传佛教、南传佛教、伊斯兰教、基督教和北方萨满教、南方巫教，皆在爱国守法的前提下予以承认，采取"因俗而治"、"用教安边"的政策，以满足各个民族、各种人群的需求，并有益于社会稳定与民族和谐。在中国历史上，除个别时期，没有发生持久的大规模的反宗教运动，宗教成为社会公共管理体系的一个正常子系统。中国是世界大国之中宗教种类最多的国家，也是大国中宗教关系最和谐的国家，被称为"宗教的联合国"，孔子与儒学所造就的宽松和谐的文化环境发挥了关键的作用，其功至伟。

（六）儒学的兼和思维和协调智慧的世界意义

当代世界是一个全球化时代，经济、科技与信息传布高度发达，说明人类具有发展自己的智慧。同时，当代世界又是一个国家、民族、宗教冲突普遍、对抗与流血从未间断、生态危机加剧的时代，说明人类在高速发展的同时缺乏协调的智慧，不会处理群体关系、天人关系，给人类的可持续发展带来威胁。孔子和儒学恰恰在协调关系方面表现出超前的大智慧，可以有效地推动和谐世界的建设，这正是当今人类急迫的需要。孔子和儒学在对待事物多样性及矛盾时，采用"兼和"的思维方式，张岱年先

生说:"兼赅众异而得其平衡,简曰兼和。"儒家看待社会的时候,总有整体性的思考,照顾到天下社会各阶层、各民族、各地区的生活、文化和它们之间的关系,追求共生共荣、天下太平的目标,因此提出"协和万邦"、"讲信修睦"、"天下一家"、"中庸之道"、"和而不同"、"修文德,来远人"、"四海之内皆兄弟"、"政通人和"等理念,不赞成以力服人、弱肉强食、以邻为壑、严刑苛法、对抗争斗;儒家看待宇宙的时候,不把人和自然界对立起来,而是作为大生命整体的有机组成,强调相互依存关系,因此提出"天人一体"、"赞天地之化育"、"仁者与天地万物为一体"、"为天地立心"等理念,不赞成征服自然、暴殄天物,对天地自然始终怀抱着敬意。凡大体上遵循儒家处世之道的就是治世,违背它的就是乱世。

　　儒家文化造就了一个多元通和的中华文化生态,证明它是有实践生命活力的。而中国就其民族、宗教、地域、文化的多样性而言,乃是世界的一个缩影。中国能做到的,世界也能够做到。孔子不只属于中国,也属于人类,他得到世界上越来越多的人由衷的敬爱,这不是偶然的,人们认识到他的学说可以为全人类造福。只要人们认真向孔子学习,把他的协调智慧用于处理当代国际事务,学会统筹兼顾,用以取代贵斗哲学,文明冲突就能变为文明合作,生态危机也易于克服,和谐世界就会到来。

(原载于《孔子文化》2010 年第 2 期)

八、要人性，不要狼性

——《狼图腾》质疑

姜戎所著《狼图腾》（长江文艺出版社 2004 年 5 月出版）一书近来在社会上颇为流行，耳边所闻，好评如潮。朋友们纷纷劝我早读为快，于是购进一部，带着好奇的目光读了起来。书把我带进了一个狼的世界，让我领略了狼的智慧和勇敢、狡诈和残忍，看到了人狼对抗、狼马拼斗、狼羊搏杀的血腥场面，读着读着心情渐渐沉重起来。尤其当我读到书的最后一章《理性探掘——关于狼图腾的讲座与对话》的时候，感觉已经不是沉重，而是严重了。作者显然要凭借其有限的草原生活经验，构造一个解读整个中华文明史的全新图式，即将中华民族发展史归结为游牧民族与农耕民族的互斗的历史：游牧民族具有狼的性格，勇猛强悍，农耕民族具有羊的性格，怯懦脆弱；当狼性大于羊性时，中华民族就强大繁荣，当羊性大于狼性时，中华民族就衰弱落后；因此今后中华民族要复兴，必须革除农耕性格，发扬狼的精神，才能强大起来。当然作者补充说，中国应当走西方"文明狼"的道路，保留和适当控制狼性，减少它的破坏性，强化它的强悍进取性格。作者批评"儒家教义具有鲜明崇羊灭狼的农耕性质"，申明要"引狼入史"，用"狼图腾"文化模式重新书写二十四史，并希望为中华民族的未来发展提供一个方向性的思路。这一思路如果发生失误则事关重大，能不使人感到严重吗？

作者的初衷是提醒人们在研究中华文明史的时候不能忽略了游牧民族对以农耕为主的汉民族性格的"输血"、强化功能，从而改变尊华贬夷的大汉族主义观念，以便正确评价中国少数民族在中华民族发育史上的重大贡献。这我是赞成的。作者还强调了要运用野生动物之间相生相克的规律，以保护草原的生态，这也是我非常赞赏的。中央民族大学历史系苏晋仁教授生前曾对我说，如果没有多民族之间的迁徙融合，中华民族的生命力就要比现在弱得多;而且汉族本身就是多民族的集合体,所以才人口众多,富有生气。音乐系糜若如教授也对我说过,中国少数民族能歌善舞,而且十分普及,如果没有少数民族,中国的音乐舞蹈艺术要丧失一大半光彩。我很庆幸,自己生活在多种民族多样文化的中国;又很庆幸自己能在多民族大家庭的缩型——中央民族大学里工作,时刻感受各民族之间兄弟般的情谊和多样性文化交相辉映的绚丽。

《狼图腾》作为一部草原小说是精彩的,作为一部生态小说是深刻的,但作为一种文化史理论就另当别论了。《狼图腾》用经济类型,说明民族文化和民族性格类型,这早有人做过。在 20 世纪 30 年代,国学大师钱穆先生就在《中国文化史导论》"弁言"中指出:"人类文化,由源头处看,大别不外三型。一、游牧文化,二、农耕文化,三、商业文化。""此三型文化,又可分成两类。游牧、商业文化为一类,农耕文化为又一类。"他进而指出,游牧、商业文化"为流动的、进取的",其特性常见为"征伐的"、"侵略的";农耕文化"为静定的、保守的",其特性常见为"和平的"。《狼图腾》一书也是在寻找三型两类文化的不同特性,它找到了吗?

第一,狼图腾所体现的狼性、狼精神能否代表游牧民族的性格? 在历史上,各民族的动物图腾有很多,狼图腾只是其中之一,并不在显著的位置上。如彝族崇拜虎、獐、羊等,白族崇拜虎、鸡、鱼等,纳西族崇拜虎、豹、猴等,藏族崇拜牦牛、猕猴等,哈萨克族崇拜白天鹅和狼,满族崇拜乌鸦、野猪、鹰等,鄂伦春族、鄂温克族、赫哲族崇拜熊,蒙古族崇拜狼和鹿。总之,崇拜虎的民族要比崇拜狼的民族多。书中再三推崇的羌族,主要崇拜羊而不是狼。所以,不能用狼图腾来涵盖游牧民族的图腾崇拜,这是其一。再说,什么是狼性? 狼性真能代表游牧民族的精神吗? 狼是野生动物中强悍凶猛又有团队精神和善于搏杀的食肉类走兽,由于它们常常危害马驹和羊群,又经常袭击人类,遂在多数人心目中形成很恶劣的印象,使狼成为凶残野蛮的代名词,如"狼心狗肺"、"豺狼成性"、"狼子野心"、"豺狼当道"等,不仅农耕民族听到"狼来了"便如临大敌,而且游牧民族为了保护畜群也对野狼的袭扰严加防范,对付狼害毫不手软。这是人与兽之间的生存竞争。"与狼共舞"只是作家笔下美好的童话故事而已。

所谓狼性就是残害他类以自肥,和为了达到捕食的目的而表现出的无情、狡猾和勇敢。我们不必去责备狼的凶残,因为这是它的生物本能,但是我们也不能去赞美它,把它视作游牧民族的性格。看起来作者是想抬举游牧民族,事实上是厚诬他们,把兽性当作了人性,是强加于人,人家并没有接受。作者在游牧民族身上只看到了野蛮,没有看到文明,这与古代汉族视少数民族为不懂礼乐的"蛮夷之邦",有什么本质区别? 是不是大汉族主义的另一种极端表现?

游牧民族最喜爱的动物是什么? 以蒙古族为例,最喜爱的当然是骏马,其次是牛羊。蒙古族被称为"马背上的民族",放牧靠马,狩猎靠马,交通靠马,吃穿靠马,商贸靠马,征战靠马,生活里时刻离不开马。而马高大英俊、善于奔驰,以草为食,忠实为牧民服务而又不伤害人畜,能与人建立起深厚的感情,故人称"马通人性"。骏马最能体现游牧民族勇敢、雄健、粗犷、敏捷、善良、质朴的民族性格,故蒙古族视马如神,爱马如亲。牛羊是放牧的主要牲畜,是蒙古族的生产资料和生活来源,是财富的象征,这无须多说。故蒙古族民歌所颂唱的常常是"奔腾的骏马,雪白的羊群",而没有人去颂扬"残忍的野狼"。当然,在历史上,一些游牧民族也对其他民族进行过残杀、掠夺的战争,显露出人性中的动物性,特别是动物的野蛮性,也可以说是狼性吧。但这不是游牧民族文化的主流。随着社会的进步和人性的发展,游牧民族的野蛮性越来越减少,文明精神越来越强,其他类型的民族也经历了从野蛮走向文明的大致相同的过程。

第二,羊性能否代表农耕民族的性格和精神?《狼图腾》一书在大力歌颂"狼性"的同时,极力贬低农耕民族,将其性格归结为"羊性",其特点便是软弱可欺,表现为思想学说,便是儒家倡导的"温柔敦厚"。该书作者认为这是中国病的病根,中国因此而走上了"一条绝路",近代遂成为西方的殖民地和半殖民地。这样说,是不是太简单化了? 不只是简单化,可以说是根本性的曲解。

农耕民族与游牧民族的生产生活方式不同,因而民族性格差异很大,如后者好动、尚武,前者好静、尚文,等等。农民以土地为本,生产周期性强,靠天吃饭,容易产生保守、封闭、安于现状的思想,这只是事情的一个方面。另一方面,农耕民族生存遇到的挑战并不比游牧民族少些,很需要战天斗地的勇气,要获得平安谈何容易。农业生产经常遇到水灾、旱灾、虫灾、雹灾、风灾等自然灾害,如孟子所说,丰年免于死亡,灾年辗转于沟壑。此外,历史上的农民还要饱受贵族压迫、地主盘剥、官吏欺凌、战乱匪害之苦。农耕民族若只有羊性,只会顺从忍耐,根本无法活在世上。怎么能说农耕民族不面临生存竞争的挑战呢?农民在与恶劣的自然环境的斗争中,在与社会压迫力量的抗争中,养成了坚毅、勤劳、勇敢、奋斗、节俭、求实、反抗等优良品格,这才成就了中国伟大的农业文明。不了解中国农民,不要妄谈民族性格,用"羊性"形容农耕民族如同用"狼性"形容游牧民族一样,都是厚诬他们,太不应该了。中国革命的成功主要是靠农民兄弟的力量。不要忘了这一点。

农耕民族喜爱羊远没有游牧民族那样强烈,因为牧羊只是副业,而耕作土地才是主业。所以,农耕民族最最喜爱的动物是牛,北方的黄牛,南方的水牛,它们能够拉犁耕地,成为农民的主要助手。其次是猪与羊,它们能够积肥,并为人提供肉食和乳品。古礼以牛、羊、猪为牺牲,祭祀天神社稷,称"太牢",可知三牲在华夏族心中的位置是神圣的。如果我们要用动物性折射人性,形容农耕民族的性格,那便是"牛性"了。牛性坚韧,负犁载物,不辞劳苦;不屈不挠,奋力向前;厚重质朴,安步平和。这是就农民而言。至于农耕民族中的极少数残暴无道、人性全失者,便只能用"狼性"来形容了。

人是从动物进化而来的,人性中多少都带有动物性,有的是动物的纯朴性,有的是动物的野蛮性。但人性高于动物性,因为人有文化而动物没有。人的文化性的内涵很广,包括:人有自我意识、能思维、有语言文字;能制造工具,从事有目的劳动;有信仰,追求生活的意义和理想;有群体意识,能调节人际关系;不满足于适应环境以求生存,还要改造环境以求发展;等等。这其中最重要的是人有道德心而动物没有:丧失了道德心,人就退化为动物。孟子讲人兽之别就是强调了这一点。所以,用任何动物性哪怕是好的属性来表述人性和民族性,都只有比喻的意义,严格讲是不科学的,至少是不充分的。人类固然可以从动物身上(包括狼)学到许多智慧,但人类从动物那里绝对学不到社会文明。

第三,我们需要继承和发扬什么样的民族精神?《狼图腾》认为,所谓中华民族精神,其"源头和实质就是炎黄先祖的游牧精神和草原精神,其核心就是狼图腾精神"。它告诉读者,"当今中国之革命,就是要以狼图腾精神革农耕性格的命","坚决走'现代文明狼'的道路"。那么什么是"狼图腾精神"呢?书中反复强调的只是四个字:"强悍进取"。作者把正义、和平、道德、是非等社会文明的高层次内涵统统放在一边,一味地鼓吹社会达尔文主义,宣扬弱肉强食的生物学规则,只讲"强者为王,超强者夺冠"的"成王败寇"的强权哲学。于是赞美历史上一切武功显赫的人物,甚至赞美日本称霸亚洲。好像野蛮才能强大,和平只能导致懦弱。我以为这是对中华精神的根本歪曲,是对广大读者的严重误导。

中华民族是奋进不息、不甘落后挨打的,但中华民族同时又是讲信修睦、爱好和平的,因此中国被称为礼义之邦。在历史上,也有些政治集团挟其军事实力,欲以攻战称霸天下,但都因"失道寡助"而旋兴旋灭,不能长久,秦始皇就是一个典型。德国和日本法西斯可谓狼性十足、强悍至极,由于灭绝人性、残暴无比而引起全世界同诛共讨,终于覆灭。我们能够向他们学习吗?所以讲民族精神、讲发奋图强,不能没有正义感与是非心,也就是说要符合人类文明进步的方向。北京大学张岱年先生用《易传》两句话来概括中华精神,即:"自强不息"、"厚德载物",我以为是比较精当的。"自强不息"就是奋斗精神、勇敢精神、进取精神;"厚德载物"就是仁爱精神、和平精神、宽容精神。两者是缺一不可的。勇猛、刚强值得赞美,但必须与为善相联系,如果用之于作恶,则越刚猛,越有破坏性。书里也引用"自强不息"的话,但认为这只是游牧精神的体现(其实农耕精神也需要自强不息),而且抛弃了"厚德载物",把中华精神的方向和灵魂抽掉了。书中还引用了孟子提倡的"富贵不能淫,贫贱不能移,威武不能屈"的大丈夫精神,却把它与狼性和狼图腾精神等同起来,这就是厚诬孟子了。作者根本不懂得,孟子的大丈夫精神是一种行仁义的精神,而不是无原则地讲勇敢。孟子讲仁政,讲王道,反对霸道,反对"杀人盈野"、"杀人盈城"的侵略战争,认为战争发动者"罪不容于死"。孟子讲"仁者无敌",与凶狠野蛮的狼精神是完全对立的。作者鄙夷儒家文化,视之为羊性十足的弱者的哲学,全然不懂儒家"刚健中正"的品格和坚毅诚信、博厚悠远、仁爱通和的精神,不知道儒家文化代表着一种高度文明的文化,既不是什么狼精神,更不是什么羊性格,而是人和人道的精神。作者意识不到,他津津乐道的狼精神,正是当代世界上霸权主义者奉行的新帝国主义精神。我们中国绝不能学习这种精神。不论是"野蛮狼"还是"文明狼",只要有狼性,就会吃人,就会发动流血的战争,造成各种人道主义灾难。这个世界毕竟不是虎狼的世界,而是人的世界,在生物学规则之上,还要有社会文化的规则,其中包含着和平共处的规则。当然,和平不会自动到来,爱好和平的国家和民族,如果经济不发达,综合国力不强大,还是会挨打受辱,所以争取和平要以实力为后盾。而一个国家和民族的实力,除了政治、经济、军事的实力,还必须拥有道义的力量,否则就不是真正的强大,因为"得道者多助"。中国人要保持一种危机感,抓住历史机遇,尽快发展自己。但中国绝不能走称霸的道路,不能走"先落后挨打、后强大打人"的道路,因为这条路是害人害己的,不符合中国的价值观和民族性格。中国将永远是推动世界和平与发展的力量。现在世界上缺少的是人性,而不是狼性,霸权主义和恐怖主义都是狼性的表现。我们必须高举人性的大旗加以反对,否则世界的前途将非常危险。

西方别有用心的人正在宣传"中国威胁论",有些不明真相的国家和人们根据以往大国兴起的历史经验,担心中国强大以后会给他们造成威胁和损害。针对这种情况,我们国家有关人士提出"和平崛起"的理论,表示中国一定走和平发展的道路。这不只是一种美好的愿望和决心,它也根源于中华民族深厚的重德尚和的文化传统,同时符合中国社会主义制度的本质。理性的民族主义始终主导着中国的民族精神,它不能忍受被欺侮、被侵略,但也不会去欺侮和侵略其他国家和民族,它向往的是国际间的平等、合作与共同繁荣。但随着社会的发展和国力的增强,也会在一部分人中间出现大民族主义的情绪,我们必须对此保持高度的警惕,不能让这种情绪泛滥。《狼图腾》并不是什么"理性的探掘",而是"野性的探掘",它是一个信号,它使我们看到了一种非理性的社会思潮悄然出现的危险,它会扰乱人的健康思路,也会给世界上反华势力提供攻击我们的子弹,等于给中华民族脸上抹黑,这是荒唐而又愚蠢的。

中国是一个多民族的大家庭,早期的图腾物很多,随着民族的融合,逐渐形成综合性的龙图腾,龙于是成为一种主流图腾,又几经演变,而成为中华民族的主要艺术象征。前后经历了几千年的历史,中华民族的子孙自称龙的传人,这种民族的文化认同不是少数人强加给民众的,它是长期历史形成的结果,凝聚着丰富的文明内涵。龙的特点:一是矫健腾跃,代表着中华民族富有朝气和勇于奋进的刚健精神;二是与时变化、多彩多姿,代表着中华民族对真、善、美的向往和追求;三是召云致雨,润泽稼穑、草原、山林,有益民生,代表着中华民族仁厚爱物的博大胸怀。虽然在历史上,帝王们曾经企图垄断龙的形象,把龙变成帝王专有的符号,但没有垄断成功,民间龙文化如龙灯、龙舞、龙船等还是盛行的。更何况,帝制社会瓦解之后,龙文化全面回归了人民大众,鼓舞着人们实现整个民族的腾飞。《狼图腾》作者要把狼图腾与龙图腾合二为一,劳心地用狼性去偷换龙性,这是不会成功的。我相信现代的中国人,再也不会像羊一样怯懦,也不会去效法狼性的野蛮,而会像龙那样跃出潭渊,飞腾在广阔的天地之间,展现它特有的风姿,把美好和幸福带给全世界。

(原载于《宗教与民族》第三辑,宗教文化出版社 2004 年版)

主要参考书目

1.《马克思恩格斯文集》第9卷,人民出版社2009年版。

2.《谷牧回忆录》,中央文献出版社2009年版。

3.杨伯峻编著:《春秋左传注》,中华书局1981年版。

4.陈鼓应注译:《老子今注今译》,商务印书馆2003年版。

5.徐元诰:《国语集解》,中华书局2002年版。

6.郭庆藩:《庄子集释》,中华书局1978年版。

7.杨天宇:《礼记译注》,上海古籍出版社2004年版。

8.汪荣宝:《法言义疏》,中华书局1997年版。

9.金景芳、吕绍纲:《周易全解》,上海古籍出版社2005年版。

10.李学勤主编:《十三经注疏》,北京大学出版社1999年版。

11.董仲舒:《春秋繁露》,中华书局2011年版。

12.马其昶校注:《韩昌黎文集校注》,上海古籍出版社1986年版。

13.《柳宗元集》,中华书局1979年版。

14.《张载集》,中华书局1978年版。

15.《邵雍集》,中华书局2010年版。

16.程颢、程颐:《二程集》,中华书局1981年版。

17.朱熹:《四书章句集注》,中华书局1983年版。

18.黎靖德编:《朱子语类》,中华书局1986年版。

19.朱杰人、严佐之、刘永翔主编:《朱子全书》,上海古籍出版社、安徽教育出版社2010年版。

20.《陆九渊集》,中华书局1980年版。

21.王阳明:《传习录》,中州古籍出版社2008年版。

22.《王阳明全集》,上海古籍出版社 1992 年版。

23.黄宗羲:《明夷待访录》,中华书局 2011 年版。

24.《颜元集》,中华书局 1987 年版。

25.《戴震集》,上海古籍出版社 1980 年版。

26.《戴震全集》,清华大学出版社 1991 年版。

27.戴震:《孟子字义疏证》,中华书局 1982 年版。

28.王先谦:《荀子集解》,中华书局 1988 年版。

29.姜义华、张荣华编:《康有为全集》,中国人民大学出版社 1998 年版。

30.汤志钧编:《康有为政论集》,中华书局 1981 年版。

31.蔡尚思、方行编:《谭嗣同全集》下册,中华书局 1981 年版。

32.《孙中山全集》,中华书局 1981 年版。

33.《胡适文存》,北京大学出版社 1998 年版。

34.《独秀文存》,贵州教育出版社 2005 年版。

35.《鲁迅全集》,人民文学出版社 2005 年版。

36.《鲁迅杂文选集》,外文出版社 1976 年版。

37.林语堂:《中国哲人的智慧》,中国广播电视出版社 1999 年版。

38.辜鸿铭:《中国人的精神》,人民出版社 2010 年版。

39.梁漱溟:《东西文化及其哲学》,商务印书馆 1999 年版。

40.钱穆:《朱子新学案》,巴蜀书社 1986 年版。

41.钱穆:《论语新解》,巴蜀书社 1985 年版。

42.冯友兰:《三松堂全集》,河南人民出版社 2001 年版。

43.冯友兰:《中国哲学史新编》,人民出版社 2007 年版。

44.冯友兰:《新原道》,三联书店 2007 年版。

45.冯友兰:《新原人》,三联书店 2007 年版。

46.《熊十力全集》,湖北教育出版社 2001 年版。

47.熊十力:《读经示要》,(台北)明文书局 1984 年版。

48.熊十力:《体用论》,中华书局 1994 年版。

49.熊十力:《新唯识论》(语体文本),中华书局 1985 年版。

50.《徐复观文集》第二卷,湖北人民出版社 2003 年版。

51.贺麟:《文化与人生》,商务印书馆 1988 年版。

52.方东美:《中国人生哲学》,中华书局 2012 年版。

53.《汤用彤论著集》,中华书局 1983 年版。

54.《牟宗三文集》,吉林出版集团 2010 年版。

55.牟宗三:《心体与性体》,上海古籍出版社 1999 年版。

56. 容肇祖:《明代思想史》,齐鲁书社 1992 年版。

57.《张岱年学术论著自选集》,首都师范大学出版社 1993 年版。

58. 张岱年:《中国伦理思想研究》,上海人民出版社 1989 年版。

59. 张岱年:《中国古代关于人格尊严的思想》,载国际儒学联合会编:《国际儒学研究》第二辑,中国社会科学出版社 1996 年版。

60. 王明编:《太平经合校》,中华书局 1960 年版。

61. 汤一介主编:《中国儒学史》(九卷本),北京大学出版社 2011 年版。

62. 陈来:《孔夫子与现代世界》,北京大学出版社 2011 年版。

63. 陈来:《中国文化的包容性 vs 西方文化的排斥性》,《第一财经日报》2009 年 11 月 16 日。

64. 陈来:《回向传统——儒学的哲思》,北京师范大学出版社 2011 年版。

65. 郭齐勇:《中华人文精神的重建:以中国哲学为中心的思考》,北京师范大学出版社 2011 年版。

66. 郭齐勇:《中国哲学智慧的探索》,中华书局 2008 年版。

67. 颜炳罡:《生命的底色》,山东友谊出版社 2005 年版。

68. 俞荣根:《儒家法思想通论》,广西人民出版社 1992 年版。

69. 涂可国:《儒学与人的发展》,齐鲁书社 2011 年版。

70. 牟钟鉴:《涵泳儒学》,中央民族大学出版社 2011 年版。

71. 苏晓康等:《河殇》,现代出版社 1988 年版。

72. 楚渔:《中国人的思维批判》,人民出版社 2010 年版。

73. 徐清祥:《欧阳竟无评传》,百花洲文艺出版社 2010 年版。

74. 王宗昱编:《苦乐年华》,北京大学出版社 2004 年版。

75. 弘学选编:《中国佛教高僧名著精选》,巴蜀书社 2006 年版。

76. 王志成:《解释、理解与宗教对话》,宗教文化出版社 2007 年版。

77. 刘逸生注:《龚自珍己亥杂诗注》,中华书局 1980 年版。

78. 吴江雄编撰:《中华通鉴——影响历史的一百篇名作》,广西民族出版社 1996 年版。

79. 王芳恒:《冯友兰社会文化观研究》,贵州民族出版社 2003 年版。

80. 马克斯·韦伯:《中国的宗教:儒教和道教》,简惠美译,(台北)远流出版公司 1989 年版。

81. [美]约瑟夫·列文森:《儒教中国及其现代命运》,郑大华、任菁译,广西师范大学出版社 2009 年版。

82. [加]史密斯:《宗教的意义与终极》,董江阳译,中国人民大学出版社 2005 年版。

83.蒂利希:《文化神学》,载孙亦平主编:《西方宗教学名著提要》,江西人民出版社 2002 年版。

84.[德]孔汉思、库舍尔编:《全球伦理:世界宗教议会宣言》,何光沪译,四川人民出版社 1997 年版。

85.[西班牙]雷蒙·潘尼卡:《宗教内对话》,王志成、思竹译,宗教文化出版社 2001 年版。

86.[法]列维-布留尔:《原始思维》,商务印书馆 1981 年版。

87.林安梧:《孔子思想与"公民儒学"》,《文史哲》2011 年第 6 期。

责任编辑：段海宝　刘志江
装帧设计：肖　辉　王欢欢

图书在版编目(CIP)数据

新仁学构想:爱的追寻/牟钟鉴 著.-北京:人民出版社,2022.4
(人民文库.第二辑)
ISBN 978－7－01－024270－5

Ⅰ.①新…　Ⅱ.①牟…　Ⅲ.①仁-研究　Ⅳ.①B222.05

中国版本图书馆 CIP 数据核字(2021)第 253038 号

新仁学构想

XINRENXUE GOUXIANG

——爱的追寻

牟钟鉴　著

人民出版社 出版发行
(100706　北京市东城区隆福寺街 99 号)

北京新华印刷有限公司印刷　新华书店经销

2022 年 4 月第 1 版　2022 年 4 月北京第 1 次印刷
开本:710 毫米×1000 毫米 1/16　印张:13.5
字数:210 千字

ISBN 978－7－01－024270－5　定价:55.00 元

邮购地址 100706　北京市东城区隆福寺街 99 号
人民东方图书销售中心　电话 (010)65250042　65289539